普通高等职业教育“十三五”规划教材
“教—学—做一体化”校企合作重点科研成果推荐教材
21 世纪高职高专精品教材·经贸类通用系列

资产评估

主　编　陈海雯
副主编　郑伟俊　黄道平
　　　　王雪艳　查　娟

中国人民大学出版社
·北京·

前 言

近年来，我国资产评估发展迅速，在企业重组、产权转让等社会活动中发挥着重要的作用。资产评估成为一门新兴的学科，既有其理论性，也有其实践性。

行业的发展使社会对资产评估专业人才的需求不断增加。高职高专作为培养应用型人才的教育，针对日益旺盛的市场需求，培养资产评估人才已成为新形势的需要。本书根据高职院校资产评估专业及相关专业人才培养方案的要求，采用项目导向、任务驱动的方法，阐述了资产评估的基本理论和基本方法，分项目展开叙述。同时，立足于高职院校资产评估及会计专业人才培养目标的要求，大胆改革，在本书编写思路、素材和体例等方面取得了较大突破，体现了高职院校教材的职业性、真实性和可操作性，以便学习者正确理解和掌握评估方法。

本书除了可作为资产评估专业和开设资产评估课程的财务管理专业、会计专业等学生的教材外，也可作为资产评估从业人员的培训教材和参考用书。

本书共分 3 个模块，10 个项目。其中，模块一以及模块二中的项目七、项目八由广东轻工职业技术学院郑伟俊老师编写；模块二中的项目一至项目六由广东轻工职业技术学院的陈海雯老师编写；模块三由广东轻工职业技术学院的黄道平老师编写。

在本书的编写过程中，我们得到了中国人民大学出版社的大力支持和帮助，同时引用了许多教学案例和学术成果，在此一并表示衷心感谢！由于编者水平有限，书中难免会有纰漏和不足，恳请广大专家和读者批评指正。

目　录

模块一　资产评估基础知识

模块二　分项评估项目

模块三 资产评估报告的撰写

模块一
资产评估基础知识

学习目标

1. 掌握资产评估的基本概念、基本要素、分类和特点；掌握资产的概念、分类和特点；理解资产评估中价值和价格的区别；了解资产评估的作用。

2. 理解资产评估一般目的与特定目的的内涵和两者的关系，理解资产评估特定目的在资产评估中的地位和作用。

3. 掌握资产评估的三种基本方法的含义、运用以及具体评估方法的选择。

案例导入

2018 年，一宗资产总额为 1.5 亿元的企业要登陆资本市场，需办理完成如下工作：(1) 对企业进行整体评估，确认净值，调整账务；(2) 土地办理新的土地使用证；(3) 房产办理新企业的房产证；(4) 采矿权作为投入资产的价格确认；(5) 机动车在改制中作价入账；(6) 实物资产作价后参加保险。

该项目应由哪些部门进行评估？收费标准如何？

项目一　资产评估基本理论

资产评估是市场经济的产物，当交易对象的使用价值难以判断和把握，以及价格难以确定时，交易当事人往往借助资产评估专业人员和机构为其做出专业判断。

随着市场经济的不断发展，评估对象的范围也在不断扩大，其业务范围从最初的不动产、珠宝首饰，扩及到企业间的产权转让、资产重组、破产清算，以及资产抵押、财产保险、财产纳税等经济行为涉及的资产。

资产评估的专业性特点要求该行业的从业人员应当具备相应的专业知识和技能，还应当准确地把握资产评估定义和与之相关的若干概念和专业术语。

任务1-1　资产评估的概念及特点

案例导入

早在1868年，英国皇家特许测量师协会的前身正式成立，在1881年被授予“皇家特许”称号。19世纪后期，美国出现了专业的评估公司。1981年成立国际资产评估标准委员会，现在更名为国际评估标准委员会。

我国资产评估行业发展历程起源于20世纪80年代末90年代初，1989年，在国家人事部的主持下，原国家国有资产管理局成立了资产评估中心，专门负责资产评估，并依法行使资产评估监管职能。由于20世纪90年代，我国国有企业资产重组、开始改制上市的比较多，相应的资产评估业务也比较多。1993年，我国成立了专业的资产评估协会，积极对资产评估机构进行管理，并制定了相应的资产评估准则与规范。资产评估协会的成立标志着我国的资产评估由政府主管转向行业自律管理。到了90年代中期，国有企业股份制达到了一个高潮。1995年作为中国资产评估行业代表的中国资产评估协会正式加入国际评估准则委员会。从此，我国资产评估行业开始走向国际化。

资产评估在市场经济中的作用有哪些?

基础知识

一、资产评估的定义

1. 资产评估

资产评估是专业机构和人员，依照国家法律法规和资产评估准则，根据特定目的，遵循评估原则，依照相关程序，选择适当的价值类型，运用科学方法，对资产价值进行分析、估算并发表专业意见的行为和过程。

资产评估作为一种评价过程，要经历若干评估步骤和程序，同时也会涉及以下基本评估要素：

（1）评估主体，即从事资产评估的机构和人员，他们是资产评估工作的主导者。

（2）评估客体，即被评估的资产，它是资产评估的具体对象，也称为评估对象。

（3）评估依据，也就是资产评估工作所遵循的法律、法规、经济行为文件、重大合同协议以及取费标准和其他参考依据。

（4）评估目的，即资产业务引发的经济行为对资产评估结果的要求，或资产评估结果的具体用途。它直接或间接地决定和制约资产评估的条件，以及价值类型的选择。

（5）评估原则，即资产评估的行为规范，是调节评估当事人各方关系、处理评估业务的行为准则。

（6）评估程序，即资产评估工作从开始准备到最后结束的工作顺序。

（7）评估价值类型，即对评估价值的质的规定，它对资产评估参数的选择具有约束性。

（8）评估方法，即资产评估所运用的特定技术，是分析和判断资产评估价值的手段和方法。

(9) 评估假设，即资产评估得以进行的前提条件假设等。

(10) 评估基准日，即资产评估的时间基准。

以上基本要素构成了资产评估活动的有机整体。

2. 资产

资产评估的对象是资产，它是评估客体中最重要的组成部分，具有多角度、多层面的概念。

(1) 经济学中的资产。

经济学中的资产泛指特定经济主体拥有或控制的，能够给特定经济主体带来经济利益的经济资源。也有将其表述为特定经济主体拥有或控制的，具有内在经济价值的实物和无形的权利。

从经济学的角度来看，资产应当具有以下特征：

第一，效用性。经济资源能够给当事人带来某种程度的满足，这是资产的自然属性。效用是一个相对的或存在比较意义的概念，而不是一个绝对性的概念。具有效用的经济资源，无论是有形的，还是无形的，也无论是单项的，还是整体的，都具备作为资产的必备条件。效用是经济资源成为资产在自然属性上的必要条件。

第二，稀缺性。稀缺性是资产的社会属性。稀缺性意味着获得经济资源要付出代价，它与该经济资源最初形成和控制是否付出代价没有本质的联系。例如，在国家无偿授予土地使用权，且法人间土地转让实行无偿划转时，土地使用权并不能成为法人的资产，而当国家对土地使用实行收费制度时，土地使用权也随之成为法人的资产。可见，稀缺性是经济资源成为资产在社会属性上的充分条件。

(2) 会计学中的资产。

会计学中的资产是指过去的交易或事项形成并由企业拥有或控制的资源，该资源预期会给企业带来经济利益。

会计上的资产具有以下基本特征：

第一，资产是由于过去的交易或事项形成的。资产必须是现实的资产，不能是预期的资产。只有过去发生的交易或事项才能增加或减少企业的资产，而不能根据谈判中的交易或计划中的经济业务来确认资产。例如，已经发生的固定资产购买交易会形成企业的资产，而计划中的固定资产购买交易则不会形成企业的资产。

第二，资产是企业所拥有或者控制的。企业拥有资产，就能够排他性地从资产中获取经济利益。有些资产虽然不为企业所拥有，但是企业能够支配这些资产，因此同样能够排他性地从资产中获取利益。例如，对于某融资租赁方式租入的固定资产，虽然企业对其不拥有所有权，但是由于融资租赁的特点，可视为企业的资产。

第三，资产预期会给企业带来经济利益。这是资产的最重要的特征，指直接或间接地增加流入企业的现金或现金等价物的潜力，这种潜力可以单独或与其他资产结合起来产生净现金流入。同样，对于企业经营取得的某项资产，如果其内含的未来经济利益已经不复存在，就应该将其剔除。例如，库存已过时效或已毁损的货物，它们已经不能给企业带来未来经济利益，就不应该再作为企业的资产，否则，将会虚增企业的资产。

(3) 评估学中的资产。

资产评估中的资产或作为资产评估对象的资产，其内涵更接近于经济学中的资产，即特定权利主体拥有或控制的并能给特定权利主体带来未来经济利益的经济资源。而外延则包括了具有内在经济价值，以及市场交换价值的所有实物和无形的权利。

作为资产评估对象的资产具有以下基本特征：

第一，资产必须是经济主体拥有或者控制的。依法取得财产权利是经济主体拥有并支配资产的前提条件。市场经济的深化使财产所有权基本权能形成不同的排列与组合不仅成为可能，而且成为必要。如果将这些排列与组合称为产权，那么，在资产评估中应了解被估资产的产权构成。例如，对于一些以特殊方式形成的资产，经济主体虽然对其不拥有完全的所有权，但依据合法程序能够实际控制的，如融资租入固定资产、土地使用权等，按照实质重于形式原则的要求，也应当将其作为经济主体资产予以确认。

第二，资产是能够给经济主体带来经济利益的资源，即可望给经济主体带来现金流入的资源。也就是说，资产具有能够带来未来利益的潜在能力。具有使用价值和交换价值，并能给经济主体带来未来效益的经济资源，才能作为资产确认。

第三，资产必须能以货币计量。也就是说，资产价值能够运用货币进行计量，否则就不能作为资产予以确认。

3. 资产的分类

作为资产评估客体的资产，存在形式是多种多样的，为了科学地进行资产评估，可对资产进行适当的分类：

(1) 按资产存在形态分类，分为有形资产和无形资产。

有形资产，是指那些具有实物形态的资产，包括机器设备、房屋建筑物、流动资产等。

无形资产，是指那些没有实物形态，但在很大程度上制约着企业物质产品生产能力和生产质量，直接影响企业经济效益的资产，主要包括专利权、商标权、非专利技术、土地使用权、商誉等。

(2) 按资产的构成和是否具有综合获利能力分类，分为单项资产和整体资产。

单项资产，是指单台、单件的资产，如一台设备、一栋房子等。

整体资产，是指由一组单项资产组成的具有整体获利能力的资产综合体，如一个具有正常经营活动能力的企业的所有资产、一个独立的部门或车间等。

在一些情况下，企业各单项资产之和并不一定等于企业的整体资产，也就是说，在企业的整体资产中，有一部分资产无法以单项资产的形式存在。在资产评估工作中，区分单项资产和整体资产便于合理安排评估人员顺利完成资产评估任务。

(3) 按资产能否独立存在分类，分为可确指资产和不可确指资产。

可确指资产，是指能独立存在的资产，前面所列示的有形资产和无形资产，除商誉以外都是可确指的资产。

不可确指资产，是指不能脱离企业有形资产而单独存在的资产，如商誉。商誉，是指企业基于地理位置优越、信誉卓著、生产经营出色、劳动效率高、历史悠久、经验丰富、技术先进等原因，所获得的投资收益率高于一般正常投资收益率所形成的超额收益资本化的结果。

(4) 按资产与生产经营过程的关系分类，分为经营性资产和非经营性资产。

经营性资产，是指处于生产经营过程中的资产，如企业中的机器设备、厂房、交通工具等。经营性资产又可按是否对盈利产生贡献分为有效资产和无效资产。

非经营性资产，是指处于生产经营过程以外的资产，如政府机关用房、办公设备等。

(5) 按企业会计制度及其资产的流动性分类，分为：流动资产、可供出售的金融资产、持有至到期投资、长期股权投资、固定资产、无形资产及其他资产等。

二、资产评估的种类及特点

1. 资产评估的种类

(1) 在世界范围内，从资产评估服务的对象、评估的内容和评估者承担的责任等方面来看，目前国际上的资产评估主要分为三类，即评估、评估复核和评估咨询。

第一，评估，类似于我国目前广泛进行的为产权变动和交易服务的资产评估。它一般服务于产权变动主体，对评估对象的价值进行评估，评估人员及其机构要对其评估结果的真实性和合理性负责。

第二，评估复核，是指评估机构（评估师）对其他评估机构（评估师）出具的评估报告进行的评判分析和再评估。它服务于特定的当事人，对某个评估报告的真实性和合理性做出判断和评价，并对自己所提出的意见负责。

第三，评估咨询，是一个较为宽泛的术语。它既可以是评估人员对特定资产的价值提出咨询意见，也可以是评估人员对评估标的物的利用价值、利用方式、利用效果的分析和研究，以及与此相关的市场分析、可行性研究等。评估咨询要求的主要是评估主体的信誉、专业水准和职业道德，评估咨询主体也要对出具的咨询意见承担相应的责任。

(2) 从资产评估面临的条件、资产评估执业过程中遵循资产评估准则的程度及其对评估报告披露的要求的角度，资产评估又可分为：

第一，完全资产评估，一般是指严格遵守资产评估准则，按照资产评估准则的各个条款的要求，在执业过程中没有违背资产评估准则的规定所进行的资产评估。

第二，限制性资产评估，一般是指评估机构及其人员由于评估条件的限制不能完全按照资产评估准则的要求进行执业，或在允许的前提下未完全按照评估准则的规定进行的资产评估。

完全资产评估和限制性资产评估对评估结果的披露程度和要求是不同的，限制性资产评估需要做更为详尽的说明和披露。

(3) 从资产评估对象的构成和获利能力的角度，资产评估还可具体划分为：

第一，单项资产评估，对以单项可确指资产为对象的评估称为单项资产评估，例如，机器设备评估、土地使用权评估、建筑物评估，可确指无形资产评估等。

第二，整体资产评估，对若干单项资产组成的资产综合体所具有的整体生产能力或获利能力的评估称为整体资产评估。最为典型的整体资产评估就是企业价值评估。

单项资产评估和整体资产评估在评估的复杂程度和需考虑的相关因素等方面是有较大差别的，整体资产评估更为复杂，需考虑的因素更为全面。

2. 资产评估的特点

(1) 市场性。资产评估是适应市场经济要求的专业中介服务活动，其基本目标就是根据资产业务的不同性质，通过模拟市场条件对资产价值做出经得起市场检验的评定估算和报告。

(2) 公正性。公正性是指资产评估行为服务于资产业务的需要，而不是服务于资产业务当事人的任何一方的需要。

第一，资产评估按公允、法定的准则和规程进行，公允的行为规范和业务规范是公正性的技术基础。

第二，评估人员是与资产业务没有利害关系的第三者，这是公正性的组织基础。

(3) 专业性。资产评估是一种专业人员的活动，从事资产评估业务机构应由一定数量和不同类型的专家及专业人士组成。一方面，这些资产评估机构形成专业化分工，使得评估活动专业化；另一方面，评估机构及其评估人员对资产价值的估计判断也都是建立在专业技术知识和经验的基础之上。

(4) 咨询性。咨询性是指资产评估结论是为资产业务提供专业化估价意见，该意见本身并无强制执行的效力，评估师只对结论本身合乎职业规范要求负责，而不对资产业务定价决策负责。事实上，资产评估为资产交易提供的估价往往由当事人作为要价和出价的参考，最终的成交价取决于当事人的决策动机、谈判地位和谈判技巧等综合因素。

三、资产评估的功能与作用

1. 资产评估功能

评价和评值是资产评估具有的最基本的内在功效和能力。

资产评估源于人们希望了解和掌握在一定条件下资产的价值的需求。随着人们对在各种条件下了解资产价值的需求不断增加，资产评估也不断发展，其评价和评估的功能亦得到不断完善。

当然，在不同的历史条件下，人们在充分利用资产评估的评价及评值功能的基础上，产生了一系列的作用，像咨询作用、管理作用和鉴定作用等。

2. 资产评估的基本作用

(1) 咨询作用。

资产评估的咨询作用指资产评估结论是为资产业务提供专业化估价意见，该意见本身并无强制执行的效力，它只是给相关当事人提供的有关资产交换价值方面的专业判断或专家意见，资产评估不能也不应该取代资产交易当事人的交易决策。

(2) 管理作用。

资产评估的管理作用是指在以公有制为基础的社会主义初级阶段中，国家或政府在利用资产评估过程中所发挥出的特殊作用。

在社会主义初级阶段的某一历史时期，作为国有资产所有者代表的国家，不仅把资产评估视为提供专业服务的中介行业，而且将其作为维护国有资产，促使国有资产保值增值的工具和手段。

在资产评估开展初期，国家通过制定申请立项、资产清查、评定估算和验证确认的国有资产评估管理程序，就使得资产评估具有了管理的作用。但是，资产评估的管理作用并不是资产评估与生俱有的，它只是国有资产评估在特定历史时期的特定作用。它会随着国家在国有资产评估管理体制方面的变化而加强或弱化。

2001 年 12 月 31 日，国务院办公厅转发了财政部关于改革国有资产评估行政管理方式，加强资产评估监督管理工作意见的通知。该通知指出：

第一，取消政府部门对国有资产评估项目的立项确认审批制度，实行核准制和备案制。

第二，加强资产评估活动的监管力度。

第三，完善制度建设，规范评估秩序。

随着国有资产评估项目的立项确认审批制度的取消和核准制及备案制的确立，资产评估的管理作用也将随之发生改变。

(3) 鉴证作用。

鉴证由鉴别和举证两个部分组成，鉴别是专家依据专业原则对经济活动及其结果做出的独立判断，而举证则是为该判断提供理论和事实支撑，使之做到言之有理，持之有据。

这类行为一般具有独立、客观和专业的特征。基于市场经济需求的多样性，经济鉴证类专业服务行业又可因服务性质、背景知识和执业准则的不同形成行业亚分类。

以注册会计师和注册评估师行业为例，在服务性质方面，前者对财务报告进行事实判断，后者对标的资产进行价值判断。

在背景知识方面，前者以会计理论和核算技术为基础，后者以经济分析理论和专项资产价值识别技术为基础。

在执业准则方面，前者分别接受国际和国内会计准则和审计准则的约束，后者分别接受国际和国内资产评估准则的约束。我们不能简单否定资产评估行业的鉴证作用：

一是资产评估确实要从事以专业鉴别和举证为主要内容的工作；

二是资产评估行业的发展状况和水平在很大的程度上与资产评估在资产价值鉴证方面具备的整体能力相关；

三是尽管资产评估这种鉴证活动一般不具有法律效力，但仍然是资产业务当事人各方进行决策的重要依据，所以资产评估师也必须对自己的行为承担相应的专业责任、民事责任和刑事责任。

需要强调指出的是，资产评估从事的是价值鉴证，而不是权属鉴证。

案例分析

资产评估在市场经济中主要有以下作用：第一，为资产业务提供价值尺度，如为会计提供所需的公允价值计量依据；第二，界定与维护各产权主体的合法权益；第三，优化资源配置；第四，促进企业账实相符、足额补偿和资产完整；第五，防止国有资产流失，推动国有企业改革顺利进行。

任务 1-2　价值类型和评估目的

案例导入

在某土地拍卖现场，正对某一宗地进行拍卖，宗地为三角形，开发难度较大，在座开发商均认为根据目前的土地市场情况，该土地价格最多为 50 万/亩，但 A 开发商则认为即使是 80 万/亩对于 A 公司也是值得。

为何对于 A 开发商而言该宗土地有较高的溢价，原因可能有哪些？同样一宗土地是否在不同价值类型下存在不同的价格呢？

基础知识

一、价格与价值

1. 价格

从资产评估的角度，这里所说的价格是指在特定的交易行为中，特定的买方和（或）卖方对商品或服务的交换价值的认可，以及提供或支付的货币数额。价格是一个历史数据或事实，是特定的交易行为中特定买方和卖方对商品或服务实际支付或收到的货币数额。

2. 价值

这里所说的价值是一个交换价值范畴，它反映了可供交易的商品、服务与其买方、卖方之间的货币数量关系。资产评估中的价值不是一个历史数据或事实，它只是专业人士根据特定的价值定义在特定时间内对商品、服务价值的估计。

作为资产评估的工作目标就是要判断评估对象的价值，而不是评估对象的实际成交价格。

二、资产评估的价值类型

1. 资产评估中的价值类型

这是指资产评估结果的价值属性及其表现形式。

(1) 以资产评估的估价标准形式表述的价值类型，具体包括：重置成本、收益现值、现行市价和清算价格四种。

(2) 从资产评估假设的角度表述资产评估的价值类型，具体包括：继续使用价值、公开市场价值和清算价值三种。

(3) 从资产业务的性质分：抵押价值、保险价值、课税价值、投资价值、清算价值、转让价值、保全价值、交易价值、兼并价值、拍卖价值、租赁价值、补偿价值。

(4) 以资产评估时所依据的市场条件，以及被评估资产的使用状态，划分资产评估结果的价值类型，具体包括市场价值和市场价值以外的价值。

2. 市场价值与市场价值以外的价值的含义

(1) 市场价值。

在《国际评估准则》中，市场价值的定义是：自愿买方与自愿卖方在资产评估基准日进行正常的市场营销之后，所达成的公平交易中某项资产应当进行交易的价值的估计数额，当事人双方应当各自清楚、谨慎行事，不受任何强迫压制。也就是说，市场价值指资产在评估基准日公开市场上最佳使用状态下最有可能实现的交换价值的估计值。

(2) 市场价值以外的价值。

也称非市场价值、其他价值，市场价值以外的价值不是一种具体的资产评估价值存在形式，它是一系列不符合资产市场价值定义条件的价值形式的总称或组合。例如，在用价值、投资价值、持续经营价值、保险价值、清算价值、课税价值、残余价值等。

3. 市场价值与市场价值以外的价值的划分标准

(1) 资产评估时所依据的市场条件，是公开市场条件还是非公开市场条件。

(2) 资产评估时所依据的被评估资产的使用状态，是正常使用（最佳使用）还是非正常使用。

(3) 资产评估时所使用的信息资料及其相关参数的来源，是公开市场的信息数据还是非公开市场的信息数据。

市场价值以外的价值产生的价值基础主要分为三类：

第一类反映特定主体从资产所有权中获得的收益。资产对于特定主体来说具有特定价值。尽管在某些情况下，它等同于资产销售时实现的价值，从本质上反映了持有该资产所获得的收益。因此，没有必要假定交易。投资价值即属于这一类。某项资产对于特定主体的特定价值与其市场价值的不同促使买方和卖方进入市场交易。

第二类指的是特定双方达成的交换某项资产合理的协议价格。尽管交易各方没有关联、公平协商，资产没有必要在更大范围的市场上交易，所达成的价格可能反映涉及的交易方而非整个市场范围内的特定好处（或坏处）。这一类包括公允价值、特殊价值和合并价值等。

第三类指法律法规或合同协议中规定的价值。

4. 划分市场价值与市场价值以外的价值的意义

（1）有利于评估人员对评估条件与评估结果性质的认识，便于评估人员在撰写评估报告时更清楚明了地说明其评估结果的确切含义。只有评估人员自己充分认清了自己的评估结果的性质，才可能在评估报告中充分说明这个评估结果。而一份结果阐述明确的评估报告才能使客户受益。

（2）这种分类方法及概念界定便于评估人员划定其评估结果的适用范围和使用范围。

一般而言，属于市场价值性质的资产评估结果主要适用于产权变动类资产业务，也可以适用于非产权变动类资产业务。属于市场价值以外的价值（非市场价值）性质的评估结果，既适用于产权变动类资产业务，同时也适用于非产权变动类资产业务。

三、资产评估的目的

通俗地讲，资产评估目的就是资产评估所要达到的目标。资产评估的目的有资产评估一般目的和特定目的之分。

1. 资产评估的一般目的

是泛指所有资产评估活动共同的目的或目标，即抽象掉所有个别资产评估的特殊性，抽象掉所有个别委托方的特殊要求，只保留进行资产评估最基本的目的和要求。

资产评估的一般目的或资产评估的基本目标是由资产评估的性质及其基本功能决定的。

资产评估作为一种专业人士对特定时点及特定条件约束下资产价值的估计和判断的社会中介活动，它一经产生就具有了为委托人以及资产交易当事人提供合理的资产价值咨询意见的功能。不论是资产评估的委托人，还是与资产交易有关的当事人，他们所需要的无非是评估师对资产在一定时间及一定条件约束下资产公允价值的判断。

资产评估所要实现的一般目的只能是资产在评估时点的公允价值。就是说不论因何原因引起，不论是什么样的评估对象，就资产评估总体而言，资产评估结果必须是公允的。

公允价值是会计、资产评估等专业和行业广泛使用的专业术语。

从资产评估的角度，公允价值是一种相对合理的评估价值，它是一种相对于当事人各方的地位、资产的状况及资产面临的市场条件的合理的评估价值。是评估人员根据被评估资产自身的条件及其所面临的市场条件，对被评估资产客观交换价值的合理估计值。

公允价值的一个显著特点是，它与相关当事人的地位、资产的状况及资产所面临的市场条件相吻合，且并没有损害各当事人的合法权益，亦没有损害他人的利益。

公允价值可能还有其他学科的解释或其他的理解。

例如，财务会计界对公允价值的基本表述是：公允价值来源于公平交易的市场，是参与市场交易的各方在理智、信息对称和充分讨价还价的基础上，对交易对象的交易价格所达成的共识或一致意见。

财务会计界关于公允价值的解释更接近于资产评估中的市场价值，而资产评估中的公允价值是比市场价值更宽泛的概念。它不仅包含了资产评估中正常市场条件下合理评估结果，同时也包括了资产评估中非正常市场条件下的合理评估结果。

因此，资产评估中的公允价值只能是资产评估的一般目的或要求。它是对所有资产评估要求或工作目标的抽象，在资产评估报告中不应该也不可能出现公允价值的字样。在资产评估报告中必须给出或指出本次评估结论的具体价值类型和价值定义。如市场价值，或市场价值以外的价值的具体价值形式。

2. 资产评估的特定目的

资产评估的特定目的是每一项资产评估所要实现的目的或目标，是每一个委托方对某一项资产评估的具体要求。在我国，通常把资产业务对评估结果用途的具体要求称为资产评估的特定目的。

我国资产评估实践表明，资产业务主要有：

(1) 资产转让。资产转让是指资产拥有单位有偿转让其拥有的资产，通常是指转让非整体性资产的经济行为。

(2) 企业兼并。企业兼并是指一个企业以承担债务、购买、股份化和控股等形式有偿接收其他企业的产权，使被兼并方丧失法人资格或改变法人实体的经济行为。

(3) 企业出售。企业出售是指独立核算的企业或企业内部的分厂、车间及其他整体资产产权出售行为。

(4) 企业联营。企业联营是指国内企业、单位之间以固定资产、流动资产、无形资产及其他资产投入组成各种形式的联合经营实体的行为。

(5) 股份经营。股份经营是指资产占有单位实行股份制经营方式的行为，包括法人持股、内部职工持股、向社会发行不上市股票和上市股票。

(6) 中外合资、合作。中外合资、合作是指我国的企业和其他经济组织与外国企业和其他经济组织或个人在我国境内举办合资或合作经营企业的行为。

(7) 企业清算。包括破产清算、终止清算和结业清算。

(8) 担保。担保是指资产占有单位，以本企业的资产为其他单位的经济行为担保，并承担连带责任的行为。担保通常包括抵押、质押、保证等。

(9) 企业租赁。企业租赁是指资产占有单位在一定期限内，以收取租金的形式，将企业全部或部分资产的经营使用权转让给其他经营使用者的行为。

(10) 债务重组。债务重组是指债权人按照其与债务人达成的协议或法院的裁决同意债务人修改债务条件的事项。

3. 资产评估特定目的在资产评估中的地位与作用

资产评估特定目的是由引起资产评估的特定经济行为所决定的，它对评估结果的性质、价值类型等有重要的影响。

资产评估特定目的不仅是某项具体资产评估活动的起点，同时它又是资产评估活动所要达到的目标。

资产评估特定目的贯串着资产评估的全过程，影响着评估人员对评估对象界定、资产价值类型选择等。它是评估人员在进行具体资产评估时必须首先明确的基本事项。

资产评估特定目的是界定评估对象的基础。任何一项资产业务，无论产权是否发生变动，它所涉及的资产范围必须接受资产业务本身的制约。资产评估委托方正是根据资产业务的需要确定资产评估的范围。评估人员不仅要对该范围内的资产权属予以说明，而且要对其价值做出判断。

资产评估特定目的对于资产评估的价值类型选择具有约束作用。特定资产业务决定了资产的存续条件，资产价值受制于这些条件及其可能发生的变化。资产评估人员在进行具体资产评估时一定要根据具体的资产业务的特征选择与之相匹配的评估价值类型。

按照资产业务的特征与评估结果的价值属性一致性原则进行评估，是保证资产评估趋于科学、合理的基本前提。

需要指出的是，在不同时期、地点及市场条件下，同一资产业务对资产评估结果的价值类型的要求也会有差别。这表明，引起资产评估的资产业务对评估结果的价值类型要求不是抽象的和绝对的。

资产评估结果的价值类型与评估的特定目的相匹配、相适应，指的是在具体评估操作过程中，评估结果的价值类型要与已经确定了的时间、地点、市场条件下的资产业务相匹配、相适应。任何事先划定的资产业务类型与评估结果的价值类型相匹配的固定关系或模型都可能偏离或违背客观存在的具体业务对评估结果价值类型的内在要求。

换句话说，资产的业务类型是影响甚至是决定评估结果价值类型的一个重要的因素，但是，它绝不是决定资产评估结果价值类型的唯一因素。

评估的时间、地点、评估时的市场条件、资产业务各当事人的状况以及资产自身的状态等，都可能对资产评估结果的价值类型起影响作用。

案例分析

该宗土地对于其他开发商结合当时土地市场状况而言，其市场价值确实为 50 万/亩，主要原因在于三角地难以深度开发，而对于 A 公司特定的人而言（投资价值）却不止 50 万/亩，可能的原因在于该三角地旁边的土地已经被 A 公司拍卖下来，可以进行合并开发，则该宗三角地的价格对于 A 公司而言超过了市场价值，由此可见，在不同价值类型下同一资产有可能会对应不同价格。

任务 1－3　资产评估假设与一般原则

案例导入

A 公司有一台数控机床，仅仅使用了半年，其全新市场价格为 200 万元，该类型机床一般可以使用十年，若不考虑其他因素，该机床你觉得值多少钱？若该公司面临破产清算，则价值是否相同，为什么？

基础知识

一、资产评估假设

由于认识客体的无限变化和认识主体有限能力的矛盾，人们不得不依据已掌握的数据资料对某一事物的某些特征或全部事实做出合乎逻辑的推断。这种依据有限事实，通过一系列推理，对于所研究的事物做出合乎逻辑的假定说明就叫假设。

假设必须依据充分的事实，运用已有的科学知识，通过推理（包括演绎、归纳和类比）而形成。

资产评估与其他学科一样，其理论体系和方法体系的确立也是建立在一系列假设基础之上的，其中交易假设、公开市场假设、持续使用假设和清算假设是资产评估中的基本前提假设。

1. 交易假设

交易假设是资产评估得以进行的一个最基本的前提假设，交易假设是假定所有待评资产已经处在交易过程中，评估师根据待评估资产的交易条件等模拟市场进行估价。

众所周知，资产评估其实是在资产实施交易之前进行的一项专业服务活动，而资产评估的最终结果又属于资产的交换价值范畴。为了发挥资产评估在资产实际交易之前为委托人提供资产交易底价的专家判断的作用，同时又能够使资产评估得以进行，利用交易假设将被评估资产置于"交易"当中，模拟市场进行评估就是十分必要的。

交易假设一方面为资产评估得以进行"创造"了条件；另一方面它明确限定了资产评估外部环境，即资产是被置于市场交易之中。资产评估不能脱离市场条件而孤立地进行。

2. 公开市场假设

公开市场假设是对资产拟进入的市场的条件，以及资产在这样的市场条件下接受何种影响的一种假定说明或限定。公开市场假设的关键在于认识和把握公开市场的实质和内涵。

就资产评估而言，公开市场，是指充分发达与完善的市场条件，指一个有自愿的买者和卖者的竞争性市场，在这个市场上，买者和卖者的地位是平等的，彼此都有获取足够市场信息的机会和时间，买卖双方的交易行为都是在自愿的、理智的，而非强制或不受限制的条件下进行的。

公开市场假设就是假定那种较为完善的公开市场存在，被评估资产将要在这样一种公开市场中进行交易。当然，公开市场假设也是基于市场客观存在的现实，即资产在市场上可以公开买卖这样一种客观事实为基础的。

由于公开市场假设假定市场是一个充分竞争的市场，资产在公开市场上实现的交换价值隐含着市场对该资产在当时条件下有效使用的社会认同。当然，在资产评估中，市场是有范围的，它可以是地区性市场，也可以是国内市场，还可以是国际市场。

公开市场假设旨在说明一种充分竞争的市场条件，在这种条件下，资产的交换价值受市场机制的制约并由市场行情决定，而不是由个别交易决定。

公开市场假设是资产评估中的一个重要假设，其他假设都是以公开市场假设为基本参照。公开市场假设也是资产评估中使用频率较高的一种假设，凡是能在公开市场上交易、用途较为广泛或通用性较强的资产，都可以考虑按公开市场假设前提进行评估。

3. 持续使用假设

该假设首先设定被评估资产正处于使用状态，包括正在使用中的资产和备用的资产；其次根据有关数据和信息，推断这些处于使用状态的资产还将继续使用下去。

持续使用假设既说明了被评估资产面临的市场条件或市场环境，同时着重说明了资产的存续状态。

持续使用假设又细分为三种具体情况：

一是在用续用；二是转用续用；三是移地续用。

在用续用，指的是处于使用中的被评估资产在产权发生变动或资产业务发生后，将按其现行正在使用的用途及方式继续使用下去。

转用续用，指被评估资产将在产权发生变动后或资产业务发生后，改变资产现时的使用用途，调换新的用途继续使用下去。

移地续用，指被评估资产将在产权变动发生后或资产业务发生后，改变资产现在的空间位置、转移到其他空间位置上继续使用。

由于持续使用假设是在一定市场条件下对被评估资产使用状态的一种假定说明，在持续使用假设前提下的资产评估及其结果的适用范围常常是有限制的。

在许多场合下，评估结果并没有充分考虑资产用途替换，它只对特定的买者和卖者是公平合理的。

持续使用假设也是资产评估中的一个非常重要的假设，尤其在我国，经济体制处于转轨时期，市场发育尚未完善，资产评估活动大多与老企业的存量资产产权变动有关。因此，被评估对象经常处于或被推定在持续使用的假设前提之下。

4. 清算假设

具体而言，是对资产在非公开市场条件下被迫出售或快速变现条件的假定说明。

清算假设首先是基于被评估资产面临清算或具有潜在的被清算的事实或可能性，再根据相应数据资料推定被评估资产处于被迫出售或快速变现的状态。

由于清算假设假定被评估资产处于被迫出售或快速变现条件之下，被评估资产的评估值通常要低于在公开市场假设前提下或持续使用假设前提下同样资产的评估值。因此，在清算假设前提下的资产评估结果的适用范围是非常有限的。当然，清算假设本身的使用也是较为特殊的。

二、资产评估的原则

1. 资产评估工作原则

（1）独立性原则。

资产评估中的独立性原则包含两层含义：

其一是评估机构本身应该是一个独立的、不依附于他人的社会公正性中介组织（法人），在利益及利害关系上与资产业务各当事人没有任何联系。

其二是评估机构及其评估人员在执业过程中应始终坚持独立的第三者地位，评估工作不受委托人及外界的意图及压力的影响，进行独立公正的评估。

（2）客观公正性原则。

资产评估机构及其评估人员在评估工作中必须以实际材料为基础，以确凿的事实和事物发展的内在规律为依据，以求实的态度为指针，实事求是地得出评估结果，而不可以以自己的好恶或其他个人的情感进行评估。

资产评估结果是评估人员认真调查研究，通过合乎逻辑的分析、推理得出的、具有客观公正性的评估结论。

（3）科学性原则。

科学性原则要求资产评估机构和评估人员必须遵循科学的评估标准，以科学的态度制定评估方案，并采用科学的评估方法进行资产评估。

在整个评估工作中必须把主观评价与客观测算、静态分析与动态分析、定性分析与定量分析有机结合起来，使评估工作做到科学合理，真实可信。

2. 资产评估经济技术原则

资产评估的经济技术原则，是指在资产评估执业过程中的一些技术规范和业务准则。

（1）预期收益原则。

预期收益原则是以技术原则的形式概括出资产及其资产价值的最基本的决定因素。

资产之所以有价值是因为它能为其拥有者或控制者带来未来经济利益，资产价值的高低主要取决于它能为其所有者或控制者带来的预期收益量的多少。预期收益原则是评估人员判断资产价值的一个最基本的依据。

（2）供求原则。

供求原则是经济学中关于供求关系影响商品价格原理的概括。假定在其他条件不变的前提下，商品的价格随着需求的增长而上升，随着供给的增加而下降。尽管商品价格随供求变化并不成固定比例变化，但变化的方向都带有规律性。

供求规律对商品价格形成的作用力同样适用于资产价值评估，评估人员在判断资产价值时也应充分考虑和依据供求原则。

（3）贡献原则。

从一定意义上讲，贡献原则是预期收益原则的一种具体化原则。它也要求资产价值的高低由该资产的贡献来决定。

贡献原则主要适用于构成某整体资产的各组成要素资产的贡献，或者是当整体资产缺少该项要素资产将蒙受的损失。

（4）替代原则。

作为一种市场规律，在同一市场上，具有相同使用价值和质量的商品，应有大致相同的交换价值。如果具有相同使用价值和质量的商品，具有不同的交换价值或价格，买者会选择价格较低者。当然，作为卖者，如果可以将商品卖到更高的价格水平上，他会在较高的价位上出售商品。

在资产评估中确实存在着评估数据、评估方法等的合理替代问题，正确运用替代原则是公正进行资产评估的重要保证。

（5）评估时点原则。

市场是变化的，资产的价值会随着市场条件的变化而不断改变。为了使资产评估得以操作，同时，又能保证资产评估结果可以被市场检验。在资产评估时，必须假定市场条件固定在某一时点，这一时点就是评估基准日，或称估价日期。它为资产评估提供了一个时间基准。资产评估的评估时点原则要求资产评估必须有评估基准日，而且评估值就是评估基准日的资产价值。

案例分析

在继续使用的假设条件下，如果不考虑其他因素，该机床还能使用 9.5 年，则该机床大约为 200×9.5÷10=190（万元）。但如果 A 公司处于破产清算阶段，出于快速变现的评估目的，采用清算假设，被清算人没有多余的时间进行讨价还价，则该机床会以远低于

190 万元的价格成交。由此可见，不同假设条件下，资产的评估价格也存在着不同。

任务 1－4　资产评估与会计和审计的关系

基础知识

一、资产评估与会计和审计的联系

1. 资产评估与会计的联系

资产评估与会计的联系主要表现在特定条件下资产会计计价和财务报告利用资产评估结论，以及资产评估需要参考会计数据资料两个方面。

按照《公司法》及相关法律法规的要求，投资方以非货币资产投资应当进行资产评估，并以资产评估结果为依据，确定投资数额。在财务处理上，资产评估结果是公司会计入账的重要依据。另外，在企业联合、兼并、重组等产权变动过程中，资产评估结果都可能是产权变动后企业重新建账、调账的重要依据。

从这些方面来看，在特定条件下，会计计价有利用资产评估结论的要求。

在《国际会计准则》及许多国家会计制度中，提倡或允许同时使用历史成本和现行公允价值对有关资产进行记账和披露。

例如，91/92 版的《国际会计准则 16——固定资产会计》第 21 条指出：有时财务报表不是在历史成本的基础上编报，而是将一部分或全部固定资产以代替历史成本的重估价值编报，折旧也相应地重算。第 22 条指出：重定固定资产价值的公认方法，是由合格的专业估价员进行估价，有时也使用其他方法，如按指数或参照现行价格进行调整。而 2004 版《国际财务报告准则》(IFRS) 中《第 16 号国际会计准则——厂场设备》第 31 条规定：土地和建筑的公允价值通常由具有专业资格的评估师根据以市场为基础的证据进行评估来确定。

设备的公允价值通常是通过评估确定的市场价值。

另外，英国、丹麦、法国也有类似的规定。国际会计准则委员会理事会 1998 年苏黎世会议上决定，投资可用公允价值记账，公允价值一般通过资产评估得到。

我国会计制度虽然规定会计的资产计价基础是历史成本，但会计制度同时规定，如果资产发生减值，则应按照资产的市价或资产预期现金流量的现值计提减值准备。

资产的市价或资产的预期现金流量的现值是资产公允价值的表现形式。从这个意义上讲，即使在资产计价基础方面，资产评估与会计也是有关联的。

另外，资产评估利用和参考会计数据的情况也是经常发生的，特别是在企业价值评估中，广泛地利用企业财务报表、有关财务指标以及财务预测数据等。

而且，这些企业会计数据资料的准确程度在一定程度上也会影响资产评估结果的质量。

不管是特定条件下会计计价利用资产评估结果，还是企业价值评估需要参考会计数据资料，都说明资产评估与会计有着一定的联系，而且这种联系会随着投资者对企业披露资产现值要求的不断提高而更加广泛。

2. 资产评估与审计的联系

(1) 资产评估中的资产清查阶段，就其工作方法而言，包括对委托方申报的评估对象进行核实和界定，有相当部分工作采用了审计的方法，具有“事实判断”的性质。

（2）根据我国现行资产评估法规要求，流动资产及企业负债也被纳入企业价值评估范围之内，而流动资产和负债的评估有相当部分可借鉴审计的方法进行。

（3）在企业价值评估中，经审计后的企业财务报表及相关数据可以作为企业价值评估的基础数据。

资产评估与会计和审计的联系是客观存在的，但它们之间的区别也是十分明显的。

二、资产评估与会计和审计的区别

1. 资产评估与会计的区别

（1）会计是一项以记账、算账和报账为基本手段，连续、系统地反映和监督企业生产经营、财务收支及其成果的一种社会活动。反映和监督是会计的基本职能。资产评估是一种价值判断活动，评估和咨询是资产评估的基本职能。

（2）会计记账和算账中的资产确认和计价主要以可靠计量的历史成本为依据。资产评估中的资产确认和评价主要是以其具有效用和市场价值为依据。

（3）会计中的资产计价方法主要采用核算方法。资产评估中的资产价值评估除了可以利用核算方法外，还广泛应用预期收益折现方法、市场售价类比方法等多种技术方法。

（4）会计工作的总体目标是为企业管理服务。资产评估的总体目标是为资产交易服务。

2. 资产评估与审计的区别

（1）审计是在现代企业两权分离背景下产生的旨在对企业财务报表所反映的企业财务状况和经营成果的真实性和公允性做出事实判断，具有明显的公正性特征。

资产评估是在市场经济充分发展，适应资产交易、产权变动的需要，旨在为委托人与有关当事人的被评估资产做出价值判断，具有明显的咨询性特征。

（2）审计人员在执业过程中，要自始至终地贯彻公正、防护和建设三大专业原则，而资产评估人员在执业过程中则必须遵循供求、替代、贡献、预期等基本经济原则。

（3）审计工作是以会计学、税法及其他经济法规等为专业知识基础，而资产评估的专业知识基础，除了由经济学、法律、会计学等知识组成外，工程技术方面的知识也是其重要的组成部分。

（4）审计主要是对会计报告的审计，审计对业务的处理标准与会计是同一的，而与资产评估却是大相径庭，例如市场价值与历史成本等。

项目二　资产评估的基本方法

任务 2-1　资金时间价值在资产评估方法中的应用

案例导入

某保险经理人向你推销一种人寿保险，需一次性交付保险费 200 000 元，期限为 5 年，合同生效后每年年末可收保险金 45 000 元，合同到期保险费不可返还。若当时银行贷款利率为 6%。在不考虑通货膨胀等其他因素的条件下，你是否购买此保险？

基础知识

资产评估方法是实现评定估算资产价值的技术手段。但就资产评估方法本身来讲，它并不为资产评估所独有。事实上，资产评估方法是在工程技术、统计、财务管理、会计等学科中的技术方法的基础上，结合自身特点形成的一整套方法体系。资产评估方法与其他学科的技术方法既有联系，又有区别。区别就在于资产评估将其他学科的技术方法按照资产评估运作的内在要求，用资产评估的技术思路加以重组，从而构成了资产评估方法体系。其中，财务管理中资金时间价值的知识在资产评估方法中应用最为广泛。

一、资金时间价值的概念与形式

1. 资金时间价值的概念

资金时间价值是指一定量的资金在不同时点上价值量的差额。资金时间价值的实质就是资金周转使用后的增值额。资金时间价值不是针对风险和通货膨胀因素的投资报酬率，它只是投资在时间上得到的回报，没有任何风险。

2. 资金时间价值的形式

资金的时间价值可用绝对数形式表示，也可用相对数形式表示。在绝对数形式下，资金时间价值表示资金在经过一段时间后的增值额，它可能表现为存款的利息、债券的利息、股票的股利等。在相对数形式下，资金时间价值表示不同时间段资金的增值幅度，它可能表现为存款利率、证券的投资报酬率、企业的某个项目投资回报率等。

由于资金在不同时间点上具有不同的价值，因此不同时点上的资金就不能直接比较，必须换算到相同的时点上才能比较。

(1) 现值：通常用字母“P”表示，指一定量资金在“现在”的价值，也暗指投资起点的本金。在资产评估方法使用时，由于目的是要评估出被评估对象现时的价值，因此计算现值在资产评估中使用最多。

(2) 终值：通常用字母“F”表示，指一定量的资金投资一段时间后的本金和时间价值之和。

(3) 年金：通常用字母“A”表示，指在一定时期内，每期收到或者付出的等额款项。其特点是定期、等额、系列支付。主要包括：普通年金、预（即）付年金、延期年金、永续年金。

二、资金时间价值的计算方法

1. 单利与复利

(1) 单利：只有本金计算利息，利息不计利息的方法。

(2) 复利：每期产生的利息并入本金一起参与计算下一期利息的计息方法。俗称“利滚利”。

在资产评估中，主要采用复利的计算方法。

2. 复利现值的计算

复利现值是指将来某一特定时间取得或支出一定的资金，按复利折算到现在的价值。其计算公式如下：

$$P=\frac{F}{(1+i)^n}$$

其中，$1/(1+i)^n$ 在财务管理学中成为复利现值系数。我们用符号（P/F，i，n）表示，它是计算复利现值的主要参数，其数值可查阅 1 元复利现值系数表（附表二）。因此，上述复利现值的计算公式也可表示为：

$$P=F\times\left(\frac{P}{F},i,n\right)$$

【例 2-1】某项资产预期 5 年后能取得收益 10 万元，若年利率为 3%，则该项资产现时价值是多少？

$$P=F\times\left(\frac{P}{F},i,n\right)$$

解：$P=10\times(P/F，3\%，5)$

$=10\times0.863$

$=8.63$（万元）

3. 年金现值的计算

年金包括普通年金、预（即）付年金、延期年金、永续年金等形式，在资产评估中，一般预（即）付年金使用较少，这里忽略不作介绍。

（1）普通年金的计算。

普通年金是指每期期末有等额的收付款项的年金。如下所示：

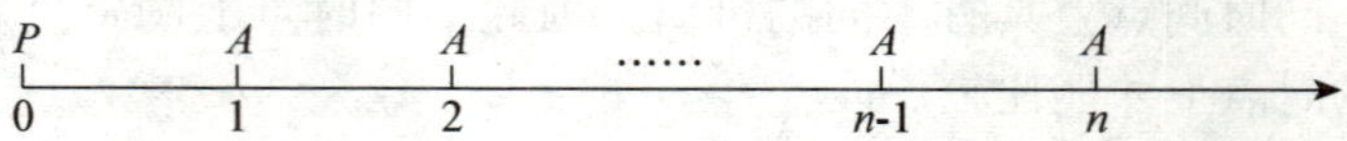

要计算普通年金 A 的现值，就是要计算 n 期发生的年金 A 按一定的贴现率计算到第 0 点的现值。其计算公式为：

$$P=A\times\sum_{t=1}^{n}\frac{1}{(1+i)^t}=A\times\frac{(1+i)^n-1}{i(1+i)^n}$$

其中，$\frac{(1+i)^n-1}{i\ (1+i)^n}$为年金现值系数，我们用符号（$P/A$，$i$，$n$）表示，可查阅附表四。由此，普通年金现值的计算公式可表示为：

$$P=A\times\left(\frac{P}{A},i,n\right)$$

【例 2-2】某项目于今年年底完工，预计从下一年起五年内每年末可产生现金收益 15 万元，那么该项目的收益现值是多少？（假设贴现率为 10%）

解：$P=15\times(P/A，10\%，5)$

$=15\times3.791$

$=56.865$（万元）

（2）递延年金现值的计算。

递延年金是指开始若干期没有收付款项，以后每期期末有等额收付款项的年金。如下所示：

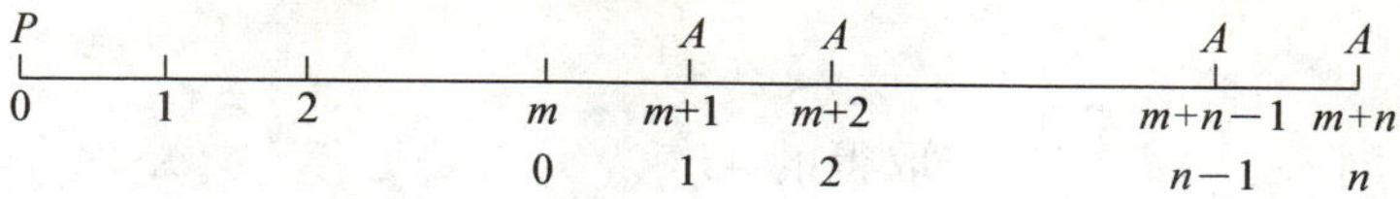

计算递延年金的现值，是要计算从第 m 期开始发生的一共 n 期的年金 A 按一定的贴现率计算到第 0 点的现值。计算方法有两种：

方法 1：先求后 n 期年金在 m 期初的现值，再将该值贴现，求第 1 期初的现值。公式如下：

$$P=A\times\left(\frac{P}{A},i,n\right)\times\left(\frac{P}{F},i,m\right)$$

方法 2：将 $m+n$ 期普通年金的现值减去 m 期普通年金的现值。

$m+n$期普通年金：

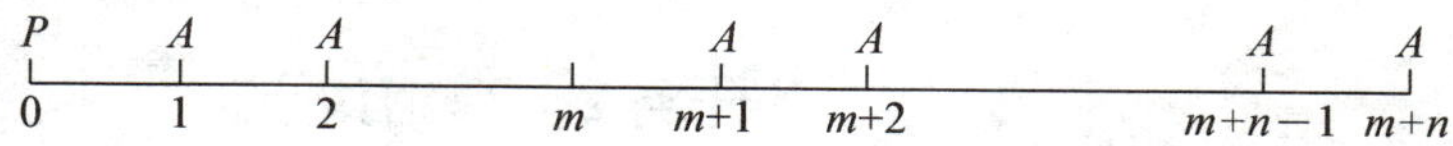

m期普通年金：

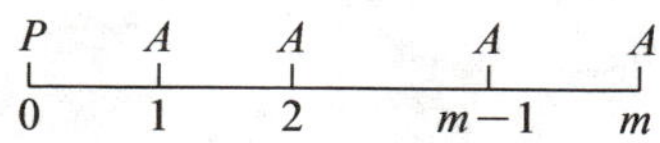

公式表示为：

$$\begin{aligned}P&=A\times\left(\frac{P}{A},i,m+n\right)-A\times\left(\frac{P}{A},i,m\right)\\&=A\times\left[\left(\frac{P}{A},i,m+n\right)-\left(\frac{P}{A},i,m\right)\right]\end{aligned}$$

【例 2-3】某项目拟在年初投入一笔资金，从第四年起每年取得收益 100 万元，至第九年末取完，利率 10%，则此项目一次投入多少钱？

解：$P=100\times(P/A,\ 10\%,\ 6)\times(P/F,\ 10\%,\ 3)$

$=100\times4.355\times0.751$

$=327.0605$（万元）

（3）永续年金现值的计算。

永续年金是指无限期地连续收付款项的年金。如无期限国债，优先股股利等。

其计算公式表示为：

$$P=A\times\sum_{t=1}^{n}\frac{1}{(1+i)^t}=A\times\frac{1-\frac{1}{(1+i)^n}}{i}$$

当 $n\to\infty$，$\frac{1}{(1+i)^n}\to0$，永续年金的现值可表示为：

$$P=A\times\frac{1}{i}=\frac{A}{i}$$

【例 2-4】G 公司优先股每年年终股利均为 0.20 元/股，该优先股的合理价格是多少？（假设贴现率为 15%）

解：$P=0.2\div15\%$

$=1.33$（元）

案例分析

按照保险合同所示，每年年末取得的 45 000 元是普通年金，贴现率为 6%，期限 5 年。决定是否购买该保险，就要将这个收益进行贴现，与一次性付出的保费 200 000 元进行对比，只要收益现值大于付出的保费，就可以购买，否则放弃。

$$P=45\,000\times\left(\frac{P}{A},6\%,5\right)$$
$$=45\,000\times4.212$$
$$=189\,540(\text{元})$$

因为 189 540 元<200 000 元，因此该保险不值得购买。

任务 2-2 市场法

案例导入

一、估价对象

佛山市×××教育度假中心位于风光秀美、波光粼粼的佛山绿岛湖畔，占地 400 余亩，距市区 29km，离市中心 48km，风景点连片，交通十分便利。度假村规模大，标准高，文化设施齐全，100 余幢伫立在波光湖色中的欧美式小别墅与酒店主楼，每天可同时接待 3 000 人住宿、度假。文化娱乐中心、健身康乐中心、水上活动中心项目众多。

本次评估对象为佛山市×××教育度假中心所属的文化娱乐中心（酒店主楼），该中心委托专业酒店管理公司管理，是按国际三星级酒店标准设计建造的，建筑总面积达 13 561平方米，各项设施服务堪称上乘。其中主楼共 6 层，底楼为快餐厅，2 楼风味大餐厅及各间专业宴会厅，3～6 层为标准房、套房、豪华套房共 108 间，312 座的豪华多功能影视厅及各类小型会议室，能满足各类商务洽谈、学术讲座及正规演出的需要；并且设有桑拿、棋牌室、弹子房和迪斯科舞厅等高档娱乐项目。文化娱乐中心的商务中心、美容美发厅、商场、停车场及送餐等多种服务项目均采用先进的专业系统管理。配有中央空调、程控电话、闭路电视、视听系统、烟感报警等设施。电话交换机、锅炉、配电、供暖等均为进口设备。酒店大堂高 9m，标准层每层高为 4m，中庭 2 部三菱电梯可直达 6 层。酒店于 2016 年建造及装修，2017 年下半年开业。整幢房屋整体为钢混结构，总建筑面积 13 561 平方米，整个度假中心占地 61 706.70 平方米，为批租土地，使用年限（2016 年 12 月 18 日～2066 年 12 月 17 日）。其中该文化娱乐中心（酒店主楼）占地约 23 亩，现浇钢筋混凝土柱、梁，门厅用进口大理石包柱，无框的弹簧玻璃门，地坪及墙面铺贴进口大理石，2 层餐厅为各式包厢，水泥地坪上铺贴木地板，夹板软、硬包护墙，切片板窗门套，切片板凹凸双瞒木门。3～6 层为宾馆客房部，按三星级宾馆要求进行装修。

二、估价目的

房地产抵押价值评估。

针对该类型的房地产应如何评估，有何条件限制？

基础知识

一、市场法的基本含义

市场法，是指利用市场上同样或类似资产的近期交易价格，经过直接比较或类比分析来估测资产价值的评估技术思路和实现该评估技术思路的各种评估技术方法的总称。

从市场法的含义中可以发现，市场法是资产评估中若干评估思路中的一种，它是根据替代原则，采用比较和类比的思路及其方法判断资产价值的评估技术规程。

运用市场法要求充分利用类似资产成交价格信息，并以此为基础判断和估测被评估资产的价值。

运用已被市场检验了的结论来评估被评估对象，显然是容易被资产业务各当事人接受的。因此，市场法是资产评估中最为直接、最具说服力的评估方法之一。当然，通过市场法进行资产评估，尚需满足一些最基本的条件。

二、市场法的基本前提

通过市场法进行资产评估需要满足两个最基本的前提条件：

其一，要有一个活跃的公开市场；

其二，公开市场上要有可比的资产及其交易活动。

公开市场是一个充分的市场，市场上有自愿的买者和卖者，他们之间进行平等交易。这就排除了个别交易的偶然性，市场成交价格基本上可以反映市场行情。

按市场行情估测被评估资产价值，评估结果会更贴近市场，更容易被资产交易各方接受。

资产及其交易的可比性，是指选择的可比资产及其交易活动在近期公开市场上已经发生过，且与被评估资产及资产业务相同或相似。

这些已经完成交易的资产就可以作为被评估资产的参照物，其交易数据是进行比较分析的主要依据。

资产及其交易的可比性具体体现在以下几个方面：

（1）参照物与评估对象在功能上具有可比性，包括用途、性能上的相同或相似；

（2）参照物与被评估对象面临的市场条件具有可比性，包括市场供求关系、竞争状况和交易条件等；

（3）参照物成交时间与评估基准日间隔时间不能过长，应在一个适度时间范围内。同时，这个时间因素对资产价值的影响是可以调整的。

把握住参照物与评估对象功能上的一致性，可以避免张冠李戴；把握住参照物与评估对象所面临的市场条件，可以为明确评估结果的价值类型创造条件；选择近期交易的参照物可以减少调整时间因素对资产价值影响的难度。

三、市场法的基本程序

1. 选择参照物

不论评估对象是单项资产还是整体资产，运用市场法评估资产时都需经历选择参照物这样一个程序。对参照物的要求关键是一个可比性问题，包括功能、市场条件及成交时间等。

另外就是参照物的数量问题。不论参照物与评估对象如何相似，通常参照物应选择三个以上。为了避免某个参照物个别交易中的特殊因素和偶然因素对成交价及评估值的影响，运用市场法评估资产时应尽可能选择多个参照物。

2. 在评估对象与参照物之间选择比较因素

从大的方面讲，影响资产价值的基本因素大致相同，如资产性质、市场条件等。但具体到每一种资产时，影响资产价值的因素又各有侧重。如影响房地产价值的主要是地理位置因素．而技术水平则在机器设备评估中起主导作用。

所以，应根据不同种类资产价值形成的特点，选择对资产价值形成影响较大的因素作为对比指标，在参照物与评估对象之间进行比较。

3. 指标对比、量化差异

根据前面所选定的对比指标，在参照物及评估对象之间进行比较，并将两者的差异进行量化。

例如，资产功能指标，尽管参照物与评估对象功能相同或相似，但在生产能力、产品质量，以及在资产运营过程中的能耗、料耗和工耗等方面都可能有不同程度的差异。

运用市场法的一个重要环节就是将参照物与评估对象对比指标之间的上述差异数量化和货币化。

4. 在各参照物成交价格的基础上调整已经量化的对比指标差异

市场法是以参照物的成交价格作为评定、估算评估对象价值的基础。在这个基础上将已经量化的参照物与评估对象对比指标差异进行调增或调减，就可以得到以每个参照物为基础的评估对象的初步评估结果。

初步评估结果与所选择的参照物个数密切相关。

5. 综合分析确定评估结果

按照一般要求，运用市场法通常应选择三个以上参照物。所以，在一般情况下，运用市场法评估的初步结果也在三个以上。

根据资产评估的一般惯例的要求，正式的评估结果只能是一个，这就需要评估人员对若干评估初步结果进行综合分析，以确定最终的评估值。在这个环节上没有什么硬性规定，主要取决于评估人员对参照物的把握和对评估对象的认识。

当然，如果参照物与评估对象可比性都很好，评估过程中没有明显的遗漏或疏忽，采用加权平均的办法或算术平均的办法将初步结果转换成最终评估结果也是可以的。

运用市场法评估单项资产应考虑的可比因素主要有：

第一，资产的功能。资产的功能是资产使用价值的主体，是影响资产价值的重要因素之一。

在资产评估中强调资产的使用价值或功能，并不是从纯粹抽象意义上去讲，而是从资产的功能并结合社会需求，从资产实际发挥效用的角度来考虑。就是说，在社会需要的前提下，资产的功能越好，其价值越高，反之亦然。

第二，资产的实体特征和质量。资产的实体特征主要是指资产的外观、结构、役龄和规格型号等。资产的质量主要是指资产本身的建造或制造工艺水平。

第三，市场条件。主要考虑参照物成交时与评估时的市场条件及供求关系的变化情况。

在一般情况下，供不应求时，价格偏高；供过于求时，价格偏低。市场条件上的差异对资产价值的影响应引起评估人员足够的关注。

第四，交易条件。交易条件主要包括交易批量、交易动机、交易时间等。

交易批量不同，交易对象的价格就可能不同。交易动机也对资产交易价格有影响。在不同时间交易，资产的交易价格也会有差别。

四、市场法中涉及的相关因素

市场法中涉及的相关因素主要有参照物和可比指标。

参照物是运用市场法的必备条件，没有参照物就没有市场法，有参照物还要保证参照物与评估对象具有良好的可比性和参照物的数量。

参照物与评估对象的可比性是通过参照物与评估对象之间的可比指标体现出来的。由于评估对象的差异，参照物与评估对象之间的可比指标并不是一成不变的，它会随评估对象的不同而不同。

例如，评估对象是不动产，运用市场法的可比指标主要是评估不动产需要的一般因素、区域因素和个别因素；如果评估对象是机器设备，运用市场法的可比指标就可能是设备的技术含量、规格型号、生产能力和生产效率等；如果评估对象是企业，运用市场法的可比指标可能就是企业的生产能力和获利能力。

五、市场法中的具体方法

市场法实际上是指在一种评估思路下的若干具体评估方法的集合，它是由若干个具体评估方法组成。

这些具体评估方法按照参照物与评估对象的差异程度，以及需调整的范围又可以划分为直接比较法和类比调整法。

1. 直接比较法

直接比较法，是指直接利用参照物价格或利用参照物的交易价格及参照物的某一基本特征直接与评估对象的同一基本特征进行比较而判断评估对象价值的各种具体评估技术方法。其基本表达式为：

评估对象价值＝参照物成交价格

或：

评估对象价值＝参照物成交价格×(评估对象 A 特征÷参照物 A 特征)

直接比较法直观简捷，便于操作，但通常对参照物与评估对象之间的可比性要求较高。

参照物与评估对象要达到相同或基本相同的程度，或参照物与评估对象的差异主要体现在某一明显的因素上。

(1) 现行市价法。

当评估对象本身具有现行市场价格或与评估对象基本相同的参照物具有现行市场价格的时候，可以直接利用评估对象或参照物在评估基准日的现行市场价格作为评估对象的评估价值。

例如，可上市流通的股票和债券可按其在评估基准日的收盘价作为评估价值；批量生产的设备、汽车等可按同品牌、同型号、同规格、同厂家、同批量的设备、汽车等的现行市场价格作为评估价值。

(2) 市价折扣法。

市价折扣法是以参照物成交价格为基础，考虑到评估对象在销售条件、销售时限等方面的不利因素，凭评估人员的经验或有关部门的规定，设定一个价格折扣率来估算评估对象价值的方法。用数学式表达：

资产评估价值＝参照物成交价格×(1－价格折扣率)

此方法一般只适用于评估对象与参照物之间仅存在交易条件方面差异的情况。

【例 2-5】经法院委托，评估某拟快速变现某小汽车，在评估时点与其完全相同的正常变现价为 8 万元，经评估师综合分析，认为快速变现的折扣率应为 40%，因此，拟快速变现资产价值接近于 4.8 万元。

解：资产评估价值＝8×(1－40%)＝4.8（万元）

(3) 功能价值类比法。

功能价值法是以参照物的成交价格为基础，考虑参照物与评估对象之间的功能差异进行调整来估算评估对象价值的方法。根据资产的功能与其价值之间的线性关系和指数关系的区别，其计算公式分别为：

第一，资产价值与其功能呈线性关系的情况，通常被称作功能价值法。

资产评估价值＝参照物成交价格×(评估对象生产能力÷参照物生产能力)

当然，功能价值法不仅仅表现为资产的生产能力这一项指标上，它还可以通过对参照物与评估对象的其他功能指标的对比，利用参照物成交价格推算出评估对象价值。

【例 2-6】被评估资产为年生产能力为 100 吨甲烷生产设备，参照资产的年生产能力为 200 吨，评估时点参照资产的市场价格为 20 万元，由此确定被评估资产价值接近 10 万元。

$$资产评估价值＝20\times\frac{100}{200}＝10(万元)$$

第二，资产价值与其功能呈指数关系的情况，通常被称作规模经济效益指数法。

资产评估价值＝参照物成交价格×(评估对象生产能力÷参照物生产能力)

【例 2-7】被评估资产年生产能力为 100 吨，参照资产的年生产能力为 200 吨，评估时点参照资产的市场价格为 20 万元，该类资产的功能价值指数为 0.7，由此确定被评估资产价值接近 12.3 万元。

$$资产评估价值＝20\times\left(\frac{100}{200}\right)^{0.7}＝12.3(万元)$$

(4) 价格指数法。

价格指数调整法是以参照物成交价格为基础，考虑参照物的成交时间与评估对象的评估基准日之间的时间间隔对资产价值的影响，利用价格指数调整估算评估对象价值的方法。其计算公式为：

资产评估价值＝参照物成交价格×(1＋物价变动指数)

或：＝参照物成交价格×价格指数

此方法一般只运用于评估对象与参照物之间仅有时间因素存在差异的情况，且时间差异不能过长。

当然，此方法稍做调整可作为市场售价类比法中估测时间差异系数或时间差异值的方法。

【例 2-8】评估电子办公设备联想电脑一台，与评估对象完全相同的参照资产（同一型号电脑）6 个月前的成交价格为 5 000 元，半年间该资产的价格下降了 10%，则该电脑评估价格为：

资产评估价值＝5 000×(1－10%)＝4 500(元)

(5) 成新率价格调整法。

成新率价格法是以参照物的成交价格为基础，考虑参照物与评估对象新旧程度上的差异，通过成新率调整估算出评估对象的价值。其计算公式为：

资产评估价值＝参照物成交价格×(评估对象成新率÷参照物成新率)

其中：

资产的成新率＝资产的尚可使用年限÷(资产的已使用年限＋资产的尚可使用年限)

此方法一般只运用于评估对象与参照物之间仅有成新程度差异的情况。当然此方法略加改造也可以作为评估对象与参照物成新程度差异调整率和差异调整值的方法。

由于直接比较法对参照物与评估对象的可比性要求较高，在具体评估过程中寻找参照物可能会受到局限。因而，直接比较法的使用也相对受到一定制约。

2. 类比调整法

该法并不要求参照物与评估对象必须一样或者基本一样。只要参照物与评估对象在大的方面基本相同或相似，该法通过对比分析调整参照物与评估对象之间的差异，在参照物成交价格的基础上调整估算评估对象的价值。

类比调整法具有适用性强、应用广泛的特点。但该法对信息资料的数量和质量要求较高，而且要求评估人员要有较丰富的评估经验、市场阅历和评估技巧。没有足够的数据资料，以及对资产功能、市场行情的充分了解和把握，很难准确地评定估算出评估对象的价值。

类比调整法具体表现为以下技术方法：

(1) 市场售价类比法。

市场售价类比法是以参照物的成交价格为基础，考虑参照物与评估对象在功能、市场条件和销售时间等方面的差异，通过对比分析和量化差异，调整估算出评估对象价值的各种方法，其基本表达式为：

资产评估价值＝参照物售价＋功能差异值＋时间差异值＋…＋交易情况差异值

或：

资产评估价值＝参照物售价×功能差异修正系数×…×时间差异修正系数

【例 2-9】红三楼位于××区××路西侧，北面与××商场营业大楼相邻，框架六层，总建筑面积 7 590.36m^2，2007 年建成并投入使用，房产权证号 W 房字第 200205765 号，一至三层水磨石楼面，四至五层地面砖楼面，外墙铝塑幕墙，顶棚吊顶，内设中央空调。

评估方法：红三楼现用于商业经营，采用市场比较法评估。

第一，比较案例（见表2-1）：

表2-1 取自2014年7月8日W晨报6月份商务楼价格信息表

a	商住两用	4 000元/m²	××区
b	商住两用	4 000元/m²	××区
c	商住两用	4 300元/m²	××区

第二，因素比较修正系数（见表2-2）：

表2-2

比较因素与内容		评估对象	实例a	实例b	实例c
交易情况		100	100	100	100
交易时间		100	100	100	100
区域因素	距商业服务中心距离	100	97	98	96
	距公共设施距离	100	98	99	97
	道路状况	100	98	100	97
	距对外交通设施的距离	100	103	102	102
个别因素	临街位置	100	99	99	98
	房屋构造材料	100	120	120	130
	临街深度	100	98	99	97
	装修及设施	100	67	67	67
	房屋成新率	100	125	125	125

第三，比准价格：

$$a:4\,000\times\left(\frac{100}{97}\right)\times\left(\frac{100}{98}\right)\times\left(\frac{100}{98}\right)\times\left(\frac{100}{103}\right)\times\left(\frac{100}{99}\right)\times\left(\frac{100}{120}\right)\times\left(\frac{100}{98}\right)\times\left(\frac{100}{67}\right)\times\left(\frac{100}{125}\right)=4\,275\text{ 元/m}^2$$

$$b:4\,000\times\left(\frac{100}{98}\right)\times\left(\frac{100}{99}\right)\times\left(\frac{100}{100}\right)\times\left(\frac{100}{102}\right)\times\left(\frac{100}{99}\right)\times\left(\frac{100}{120}\right)\times\left(\frac{100}{99}\right)\times\left(\frac{100}{67}\right)\times\left(\frac{100}{125}\right)=4\,104\text{ 元/m}^2$$

$$c:4\,300\times\left(\frac{100}{96}\right)\times\left(\frac{100}{97}\right)\times\left(\frac{100}{97}\right)\times\left(\frac{100}{102}\right)\times\left(\frac{100}{98}\right)\times\left(\frac{100}{130}\right)\times\left(\frac{100}{97}\right)\times\left(\frac{100}{67}\right)\times\left(\frac{100}{125}\right)=4\,509\text{ 元/m}^2$$

第四，评估单价的确定：

评估单价$=(4\,275+4\,104+4\,509)\div3=4\,296$(元/m²)

第五，综合整体土地容积率，设定容积率为3：

分摊的地价$=$土地单价$\div$容积率$=4\,204\div3=1\,401$(元/m²)

第六，不含地价的评估单价＝4 296－1 401＝2 895（元/m^2）

第七，评估总价的确定：

评估总价＝7 590.36×2 895＝21 974 092(元)

（2）成本市价法。

成本市价法是以评估对象的现行合理成本为基础，利用参照物的成本市价比率来估算评估对象的价值的方法。用数学式表达：

资产评估价值＝评估对象现行合理成本×(参照物成交价格÷参照物现行合理成本)

【例2-10】评估时点某通用生产设备的成本市价率为150%，已知被估全新生产设备的现行合理成本为200万元，则其市价接近于300万元。

资产评估价值＝200×150%＝300(万元)

（3）市盈率乘数法。

市盈率乘数法主要适用于整体企业的评估。市盈率乘数法是以参照物（企业）的市盈率作为乘数（倍数），以此乘数与评估对象（企业）的收益额相乘估算评估对象（企业）价值的方法。用数学式表达：

资产评估价值＝评估对象(企业)收益额×参照物(企业)市盈率

$$参照物(企业)市盈率=\frac{参照物(企业)市值}{参照物(企业)收益额}$$

【例2-11】某被估企业的年净利润为1亿元，评估时点资本市场上同类企业有三家，A公司市值为20亿元，净利润为8 000万元，B公司市值为30亿元，净利润为1.5亿元，C公司市值为22亿元，净利润为6 667万元，则：

A公司市盈率为:200 000÷8 000＝25

B公司市盈率为:300 000÷15 000＝20

C公司市盈率为:220 000÷6 667＝33

若平均市盈率为26，则：

该企业的评估价值＝1×26＝26(亿元)

在上述各种具体评估方法中，许多具体评估方法既适用于直接评估单项资产的价值，也适用于在市场法中估测评估标的与参照物之间某一种差异的调整系数或调整值。

在现代市场经济条件下，单项资产和整体资产都可以作为交易对象进入市场流通，不论是单项资产或是整体资产的交易实例都可以为运用市场法进行资产评估提供可资参照的评估依据和资料。

当然，上述具体方法只是市场法中的一些经常使用的方法，市场法中具体方法还有许多。必须注意的是，以上具体方法还可能成为或可以成为成本法的具体方法。

但是作为市场法中的具体方法，它的使用前提必须满足两个最基本的条件；其一，利用参照物进行评估，且参照物与评估对象必须相同或相似，即具有可比性；其二，参照物的交易时间与评估基准日间隔不能过长。而作为成本法中的具体方法的使用前提可能会与作为市场法的具体方法有所区别。

案例分析

由于评估对象满足两个最基本的前提条件：其一，要有一个活跃的公开市场；其二，公开市场上要有可比的资产及其交易活动。因此，该项目的评估可采用市场法进行。评估过程中，如能找到相类似的交易对象，建议采用市场售价类比法。

任务 2-3 收益法

案例导入

某城市地标中心一商铺通过出租，业主与承租方通过签订 40 年长期租约，每年约定净租金见表 2-3，第三年以后年净租金仍维持在第三年的租金水平。

表 2-3 **某商铺未来三年净租金** 单位：万元

年份	净租金收入	折现率
第一年	300	6%
第二年	400	6%
第三年	500	6%
第四年至四十年	500	6%

请确认该商铺的评估价值。

基础知识

一、收益法的基本含义

收益法，是指通过估测被评估资产未来预期收益的现值来判断资产价值的各种评估方法的总称。收益法是资产评估若干评估思路中的一种，它是根据将利求本的思路，采用资本化和折现的思路及其方法来判断和估算资产价值的评估技术规程。因为任何一个理智的投资者在购置或投资于某一资产时，他所愿意支付或投资的货币数额不会高于他所购置或投资的资产在未来能给他带来的回报，即收益额。

收益法正是利用投资回报和收益折现等技术手段，把评估对象的预期产出能力和获利能力作为评估标的来估测评估对象的价值。根据评估对象的预期收益来评估其价值，显然这个评估结果是容易被资产业务各方所接受的。所以，从理论上讲，收益法是资产评估中最为科学合理的评估法之一。当然，运用收益法评估尚需要满足一些基本条件。

二、收益法的基本前提

收益法是依据资产未来预期收益经折现或本金化处理来估测资产价值的，它涉及三个基本要素：

一是被评估资产的预期收益；

二是折现率或资本化率；

三是被评估资产取得预期收益的持续时间。

应用收益法必须具备的前提条件是：

(1) 被评估资产的未来预期收益可预测并可以用货币衡量；

(2) 资产拥有者获得预期收益所承担的风险也可以预测并可以用货币衡量；

(3) 被评估资产预期获利年限可以预测。

首先，评估对象的预期收益必须能被较为合理地估测。这就要求被评估资产与其经营收益之间存在着较为稳定的比例关系。同时，影响资产预期收益的主要因素，包括主观因素和客观因素，也应是比较明确的，评估人员可以据此分析和测算出被评估资产的预期收益。

其次，被评估对象所具有的行业风险、地区风险及企业风险是可以比较和测算的，这是测算折现率或资本化率的基本参数之一。

最后，评估对象获利期限的长短，即评估对象的寿命，也是影响其价值和评估值的重要因素之一。

三、收益法的基本程序

(1) 收集并验证与评估对象未来预期收益有关的数据资料，包括经营前景、财务状况、市场形势以及经营风险等；

(2) 分析测算被评估对象未来预期收益；

(3) 确定折现率或资本化率；

(4) 用折现率或资本化率将评估对象未来预期收益折成现值；

(5) 分析确定评估结果。

四、收益法的基本参数

1. 收益额

在资产评估中，资产的收益额，是指根据投资回报的原理，资产在正常情况下所能得到的归其产权主体的所得额。

资产评估中的收益额有两个比较明确的特点：

其一，收益额是资产未来预期收益额，而不是资产的历史收益额或现实收益额；

其二，用于资产评估的收益额是资产的客观收益，而不是资产的实际收益。

因资产种类较多，不同种类资产的收益额表现形式亦不完全相同，如企业的收益额通常表现为净利润或净现金流量，而房地产则通常表现为纯收益等。

2. 折现率

从本质上讲，折现率是一种期望投资报酬率，是投资者在投资风险一定的情况下，对投资所期望的回报率。

无风险报酬率，一般是指同期国库券利率。

风险报酬率，是指超过无风险报酬率以上部分的投资回报率。

在资产评估中，因资产的行业分布、种类、市场条件等的不同，折现率亦不相同。资本化率与折现率在本质上是相同的。

习惯上，人们将未来有限期预期收益折算成现值的比率称为折现率。

而将未来永续性预期收益折算成现值的比率称为资本化率。

至于资本化率与折现率在量上是否衡等，主要取决于同一资产在未来长短不同时期所面临的风险是否相同。

确定折现率，首先应该明确折现的内涵。折现作为一个时间优先的概念，认为将来的收益或利益低于现在的同样收益或利益，并且，随着收益时间向将来推迟的程度而有序地降低价值。同时，折现作为一个算术过程，是把一个特定比率应用于一个预期的收益过程，从而得出当前的价值。

3. 收益期限

收益期限，是指资产具有获利能力持续的时间，通常以年为时间单位。

它由评估人员根据被评估资产自身效能及相关条件，以及有关法律、法规、契约、合同等加以测定。

五、收益法中的具体方法

从大的方面来看，收益法中的具体方法可以分若干类：

其一，针对评估对象未来预期收益有无限期的情况划分，分为有限期和无限期的评估方法；

其二，针对评估对象预期收益额的情况划分，可分为等额收益评估方法、非等额收益方法等。

为了便于学习收益法中的具体方法，先对这些具体方法中所用的字符含义做统一的定义。

P——评估值；

i——年序号；

P_i——未来第 i 年的评估值；

R_i——未来第 i 年的预期收益；

r——折现率或资本化率；

r_i——第 i 年的折现率或资本化率；

t——收益年期；

n——收益年期；

A——年金。

1. 纯收益不变

(1) 在收益永续，各因素不变的条件下，有以下计算式：

$$P=\frac{A}{r}$$

其成立条件是：

第一，纯收益每年不变；

第二，资本化率固定且大于零；

第三，收益年期无限。

【例 2-12】某资产预期未来每年可获收益 10 万元，若期望投资报酬率为 5%。要求对该项资产进行评估。

解：$P=10\div 5\%$

$=200$（万元）

(2) 在收益年期有限，资本化率大于零的条件下，有以下计算式：

$$P=\frac{A}{r}\left[1-\frac{1}{(1+r)^n}\right]$$

或：$P=A\times(P/A, r, n)$

这是一个在估价实务中经常运用的计算公式，其成立条件是：

第一，纯收益每年不变；

第二，资本化率固定且大于零；

第三，收益年期有限为 n。

【例 2-13】某资产预期未来 10 年每年可获收益 10 万元，若期望投资报酬率为 5%。要求对该项资产进行评估。

解：$P=10\times(P/A, 5\%, 10)$

$=10\times7.721$

$=77.21$（万元）

（3）在收益年期有限，资本化率等于零的条件下，有以下计算式：

$$P=A\times n$$

其成立条件是：

第一，收益每年不变；

第二，收益年期有限为 n；

第三，资本化率为零。

2. 纯收益在若干年后保持不变

（1）无限年期收益。其基本公式为：

$$P=\sum_{t=1}^{n}\frac{R_i}{(1+r)^i}+\frac{A}{r(1+r)^n}$$

或：

$$P=\sum R\times\left(\frac{P}{F},r,n\right)+\frac{A}{r}\times\left(\frac{P}{F},r,n\right)$$

其成立条件是：

第一，纯收益在 n 年（含第 n 年）以前有变化；

第二，纯收益在 n 年（不含第 n 年）以后保持不变；

第三，收益年期无限；

第四，r 大于零。

【例 2-14】某企业预计未来 5 年收益额分别达到 60 万元、75 万元、65 万元、55 万元和 70 万元，假定从第 6 年开始，以后各年收益均为 70 万元，确定的折现率和本金化率为 10%，则该企业持续经营下的评估值为：

解：$P=60\times(P/F, 10\%, 1)+75\times(P/F, 10\%, 2)+65\times(P/F, 10\%, 3)+55\times(P/F, 10\%, 4)+70\times(P/F, 10\%, 5)+70/10\%\times(P/F, 10\%, 5)$

$=681.03$（万元）

（2）有限年期收益。其计算公式为：

$$P=\sum_{i=1}^{t}\frac{R_i}{(1+r)^i}+\frac{A}{r(1+r)^t}\left[\frac{1-1}{(1+r)^{n-t}}\right]$$

或：

$$P=\sum R\times(\frac{P}{F},r,t)+A\times(\frac{P}{A},r,n-t)\times(\frac{P}{F},r,n-t)$$

其成立条件是：

第一，纯收益在 t 年（含第 t 年）以前有变化；

第二，纯收益在 t 年（不含第 t 年）以后保持不变；

第三，收益年期有限，为 n；

第四，r 大于零。

这里要注意的是，纯收益 A 的收益年期是（$n-t$），而不是 n。

【例 2-15】承上例，第 6 年开始各年收益为 70 万元，持续 10 年。其他条件不变，则该企业的评估值为多少？

解：$P=60\times(P/F,10\%,1)+75\times(P/F,10\%,2)+65\times(P/F,10\%,3)+55\times(P/F,10\%,4)+70\times(P/F,10\%,5)+70\times(P/A,10\%,10)\times(P/F,10\%,5)$
$=513.04$（万元）

3. 纯收益按等差级数变化

（1）在纯收益按等差级数递增，收益年期无限的条件下，有以下计算式：

$$P=\frac{A}{r}+\frac{B}{r^2}$$

其成立条件是：

第一，收益按等差级数递增；

第二，纯收益逐年递增额为 B；

第三，收益年期无限；

第四，r 大于零。

（2）在纯收益按等差级数递增，收益年期有限的条件下，有以下计算式：

$$P=\left(\frac{A}{r}+\frac{B}{r^2}\right)\left[1-\frac{1}{(1+r)^n}\right]-\frac{B}{r}\times\frac{n}{(1+r)^n}$$

其成立条件是：

第一，纯收益按等差级数递增；

第二，纯收益逐年递增额为 B；

第三，收益年期有限为 n；

第四，r 大于零。

（3）在纯收益按等差级数递减，收益年期无限的条件下，有以下计算式：

$$P=\frac{A}{r}-\frac{B}{r^2}$$

其成立条件是：

第一，纯收益按等差级数递减；

第二，纯收益逐年递减额为 B；

第三，收益递减到零为止；

第四，r 大于零。

(4) 在纯收益按等差级数递减，收益年期有限的条件下，有以下计算式：

$$P=\left(\frac{A}{r}-\frac{B}{r^2}\right)\left[1-\frac{1}{(1+r)^n}\right]+\frac{B}{r}\times\frac{n}{(1+r)^n}$$

其成立条件是：

第一，纯收益按等差级数递减；

第二，纯收益逐年递减额为 B；

第三，收益年期有限为 n；

第四，r 大于零。

4. 纯收益按等比级数变化

(1) 在纯收益按等比级数递增，收益年期无限的条件下，有以下计算式：

$$P=\frac{A}{r-s}$$

其成立条件是：

第一，纯收益按等比级数递增；

第二，纯收益逐年递增比率为 s；

第三，收益年期无限；

第四，r 大于零；

第五，$r>s>0$。

(2) 在纯收益按等比级数递增，收益年期有限的条件下，有以下计算式：

$$P=\frac{A}{r-s}\left[1-\left(\frac{1+s}{1+r}\right)^n\right]$$

其成立条件是：

第一，纯收益按等比级数递增；

第二，纯收益逐年递增比率为 s；

第三，收益年期有限；

第四，r 大于零；

第五，$r>s>0$。

(3) 在纯收益按等比级数递减，收益年期无限的条件下，有以下计算式：

$$P=\frac{A}{r+s}$$

其成立条件是：

第一，纯收益按等比级数递减；

第二，纯收益逐年递减比率为 s；

第三，收益年期无限；

第四，r 大于零；

第五，$r>s>0$。

(4) 在纯收益按等比级数递减，收益年期有限的条件下，有以下计算式：

$$P=\frac{A}{r+s}\left[1-\left(\frac{1-s}{1+r}\right)^{n}\right]$$

其成立条件是：

第一，纯收益按等比级数递减；

第二，纯收益逐年递减比率为 s；

第三，收益年期有限为 n；

第四，r 大于零；

第五，$0<s\leqslant 1$。

(5) 已知未来若干年后资产价格的条件下，有以下计算式：

$$P=\frac{A}{r}\left[1-\frac{1}{(1+r)^{n}}\right]+\frac{P_{n}}{(1+r)^{n}}$$

或：

$$P=\frac{A}{r}\times\left(\frac{P}{A},r,n\right)+F\times\left(\frac{P}{F},r,n\right)$$

其成立条件是：

第一，纯收益在第 t 年（含 t 年）前保持不变；

第二，预知第 t 年的价格为 P_t；

第三，r 大于零。

案例分析

根据题意，由于根据租约可以计算未来的收益，可用收益法进行评估，评估过程见表 2-4：

表 2-4

	收益额	折现率	折现系数	收益折现值
第一年	300	6%	0.943 4	283
第二年	400	6%	0.890 0	356
第三年	500	6%	0.839 6	167.9
第四至四十年	500	6%	12.373 2 *	6 186.6

* 为后 37 年的年金现值系数再折现至三年前。

由此可以确定资产评估价值=283+356+167.9+6 186.6=6 993.5（万元）。

任务 2-4 成本法

案例导入

评估对象为某企业 2015 年购进的一条生产线，账面原值为 150 万元，2017 年进行评估。经市场调查及查阅机电报价手册分析确定，该生产线的价格每年比上一年增长 10%，专业人员勘察估算认为，该生产线还能使用 6 年，又知目前市场上已出现功能更先进的资产，并被普遍运用，新设备与评估对象相比，可节省人员 3 人，每人的月工资水平为2 500元，此外，由于市场竞争的加剧，使该生产线开工不足，由此而造成收益损失额每年为 20 万元（该企业所得税率为 25%，假定折现率为 10%）。

根据上述资料，采用成本法对该资产进行评估。

基础知识

一、成本法的基本含义

成本法，是指首先估测被评估资产的重置成本，然后估测被评估资产业已存在的各种贬损因素，并从其重置成本中予以扣除而得到被评估资产价值的各种评估方法的总称。

成本法始终贯穿着一个重建或重置被评估资产的思路。在条件允许的情况下，任何一个潜在的投资者在决定投资某项资产时，他所愿意支付的价格不会超过购建该项资产的现行购建成本。

如果投资对象并非全新，投资者所愿支付的价格会在投资对象全新的购建成本的基础上扣除资产的实体有形损耗；如果被评估资产存在功能和技术落后，投资者所愿支付的价格会在投资对象全新的购建成本的基础上扣除资产的功能性贬值；如果被评估资产及其产品面临市场困难和外力影响，投资者所愿支付的价格会在投资对象全新的购建成本的基础上扣除资产的经济性贬损因素。

上述评估思路用数学式可概括为：

$$\text{资产的评估值}=\begin{matrix}\text{资产的}\\\text{重置成本}\end{matrix}-\begin{matrix}\text{资产实体}\\\text{有形损耗}\end{matrix}-\begin{matrix}\text{资产功能性}\\\text{陈旧贬值}\end{matrix}-\begin{matrix}\text{资产经济性}\\\text{陈旧贬值}\end{matrix}$$

上述数学式所概括的成本法是从成本法各构成要素出现的概率的大小排列而成，因此此表达式亦称成本法的理论表达式。

如果在资产评估实际操作中，被评估资产确实存在三种贬值，在此种情况下具体运用成本法时，则应按成本法的逻辑顺序进行操作。成本法的逻辑顺序是：

$$\text{资产的评估值}=\begin{matrix}\text{资产的}\\\text{重置成本}\end{matrix}-\begin{matrix}\text{资产经济性}\\\text{陈旧贬值}\end{matrix}-\begin{matrix}\text{资产功能}\\\text{性陈旧贬值}\end{matrix}-\begin{matrix}\text{资产实体}\\\text{有形损耗}\end{matrix}$$

成本法是以再取得被评估资产的重置成本为基础的评估方法。由于被评估资产的再取得成本的有关数据和信息来源较广泛，并且资产重置成本与资产的现行市价及收益现值也存在着内在联系和替代关系。因而，在市场发育欠完善的条件下，成本法经常被广泛应用。

二、成本法的基本前提

成本法作为一条独立的评估思路，它是从再取得资产的角度来反映资产的交换价值的，即通过资产的重置成本反映资产的交换价值。只有当被评估资产处于继续使用状态下，再取得被评估资产的全部费用才能构成其交换价值的内容。

资产的继续使用不仅仅是一个物理上的概念，资产的继续使用包含着其使用的有效性的经济意义。只有当资产能够继续使用并且在持续使用中为潜在所有者和控制者带来经济利益，资产的重置成本才能为潜在投资者和市场所承认和接受。

从这个意义上讲，成本法主要适用于继续使用前提下的资产评估。资产的继续使用并不是决定成本法能否使用的唯一前提，但是，对于非继续使用前提下的资产，如果运用成本法进行评估，需对成本法的基本要素做必要的调整。

从相对准确合理、减少风险和提高评估效率的角度，把继续使用前提作为运用成本法的前提是有积极意义的。

三、成本法的基本要素

1. 资产的重置成本

简单地说，资产的重置成本就是资产的现行再取得成本。具体来说，重置成本又分为：

（1）复原重置成本，是指采用与评估对象相同的材料、建筑或制造标准、设计、规格及技术等，以现时价格水平重新购建与评估对象相同的全新资产所发生的费用。

（2）更新重置成本，是指采用新型材料，现代建筑或制造标准，新型设计、规格和技术等，以现行价格水平购建与评估对象具有同等功能的全新资产所需的费用。

2. 资产的有形损耗

资产的有形损耗亦称实体性贬值，是指资产由于使用及自然力的作用导致的资产的物理性能的损耗或下降而引起的资产的价值损失。

资产的有形损耗通常采用相对数计量，即有形损耗率。

$$资产有形损耗率=资产有形损耗额\div资产重置成本\times100\%$$

3. 资产的功能性陈旧贬值

资产的功能性陈旧贬值，是指由于技术进步引起的资产功能相对落后而造成的资产价值损失。包括新工艺、新材料和新技术的采用等而使原有资产的建造成本超过现行建造成本的超支额，以及原有资产的运营成本的超支额。

4. 资产的经济性陈旧贬值

资产的经济性陈旧贬值，是指由于外部条件的变化引起资产闲置，收益下降等而造成的资产价值损失。

四、成本法中的具体方法

1. 重置成本的估算方法

（1）重置核算法。

重置核算法亦称细节分析法、核算法等，它是利用成本核算的原理，根据重新取得资产所需的费用项目，逐项计算然后累加得到资产的重置成本。

在实际测算过程中又具体划分为两种类型：

购买型，是以购买资产的方式作为资产的重置过程，所以又称市场重置法。

资产的重置成本具体是由资产的现行购买价格、运杂费、安装调试费以及其他必要费用构成，将上述取得资产的必需费用累加起来，便可计算出资产的重置成本。

自建型，是把自建资产作为资产重置方式，它根据重新建造资产所需的料、工、费及必要的资金成本和开发者的合理利润等分析和计算出资产的重置成本。

资产的重置成本应包括开发者的合理收益。

一是重置成本是按现行市场条件下重新购建一项全新资产所支付的全部货币总额，应该包括资产开发和制造商的合理收益。

二是资产评估旨在了解被估资产模拟条件下的交易价格，一般情况下，价格都应该含有开发者或制造者合理收益部分。

资产重置成本中的收益部分的确定，应以现行行业或社会平均资产收益水平为依据。

【例 2-16】重置购建设备一台，现行市场价格每台 5 万元，运杂费 1 000 元，直接安装成本 800 元，其中原材料 300 元，人工成本 500 元。根据统计分析，计算求得安装成本中的间接成本为 400 元，该机器设备重置成本为：

直接成本为：50 000 元+1 000 元+800 元=51 800 元

其中：买价，50 000 元

运杂费，1 000 元

安装成本，800 元

其中：原材料，300 元

人工，500 元

间接成本，400 元

重置成本合计，52 200 元。

（2）价格指数法。

价格指数法是以参照物价格为基础，考虑参照物的成交时间与评估对象的评估基准日之间的时间间隔对资产价值的影响，利用价格指数调整估算评估对象价值的方法。其基本公式为：

$$重置成本=资产的账面原值\times(1+价格变动指数)$$

或：

$$=资产账面原值\times价格指数$$

式中，价格指数可以是定基物价指数或环比物价指数。

价格指数的表述方法有以下几种：

第一，定基物价指数。

这是以固定时期为基期的指数，通常用百分比来表示。以 100%为基础，当物价指数大于 100%，表明物价上涨；物价指数在 100%以下，表明物价下跌。

定基价格指数是评估时点的价格指数与资产购建时点的价格指数之比，即：

$$定基价格指数=\frac{评估时点的定基价格指数}{资产购建时的定基价格指数}\times100\%$$

例如某类设备的定基物价指数计算过程如表 2-5 所示，经过统计得到了第二列的该类设备的市价平均价格。实际运用中往往省略百分号。

表 2-5

年份	该类设备实际均价	定基物价指数=当年实际物价/基年物价	定基价格变动指数=(当年实际物价－基年物价)/基年物价
1999（基年）	50	100%	
2000	51.5	103%=51.5/50×100%	3%=(51.5－50)/50×100%
2001	53	106%=53/50×100%	6%=(53－50)/50×100%
2002	54	108%=54/50×100%	8%=(54－50)/50×100%
2003	55	110%=55/50×100%	10%=(55－50)/50×100%
2004	56	112%=56/50×100%	12%=(56－50)/50×100%
2005	57.5	115%=57.5/50×100%	15%=(57.5－50)/50×100%

第二，定基价格变动指数与定基物价指数的关系（见表 2-6）。

表 2-6

年份	该类设备实际均价	定基物价指数	定基价格变动指数=(当年实际物价－基年物价)/基年物价
1999	50	100%	
2000	51.5	103%	3%=(51.5－50)/50×100%
2001	53	106%	5%=(53－50)/50×100%
2002	54	108%	8%=(54－50)/50×100%
2003	55	110%	10%=(55－50)/50×100%
2004	56	112%	12%=(56－50)/50×100%
2005	57.5	115%	15%=(57.5－50)/50×100%

第三，环比物价指数。

即本年的定基物价指数与上年定基物价指数的商。

$$P_n^{n-1}=\frac{\text{第 } n \text{ 年定基物价指数}}{\text{第 } n-1 \text{ 年定基物价指数}}$$

也可用环比价格变动指数进行测算。

第四，环比物价变动指数（见表 2-7）。

$$\text{环比物价变动指数}=\frac{\text{本年的定基物价指数比上年定基物价}}{\text{高出的部分与上年定基物价指数的商}}=1+\text{环比物价指数}$$

表 2-7

年份	定基物价指数（%）	环比物价指数（%）	环比变动物价指数
1999	100		
2000	103	103=103/100	3%=(103－100)/100
2001	106	102.9=106/103	2.91%=(106－103)/103
2002	108	101.9=108/106	1.89%=(108－106)/106
2003	110	101.9=110/108	1.85%=(110－108)/108
2004	112	101.8=112/110	1.82%=(112－110)/110
2005	115	102.7=115/112	2.68%=(115－112)/112

也可按照环比价格变动指数进行调整后按下式求得：

$$\times=(1+a_1)\times(1+a_2)\times(1+a_3)\times\cdots\times(1+a_n)\times100\%$$

式中，×为环比价格指数；a_n 为第 n 年环比价格变动指数，n=1，2，3，…，n。

【例 2-17】某被估资产购建于 2014 年，账面原值为 50 000 元，当时该类资产的定基价格指数为 95%，评估时该类资产的定基价格指数为 160%，则：

$$\text{被估资产重置成本}=50\,000\times\left(\frac{160\%}{95\%}\right)\times100\%=84\,210(\text{元})$$

又如，被估机床账面价值为 200 000 元，2012 年购入并于同年投入生产，2017 年进行评估，经调查已知同类设备环比价格变动指数分别为：2013 年为 11.7%，2014 年为 17%，2015 年为 30.5%，2016 年为 6.9%，2017 年为 4.8%，则有：

$$\text{被估资产重置成本}=200\,000\times(1+11.7\%)\times(1+17\%)\times(1+30.5\%)\times(1+6.9\%)\times(1+4.8\%)\times100\%$$

$$\approx 200\ 000 \times 191\%$$
$$\approx 382\ 000(\text{元})$$

如果在 2014 年购入则该被估资产重置成本是多少？

价格指数法与重置核算法是重置成本估算较常用的方法，但二者具有明显的区别：

第一，价格指数法估算的重置成本，仅考虑了价格变动因素，因而确定的是复原重置成本；而重置核算法既可以考虑价格因素，又可以考虑生产技术进步和劳动生产率的变化因素，因而既可以估算复原重置成本也可以估算更新重置成本。

第二，价格指数法建立在不同时期的某一种或某类甚至全部资产的物价变动水平上；而重置核算法建立在现行价格水平与购建成本费用核算的基础上。

明确价格指数法和重置核算法的区别，有助于重置成本估算中方法的判断和选择。一项科学技术进步较快的资产，采用价格指数法估算的重置成本往往会偏高。

当然，价格指数法和重置核算法也有其相同点，即都是建立在利用历史资料基础上。因此，注意分析、判断资产评估时重置成本口径与委托方提供历史资料（如财务资料）的口径差异，是上述两种方法应用时需注意的共同问题。

（3）功能价值类比法。

功能价值类比法，也称生产能力比例法，这种方法是寻找一个与被评估资产相同或相似的资产为参照物，根据参照资产的重置成本及参照物与被评估资产生产能力的比例，估算被评估资产的重置成本。计算公式为：

$$\text{被评估资产重置成本} = \frac{\text{被评估资产年产量}}{\text{参照物年产量}} \times \text{参照物重置成本}$$

【例 2 - 18】某重置全新的一台机器设备价格 5 万元，年产量为 5 000 件。现知被评估资产年产量为 4 000 件，经评估人员调查，被评估资产的产量与价格成正比例，由此可以确定其重置成本：

$$\text{被评估资产重置成本} = \frac{4\ 000}{5\ 000} \times 50\ 000 = 40\ 000(\text{元})$$

这种方法运用的前提条件和假设是资产的成本与其生产能力呈线性关系，生产能力越大，成本越高，而且是成正比例变化。应用这种方法估算重置成本时，首先应分析资产成本与生产能力之间是否存在这种线性关系，如果不存在这种关系，这种方法就不可以采用。

（4）规模经济效益指数法。

通过不同资产的生产能力与成本之间关系分析可发现，许多资产的成本与生产能力之间不存在线性关系，当资产 A 的生产能力比资产 B 的生产能力大一倍时，其成本却不一定大一倍。

也就是说，资产生产能力和成本之间只成同方向变化，而不是等比例变化，这是由于规模经济效益作用的结果。

两项资产的重置成本和生产能力相比较，其关系可用下列公式表示：

$$\frac{\text{被评估资产的重置成本}}{\text{参照物资产的重置成本}} = \left(\frac{\text{被评估资产的产量}}{\text{参照物资产的产量}}\right)^x$$

推导可得：

$$被评估资产的重置成本=参照物资产的重置成本\times\left(\frac{被评估资产的产量}{参照物资产的产量}\right)^x$$

公式中的 x 是一个经验数据，又被称为规模经济效益指数。

在美国，这个经验数据一般在 0.4～1.2，如加工工业一般为 0.7，房地产行业一般为 0.9。

我国到目前为止尚未有统一的经验数据，评估过程中要谨慎使用这种方法。公式中参照物一般可选择同类资产中的标准资产。

上述四种方法均可用于确定在成本法运用中的重置成本。至于选用哪种方法，应根据具体的评估对象和可以搜集到的资料确定。这些方法中，对某项资产可能同时都能用，有的则不然，应用时必须注意分析方法运用的前提条件，否则将得出错误的结论。

另外，在用成本法对企业整体资产及某一相同类型资产进行评估时，为了简化评估业务，节省评估时间，还可以采用统计分析法确定某类资产重置成本，这种方法运用的步骤是：

第一，在核实资产数量的基础上，把全部资产按照适当标准划分为若干类别。

如房屋建筑物按结构划分为钢结构、钢筋混凝土结构等；机器设备按有关规定划分为专用设备、通用设备、运输设备、仪器、仪表等。

第二，在各类资产中抽样选择适量具有代表性的资产，应用功能价值法、价格指数法、重置核算法或规模经济效益指数法等方法估算其重置成本。

第三，依据分类抽样估算资产的重置成本额与账面历史成本，计算出分类资产的调整系数，其计算公式为：

$$K=\frac{R'}{R}$$

公式中：K 为资产重置成本与历史成本的调整系数；

R' 为某类抽样资产的重置成本；

R 为某类抽样资产的历史成本。

根据调整系数 K 估算被评估资产的重置成本，计算公式为：

$$被评估资产重置成本=\sum 某类资产账面历史成本\times K$$

某类资产账面历史成本可从会计记录取得。

【例 2-19】评估某企业某类通用设备，经抽样选择具有代表性的通用设备 6 台，估算其重置成本之和为 30 万元，而该 6 台具有代表性通用设备历史成本之和为 20 万元，该类通用设备账面历史成本之和为 500 万元。则：

$$K=\frac{30}{20}=1.5$$

$$该类通用设备重置成本=500\times1.5=750(万元)$$

2. 实体性贬值的估算方法

资产的实体性贬值的估算一般可以选择以下几种方法：

（1）观测法。

观测法，也称成新率法，它是指由具有专业知识和丰富经验的工程技术人员对被评估资产的实体各主要部位进行技术鉴定，并综合分析资产的设计、制造、使用、磨损、维护、一般修理、大修理、改造情况和物理寿命等因素，将评估对象与其全新状态相比较，考察由于使用磨损和自然损耗对资产的功能、使用效率带来的影响，判断被评估资产的成新率，从而估算实体性贬值。计算公式为：

$$资产实体性贬值=重置成本\times(1-实体性成新率)$$

式中：实体性成新率＝1－实体性贬值率。

（2）使用年限法。

使用年限法是利用被评估资产的实际已使用年限与其总使用年限的比值来判断其实体贬值率（程度），进而估测资产的实体性贬值的方法。

与使用年限法具有相同评估原理的技术方法还有工作量比率法等。

使用年限法数学式表达为：

$$资产的实体性贬值=\frac{重置成本-预计残值}{总使用年限}\times实际已使用年限$$

公式中：

预计残值是指被评估资产在清理报废时净收回的金额。在资产评估中，通常只考虑数额较大的残值，如残值数额较小可以忽略不计。

总使用年限指的是实际已使用年限与尚可使用年限之和。

$$总使用年限=实际已使用年限+尚可使用年限$$

如果通过经济性贬值率来计算经济性贬值，经济性贬值率的计算公式为：

$$经济性贬值率=实际已使用年限\div总使用年限$$

$$实际已使用年限=名义已使用年限\times资产利用率$$

由于资产在使用中负荷程度的影响，必须将资产的名义已使用年限调整为实际已使用年限。

名义已使用年限，是指资产从购进使用到评估时的年限，即按公历的会计年度。

名义已使用年限可以通过会计记录、资产登记簿、登记卡片查询确定。

实际已使用年限，是指资产在使用中实际损耗的年限。

实际已使用年限与名义已使用年限的差异，可以通过资产利用率来调整。资产利用率计算公式为：

$$资产利用率=\left(\frac{截止评估日资产}{累计实际利用时间}\div\frac{截止评估日资产}{累计法定利用时间}\right)\times100\%$$

当资产利用率＞1 时，表示资产超负荷运转，资产实际已使用年限比名义已使用年限要长；

当资产利用率＝1 时，表示资产满负荷运转，资产实际已使用年限等于名义已使用年限；

当资产利用率<1时，表示开工不足，资产实际已使用年限小于名义已使用年限。

【例2-20】某资产2007年2月购进，2017年2月评估时，名义已使用年限是10年。根据该资产技术指标，正常使用情况下，每天应工作8小时，该资产实际每天工作7.5小时。

由此可以计算资产利用率：

$$\text{资产利用率}=\frac{(10\times360\times7.5)}{(10\times360\times8)}\times100\%=93.75\%$$

由此可确定其实际已使用年限为9.4年。

实际评估过程中，由于企业基础管理工作不一样，再加上资产运转中的复杂性，资产利用率的指标往往很难确定。评估人员应综合分析资产的运转状态，诸如资产开工情况、大修间隔期、原材料供应情况、电力供应情况、是否季节性生产等各方面因素分析确定。

尚可使用年限是根据资产的有形损耗因素，预计资产的继续使用年限。

(3) 修复金额法。

修复金额法，是根据修复资产的已损实体所需要支付的金额来判断资产的有形损耗额。此方法主要适用于具有特殊结构的可补偿性资产有形损耗额的估测。

可补偿性有形损耗，是指技术上可修复且经济上合理的有形损耗。

3. 功能性贬值的估算方法

功能性贬值，是由于技术相对落后造成的贬值。

估算功能性贬值时，主要根据资产的效用、生产加工能力、工耗、物耗、能耗水平等功能方面的差异造成的成本增加或效益降低，相应确定功能性贬值额，即营运性功能贬值。

同时，还要重视技术进步因素，注意替代设备、替代技术、替代产品的影响，以及行业技术装备水平现状和资产更新换代速度。

通常情况下，功能性贬值的估算可以按下列步骤进行：

第一，将被评估资产的年运营成本与功能相同且广泛使用的主流资产的年运营成本进行比较。

第二，计算二者的差异，确定净超额运营成本。

由于企业支付的运营成本是在税前扣除的，企业支付的超额运营成本会引致税前利润额下降，所得税额降低，使得企业负担的运营成本低于其实际支付额。因此，净超额运营成本是超额运营成本扣除其抵减的所得税以后的余额。

第三，估计被评估资产的剩余寿命。

第四，以适当的折现率将被评估资产在剩余寿命内每年的超额运营成本折现，这些折现值之和就是被评估资产功能性损耗（贬值），计算公式为：

$$\text{被评估资产功能性贬值额}=\sum(\text{被评估资产年净超额运营成本}\times\text{折现系数})$$

【例2-21】某种机器设备，技术先进的设备比原有的陈旧设备生产效率高，节约工资费用，有关资料及计算结果如表2-8所示。

表 2-8　　某设备的技术资料

项目	技术先进设备	技术陈旧设备
月产量	10 000 件	10 000 件
单件工资	0.80 元	1.20 元
月工资成本	8 000 元	12 000 元
月差异额		12 000－8 000＝4 000 元
年工资成本超支额		4 000×12＝48 000 元
减：所得税（税率 25%）		12 000 元
扣除所得税后年净超额工资		36 000 元
资产剩余使用年限		5 年
假定折现率 10%，5 年年金折现系数		3.790 8
功能性贬值额		136 468.8 元

应当指出，新老技术设备的对比，除生产效率影响工资成本超额支出外，还可对原材料消耗、能源消耗以及产品质量等指标进行对比计算其功能性贬值。

此外，由于技术进步造成被评估资产出现超额投资成本形成的功能性贬值，还可以通过超额投资成本的估算进行评估，即超额投资成本可视同为功能性贬值，计算公式为：

功能性贬值＝复原重置成本－更新重置成本

净超额运营成本需要扣除所得税的原因在于，采用新技术设备后，相对于技术落后设备其运营成本会下降而利润上升，所得税率均为 25%，从而造成采用新设备多交所得税的情况。

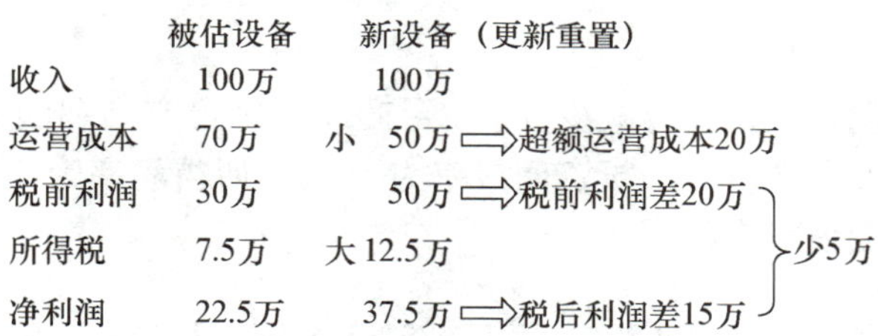

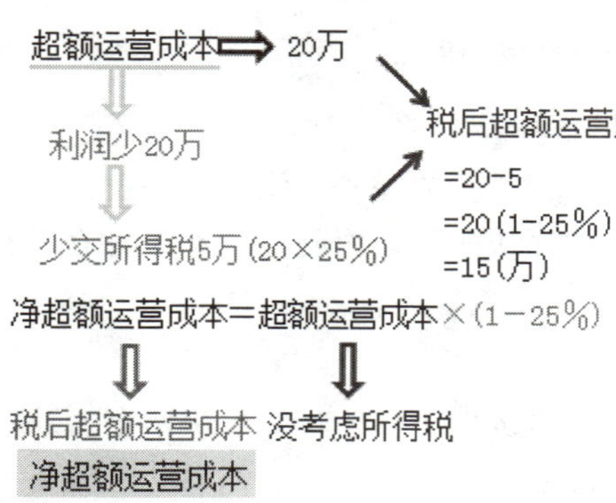

功能性贬值主要是由于技术相对落后造成的贬值，在资产评估实践中，并不排除由于资产功能过剩也会形成资产的功能性贬值。

4. 经济性贬值的估算方法

就表现形式而言，资产的经济性贬值主要表现为运营中的资产利用率下降，甚至闲置，并由此引起资产的运营收益减少。

当有确实证据表明资产已经存在经济性贬值，可参考下面方法估测其经济性贬值率或经济性贬值额。

（1）当确信被评估资产的功能与其价值呈指数关系时：

$$经济性贬值率=\left[1-\left(\frac{资产预计可被利用的生产能力}{资产原设计生产能力}\right)^{x}\right]\times100\%$$

式中，x 为功能价值指数，实践中多采用经验数据，数值一般在 0.4～1 之间选取。

（2）当确信被评估资产的功能与其价值呈线性关系时：

资产的经济性贬值额＝资产的重置成本×经济性贬值率

（3）当确信被评估资产持续存在收益损失时：

$$经济性贬值额=资产年收益损失额\times(1-所得税率)\times\left(\frac{P}{A},r,n\right)$$

式中，$(P/A,\ r,\ n)$ 为年金现值系数。

【例 2-22】某被估生产线设计生产能力为年产 20 000 台产品，因市场需求结构变化，在未来可使用年限内，每年产量估计要减少 6 000 台，功能价值指数取 0.6。根据上述条件，该生产线的经济性贬值率大约在以下水平上：

$$\begin{aligned}经济性贬值率&=\left[1-\left(\frac{14\,000}{20\,000}\right)^{0.6}\times100\%\right]\\&=[1-0.81]\times100\%\\&=19\%\end{aligned}$$

又如，数据承上例，假定每年减少 6 000 台产品，每台产品利润 200 元，该生产线尚可继续使用 3 年，企业所在行业的投资回报率为 10%，所得税率为 25%。

该资产的经济性贬值额大约为：

$$\begin{aligned}经济性贬值额&=(6\,000\times200)\times(1-25\%)\times\left(\frac{P}{A},10\%,3\right)\\&=900\,000\times2.486\,9\\&=2\,238\,210(元)\end{aligned}$$

在资产评估实践中，也存在着资产的经济性溢价的情况。

当外部环境更有利于资产发挥功能和效用时，资产也存在着经济性溢价。

案例分析

采用成本法评估该资产的结果接近于 39 万元，具体评估过程如下：

资产评估评估价值＝重置成本－实体有形损耗－功能性贬值－经济性贬值

$$\begin{aligned}资产的重置成本&=150\times(1+10\%)^{3}\\&=199.65(万元)\\&=1\,996\,500(元)\end{aligned}$$

$$资产的实体有形损耗率=3\div(3+6)\times100\%=33.33\%$$

$$资产的功能性贬值=3\times12\times2\,500\times(1-25\%)\times\left(\frac{P}{A},10\%,6\right)$$

$$=90\,000\times0.75\times4.355\,3=293\,983(\text{元})$$

$$\text{资产的经济性贬值}=20\times(1-25\%)\times\left(\frac{P}{A},10\%,6\right)$$

$$=200\,000\times0.75\times4.355\,3=653\,295(\text{元})$$

$$\text{资产评估值}=1\,996\,500\times(1-33\%)-293\,983-653\,295$$

$$=1\,337\,655-293\,983-653\,295=390\,377(\text{元})$$

任务 2-5　资产评估方法的比较与选择

案例导入

某被评估资产未来每年可为企业带来的净收益为 20 万元，预计尚可使用 10 年，若折现率为 10%。

根据上述条件，应该采用什么评估方法进行评估?

基础知识

一、评估方法之间的关系

资产评估的市场方法、收益方法和成本方法，以及由以上三条基本评估思路衍生出来的其他评估思路共同构成了资产评估的方法体系。

资产评估的专业性质决定了构成资产评估方法体系的各种评估方法之间存在着内在联系。而各种评估方法的独立存在又说明它们各有特点。正确认识资产评估方法之间的内在联系以及各自的特点，对于恰当地选择评估方法，高效地进行资产评估是十分重要的。

1. 资产评估方法之间的联系

对于特定经济行为，在相同的市场条件下，对处在相同状态下的同一资产进行评估，其评估值应该是客观的。这个客观的评估值不会因评估人员所选用的评估方法的不同而出现截然不同的结果。

可以认为正是评估基本目的决定了评估方法间的内在联系。而这种内在联系为评估人员运用多种评估途径和方法评估同一条件下的同一资产，并作相互验证提供了理论根据。

但需要指出的是，运用不同的评估方法评估同一资产，必须保证评估目的、评估前提、被评估对象状态的一致，以及运用不同评估方法所选择的经济技术参数合理。

由于资产评估工作基本目标的一致性，在同一资产的评估中可以采用多种方法，如果使用这些方法的前提条件同时具备，而且评估师也具备相应的专业判断能力，那么多种方法和方法得出的结果应该趋同。

如果采用多种评估方法得出的结果出现较大差异，可能的原因有：

一是某些评估方法或方法的应用前提不具备；

二是分析过程有缺陷；

三是结构分析有问题；

四是某些支撑评估结果的信息依据出现失真；

五是评估师的职业判断有误。

建议评估师为不同评估方法建立逻辑分析框图，通过对比分析，有利于问题的发现。评估师在发现问题的基础上，除了对评估途径或方法作出取舍外，还应该分析问题产生的原因，并据此研究解决问题的对策，以便最后确定评估价值。

2. 资产评估方法之间的区别

各种评估方法都是从不同的角度去表现资产的价值。不论是通过与市场参照物比较获得评估对象的价值，还是根据评估对象预期收益折现获得其评估价值，抑或是按照资产的再取得途径寻求评估对象的价值，都是对评估对象在一定条件下的价值的描述，它们之间是有内在联系并可相互替代的。

但是，每一种评估方法都有其自成一体的运用过程，都要求具备相应的信息基础，评估结论也都是从某一角度反映资产的价值。因此，各种评估方法又是有区别的。

由于评估的特定目的的不同，评估时市场条件上的差别，以及评估时对评估对象使用状态设定的差异，需要评估的资产价值类型也是有区别的。评估途径或方法由于自身的特点在评估不同类型的资产价值时，就有了效率上和直接程度上的差别，评估人员应具备选择最直接且最有效率的评估方法完成评估任务的能力。

二、资产评估途径和方法的选择

就评估途径与方法选择本身，实际上包含了不同层面的选择过程，即三个层面的选择。

其一，关于资产评估技术思路层面的选择，即分析三种资产评估途径所依据的资产评估技术思路的适用性；

其二，在各种资产评估技术思路已经确定的基础上，选择实现各种评估技术思路的具体评估技术方法；

其三，在确定了资产评估具体技术方法的前提下，对运用各种具体技术评估方法所涉及的经济技术参数的选择。

恰当选择评估方法，既包含了对恰当选择评估技术思路，以及实现该技术思路的具体评估技术方法的要求，也包括了对在运用各种评估具体方法时对所涉及的经济技术参数的恰当选择。

资产评估方法的多样性，为评估人员选择适当的评估方法，有效地完成评估任务提供了现实可能。

为高效、简捷、相对合理地估测资产的价值，在评估方法的选择过程中应注意以下因素：

(1) 评估方法的选择要与评估目的，评估时的市场条件，被评估对象在评估过程中所处的状态，以及由此所决定的资产评估价值类型相适应。根据上述条件，当资产评估的价值类型为资产的市场价值时，可考虑按市场法、收益法和成本法的顺序进行选择。

(2) 评估方法的选择受评估对象的类型、理化状态等因素制约。

例如，对于既无市场参照物，又无经营记录的资产，只能选择成本法进行评估；对于工艺比较特别且处在经营中的企业，可以优先考虑选择收益法。

(3) 评估方法的选择受各种评估方法运用所需的数据资料及主要经济技术参数能否收集的制约。每种评估方法的运用都需要有充分的数据资料作依据。

总之，在评估方法的选择过程中，应注意因地制宜和因事制宜，不可机械地按某种模式或某种顺序进行选择。但是，不论选择哪种评估方法进行评估，都应保证评估目的，评估时所依据的各种假设和条件与评估所使用的各种参数数据，及其评估结果在性质和逻辑上的一致。

尤其是在运用多种评估方法评估同一评估对象时，更要保证每种评估方法运用中所依据的各种假设、前提条件、数据参数的可比性，以便能够确保运用不同评估方法所得到的评估结果的可比性和相互可验证性。

案例分析

该案例没有市场参照物，亦没有成本资料，但能预测未来10年的收益，因此可以采用收益法进行评估。

模块知识小结

本项目主要阐述了资产评估的含义、特点、分类、目的、基本价值和原则等基础知识，并介绍了资金时间价值在资产评估中的应用，市场法、收益法和成本法三种基本评估方法的含义、运用以及选择标准。

综合练习

一、单选题

1. 资产评估的时点性是指以被评估资产在（　　）的实际状况，对资产价值进行的评定估算。

A. 评估日期　　B. 评估工作日期　　C. 评估基准日　　D. 过去、现在及未来

2. 不可确指的资产是指（　　）。

A. 那些没有物质实体的某种特权。

B. 具有获利能力的资产综合体。

C. 不能独立于有形资产之外而独立存在的资产

D. 除有形资产以外的所有资产

3. 正常情况下，一栋别墅在某一时点的市场价值，不会高于此时点重新开发一同等效用别墅的成本（包括利润）。这体现了资产评估的（　　）。

A. 贡献原则　　B. 客观原则　　C. 预期原则　　D. 替代原则

4. 在企业兼并时，目标企业（被兼并企业）价值评估的最适用假设是（　　）。

A. 清算假设　　B. 公开市场假设　　C. 继续使用假设　　D. 持续经营假设

5. 资产评估是判断资产价值的经济活动，评估价值是资产的（　　）。

A. 时期价值　　B. 时点价值　　C. 时区价值　　D. 阶段价值

6. 资产评估价值与资产交易中的实际成交价格之间的关系是（　　）。

A. 前者必须高于后者　　B. 前者必须低于后者

C. 前者必须等于后者　　D. 前者可以高于、低于或者等于后者

7. 某一宗土地用于住宅开发时的价值为300万元，用于商业大楼开发时的价值为500万元，用于工业厂房开发时的价值为280万元。城市规划确认该土地可用于住宅或工业生

产。该宗土地的价值应评估为（　　）万元。

A. 500　　B. 300　　C. 280　　D. 360

8. 资产评估交易假设设立的目的在于把被评估对象（　　）。

A. 与正在交易的情况相一致　　B. 准备交易的情况相一致

C. 与以后交易的情况相一致　　D. 人为置于“交易中”

9. 资产评估的主体是指（　　）。

A. 被评估资产占有人　　B. 被评估资产

C. 资产评估委托人　　D. 从事资产评估的机构和人员

10. 在时间、地点和市场条件确定的前提下，评估结果的价值类型应与（　　）相匹配。

A. 评估目的　　B. 评估方法　　C. 评估原则　　D. 评估准则

11. 折现率本质上是（　　）。

A. 期望投资报酬率　　B. 无风险报酬率

C. 超额收益率　　D. 风险报酬率

12. 被评估宾馆因市场原因，在未来 3 年内每年收益净损失额约为 5 万元，假定折现率为 10%，该宾馆的经济性贬值最接近于（　　）万元。

A. 15　　B. 12.6　　C. 10　　D. 50

13. 运用市场法时选择三个及三个以上参照物的目的是（　　）。

A. 使参照物具有可比性　　B. 便于计算

C. 排除参照物个别交易的偶然性　　D. 避免张冠李戴

14. 构成资产重置成本的耗费应当是资产的（　　）。

A. 实际成本　　B. 社会平均成本　　C. 个别成本　　D. 加权平均成本

15. 某项资产 2017 年购建，账面原值 100 000 元，2020 年进行评估，若以购建时物价指数为 100%，则 3 年间同类资产物价环比价格指数分别为 110%、120%、115%，则该项资产的重置成本应为（　　）元。

A. 145 000　　B. 115 000　　C. 152 000　　D. 151 800

16. 某被评估资产 2006 年购建账面价值为 50 万元，2017 年进行评估，2006 年、2017 年该类资产的定基物价指数分别为 120%、170%，则被评估资产的重置成本为（　　）万元。

A. 50　　B. 70.8　　C. 35.3　　D. 85

17. 资产评估中，实体性贬值的估算可采用（　　）。

A. 观察法　　B. 重置核算法　　C. 价格指数法　　D. 功能价值法

18. 资产评估结果的价值类型与资产（　　）直接相关。

A. 评估的特定目的　　B. 评估方法论

C. 评估程序　　D. 评估基准日

19. 教堂、学校、专用机器设备等资产的价值评估，一般适宜选用（　　）。

A. 成本法　　B. 收益法　　C. 市场比较法　　D. 残余法

20. 从理论上讲，评估人员对任何资产评估项目都应当考虑（　　）方法的适用性。

A. 一种　　B. 二种　　C. 三种　　D. 四种

二、多选题

1. 重置成本的估算方法有（　　）。

A. 物价指数法　　B. 功能价值法
C. 规模经济效益指数法　　D. 重置核算法
E. 观察法

2. 按资产的构成及获利能力的划分，资产可分为（　　）。

A. 有形资产　　B. 无形资产
C. 可确知资产　　D. 单项资产
E. 整体资产

3. 下列原则中，属于资产评估工作原则的是（　　）。

A. 独立公正性原则　　B. 科学性原则
C. 替代性原则　　D. 客观性原则

4. 资产评估的经济技术原则是（　　）。

A. 贡献原则　　B. 预期（收益）原则
C. 替代原则　　D. 供求原则
E. 独立性原则

5. 实体性贬值的估算方法有（　　）。

A. 观察法　　B. 经济使用年限法
C. 使用年限法　　D. 修复费用法
E. 成新率法

6. 以非产权变动为评估目的的有（　　）。

A. 财产保险　　B. 财务报告
C. 财产担保　　D. 企业分设
E. 企业租赁

7. 持续使用假设可以细分为（　　）。

A. 在用续用假设　　B. 中断后持续使用假设
C. 转用续用假设　　D. 移地续用假设

8. 造成资产经济性贬值的主要原因有（　　）。

A. 该项资产技术落后　　B. 政府公布淘汰该类资产的时间表
C. 社会劳动生产率提高　　D. 自然力作用加剧
E. 该项资产生产的产品需求减少

9. 按资产与生产经营过程的关系分类，可以分为（　　）。

A. 流动资产　　B. 无形资产
C. 非经营性资产　　D. 不动产
E. 经营性资产

10. 以资产评估结果的适用性质和使用范围来划分资产评估结果的价值类型，具体包括（　　）。

A. 继续使用价值　　B. 市场变现价值
C. 市场价值　　D. 非市场价值

E. 清算价值

11. 重置成本的估算方法有（　　）。

A. 物价指数法　　B. 功能价值法

C. 规模经济效益指数法　　D. 重置核算法

E. 观察法

12. 资产评估行为涉及的经济行为包括（　　）。

A. 产权转让　　B. 企业重组

C. 资产抵押　　D. 资产纳税

E. 停业整顿

13. 收益法中的收益额是指（　　）。

A. 资产未来的预期收益　　B. 资产的现实收益

C. 资产的实际收益　　D. 资产的客观收益

14. 在下列观点中，（　　）的说法是正确的。

A. 由于不同的评估方法其评估思路不同，因此对同一资产采用不同的评估方法评估，其结果没有可比性

B. 在相同的评估条件下，对同一资产采用不同的评估方法，其结果应趋于一致

C. 在资产评估中，不同的评估方法可相互代替

D. 由于市场价值与非市场价值的价值类型不同，因此对同一资产在两种价值类型情况下不能用同一种评估方法

15. 收益法涉及的基本要素包括（　　）。

A. 被评估资产的实际收益　　B. 被评估资产的预期收益

C. 折现率或资本化率　　D. 被评估资产的总使用年限

E. 被评估资产的预期获利年限

16. 适用于资产评估的假设有（　　）。

A. 继续使用假设　　B. 公开市场假设

C. 持续经营假设　　D. 清算假设

E. 交易假设

17. 运用市场法要求参照物与评估对象面临的市场条件应具有可比性，具体包括（　　）。

A. 用途　　B. 供求关系

C. 性能　　D. 竞争状况

E. 工艺条件

三、判断题

1. 公正性是资产评估存在和立足的根本。（　　）

2. 资产评估师对资产特定时间及特定市场条件下的客观价值的估计和判断。（　　）

3. 收益法中的收益是指评估基准日后若干年的平均收益。（　　）

4. 企业的借入资产不可纳入被评估资产的范围，因为企业不拥有其所有权。（　　）

5. 对被评估的机器设备进行模拟重置，按现行技术条件下的设计、工艺、材料、标准、价格和费用水平进行核算，这样求得的成本称为复原重置成本。（　　）

6. 预期收益原则是评估人员判断资产价值的一个最基本的原则。（　　）

7. 资产评估是一种客观公正的具有专业水准的专家判断或专家意见。( )

8. 收益年限是指资产从购置开始到报废为止所经历的全部时间，通常以年为时间单位。( )

9. 持续使用假设是指资产将按现行用途继续使用，或将转换用途继续使用。( )

10. 政府实施新的经济政策或发布新的法规限制了某些资产的使用，造成资产价值的降低，这是一种非评估考虑因素。( )

11. 咨询性使资产评估结论常用于财产诉讼和政府对财产的征用和管理。( )

12. 对于一项科学技术进步较快的资产，采用物价指数法往往会比采用重置核算法估算的重置成本高。( )

13. 定基价格指数是评估试点的价格指数与资产构建试点的价格指数之比。( )

14. 评估方法的科学性，不仅在于方法本身，更重要的是评估方法必须严格与评估的价值类型相匹配。( )

15. 若评估对象是市中心的一块土地，按照有关规定，该块土地可以用于建造商务办公楼，也可以建造一般居民住宅，评估人员应依据最佳利用原则，按照前一个用途进行估价。( )

16. 资产的经济性贬值与技术进步有着直接的联系。( )

四、计算分析题

1. 有一待估宗地 A，与待估宗地条件类似的宗地甲，有关对比资料如表 2-9 所示：

表 2-9

宗地	成交价	交易时间	交易情况	容积率	区域因素	个别因素	交易时间地价值数
A		2016.10	0	1.1	0	0	108
甲	780	2015.2	+1%	1.2	−2%	0	102

表中百分比指标为参照物与待估宗地相比增减变动幅度。据调查，该市此类用地容积率每增加 0.1，宗地单位地价比容积率为 1 时的地价增加 5%。

要求：(1) 计算参照物与待估宗地的容积率与地价相关系数。

(2) 计算参照物修正系数：交易情况修正系数、交易时间修正系数、区域因素修正系数、个别因素修正系数、容积率修正系数。

(3) 计算参照物修正后的地价。

2. 某待评估的生产设备每月可生产 10 000 件产品，生产每件产品的工资成本为 1.5 元，而目前的新式同类设备生产每件产品的工资成本仅为 1.2 元。假定待评估设备与新设备的运营成本在其他方面相同，待评估设备资产还可以使用 5 年，所得税税率为 33%，适用折现率为 10%。根据上述调查资料，求待评估资产相对于同类新设备的功能性贬值。

3. 评估对象为某企业 2008 年购进的一条生产线，账面原值为 150 元，2011 年进行评估。经调查分析确定，该生产线的价格每年比上一年增长 10%，专业人员勘察估算认为，该资产还能使用 6 年，又知目前市场上已出现功能更先进的资产，并被普遍运用，新设备与评估对象相比，可节省人员 3 人，每人的月工资水平为 650 元，此外，由于市场竞争的加剧，使该生产线开工不足，由此而造成收益损失额每年为 20 万元（该企业所得税率为33%，假定折现率为10%)。要求根据上述资料，采用成本法对该资产进行评估。

4. 某企业将某项资产与国外企业合资，要求对资产进行评估。具体资料如下：该资产账面原值为270万元，净值为108万元，按财务制度规定该资产折旧年限为30年，已计提折旧年限20年。经调查分析确定，按现在市场材料价格和工资费用水平，新建造相同构造的资产的全部费用支出为480万元。经查询原始资料和企业记录，该资产截至评估基准日的法定利用时间为57 600小时，实际累计利用时间为50 400小时。经专业人员勘察估算，该资产还能使用8年。又知该资产由于设计不合理，造成耗电量大，维修费用高，与现在同类标准资产比较，每年多支出营运成本3万元（该企业所得税为25%，假定折现率为10%)。要求根据上述资料，采用成本法对该资产进行评估。

模块二
分项评估项目

学习目标

1. 了解各项资产评估的特点与程序。
2. 掌握各项资产的基本评估思路和评估方法。
3. 掌握部分资产评估过程中使用的其他技术方法。

案例导入

被评估设备购建于2007年11月，账面原值为100万元，其中设备购置价80万元，基础及安装费用18万元，运杂费2万元。2010年11月对该设备进行评估，现收集到以下数据资料：

(1) 2010年该类设备的购置价比2007年上涨了50%，基础及安装费上涨了30%，该设备的运杂费用达到3万元。

(2) 由于开工不足，该设备的实际利用率仅为正常利用率的60%，尚可使用5年。

(3) 与同类技术先进设备相比，该设备预计每月工人超支额为1 000元。

(4) 该企业的正常投资报酬率为10%，所得税率为33%。

根据上述资料，分别计算机器设备的重置成本和各项贬值指标，并计算被估设备的评估值。

项目三　流动资产评估

流动资产形态多样，其评估内容包括实物类流动资产评估和货币类流动资产评估及债权类流动资产评估，实物类流动资产评估分为材料、在产品、产成品及库存商品、低值易耗品的评估；货币类流动资产评估具体分为货币性资产、应收账款及预付账款及其他流动资产的评估。

任务3-1　流动资产的特点与评估程序

案例导入

上海××汽车空调有限公司委托评估机构对上海S汽车空调有限公司进行评估，拟收购该公司另一股东日本S株式会社在该公司25%的股权。

评估管理机构到企业以及所委托的评估机构进行了调查。评估机构的答复是它们根据资产占有方提供的存货清单，核实了有关的采购和销售合同、购置和销售发票等会计凭证，并同该公司的存货负责人一起到存货存放地清查核实有关的存货，对各类存货进行了盘点，抽查数量和金额均达到要求。

但实际上经查，该公司有10 483.15万元的存货，其账面价值占总资产的34.11%，占净资产的92.91%。其主要构成为原材料和产成品，该公司的产品主要为汽车空调用压缩机，每台售价约为1 000元左右。但在企业了解的情况是该公司的存货除少量在厂区内存放外，大部分都存放在外地，如长春、武汉和广州等地。

对如此大量的存货，评估机构是否认真进行了清查核实？清查的数量和金额是否满足相关要求？

基础知识

一、流动资产及其特点

流动资产是指企业在生产经营活动中，可以在一年或超过一年的一个经营周期内变现或者耗用的资产。它是企业资产的重要组成部分，在企业资产评估中有着重要的地位。

1. 在实际评估工作中，流动资产的类型

（1）实物类流动资产，是指企业在生产经营过程中为销售或耗用而储备的具有实物形态的资产，主要包括各种材料、在产品、半成品、低值易耗品、包装物等。实物类流动资产评估是流动资产评估的重要内容。

（2）货币类流动资产，是指现金和各项存款等具有现金等价物性质的流动资产。货币类流动资产包括现金、银行存款和短期内准备变现的短期投资。

（3）债权类流动资产，是指没有一定的实物形态的具有债权性质的流动资产。债权类流动资产主要包括各种应收预付款项、待摊费用等。

2. 流动资产的特点

（1）周转速度快。周转速度快是流动资产最主要的特征，流动资产在使用中只经历一个生产经营周期，就改变其实物形态，并将其全部价值转移到所形成的产品中去，构成成本费用的一个组成部分，然后从营业收入中得到补偿。判断一项资产是否是流动资产，关键看其周转情况。

（2）变现能力强。变现能力强是流动资产的一个显著的标志。各种形态的流动资产都可以在较短的时间内出售或变卖，具有较强的变现能力，是企业对外支付和偿还债的物质基础。当然，不同形态的流动资产，其变现速度是有区别的，按变现能力强弱排序，首先是货币资产；其次是短期投资；再次是较易变现的应收账款；最后是存货。

(3) 形态多样性。流动资产存在的形态呈现多样性的特点。不同行业的流动资产的存在形态千差万别，即使在同一行业的不同部门，流动资产的存在形态也有很大的差别。但总的来说，流动资产总是处于储备形态、生产形态、成品形态、货币资金形态及结算资金形态。该动资产按其存在形态，可以归结为这几种类型：货币类流动资产，包括现金、各项存款及短期投资等；债权类流动资产，包括各种应收、预付款项；实物类流动资产，包括各种材料、产成品、在产品、商品等；其他流动资产。

二、流动资产评估的特点

1. 流动资产评估是单项评估

流动资产评估是以单项资产为评估对象，根据其本身的特点进行评估，不需要以其综合获利能力进行综合价值评估。

2. 流动资产评估要合理确定评估基准日

资产评估是确定资产在某一时点上的价值，而流动资产由于其流动性和波动性，使得不同形态的流动资产随时都在变化，不可能人为地停止流动资产的运转，因此，流动资产评估对时点的要求比较严格，所选评估基准日应尽可能在会计期末，或尽可能与资产评估结论利用的时间相一致，并在规定的时间进行盘点和清查，确定流动资产的数量和账面价值，防止重复和遗漏。

3. 评估要分清主次，掌握重点

在流动资产评估之前必须认真进行资产清查，这直接影响着评估质量的好坏。但是，由于流动资产往往数量较大、种类较多，清查工作量很大，因此，需要同时考虑评估的时间要求和评估成本。流动资产评估往往需要根据不同企业的生产经营特点和流动资产分布的特点，对其分清主次、重点和一般，选择不同的方法进行清查和评估。清查采用的方法可以是抽查、重点清查和全面盘点。当抽查核实中发现原始资料或清查盘点工作可靠性较差时，要扩大抽查范围，直至核查全部流动资产。

4. 流动资产的账面价值基本上可以反映其现值

由于流动资产周转速度快，变现能力强，无须考虑资产的功能性贬值因素（资产的实体性损耗的计算也只适用于低值易耗品、包装物以及呆滞、积压物资的评估)，在价格变化不大的情况下，资产的账面价值基本上可以反映流动资产的现值，因此，在特定的情况下，对流动资产较适合采用历史成本法评估。这就必然使流动资产的评估对企业会计核算资料的依赖性比较高。

三、流动资产的评估程序

1. 确定评估对象和评估范围

进行流动资产评估之前，首先要确定评估对象和评估范围，这是保证评估质量的重要条件之一。确定评估对象和评估范围应依据经济活动所涉及的资产范围而定。同时，在资产评估前应做好下列工作：

(1) 明确流动资产的评估范围（是否属于流动资产），例如，不得把应计入固定资产或在建工程的专项物资归入流动资产，避免重复评估和遗漏评估。

(2) 查核待评估流动资产的产权（是否具有所有权），例如外单位委托加工材料不能列入本企业的评估范围中。

(3) 对被评估流动资产进行抽查核实（如数量的真实性），防止账实不符，要以实际流动资产数量作为评估依据。

2. 对具有实物形态和流动资产进行质量和技术状况调查

质量和技术状况调查目的是了解这部分资产的质量状况，以便确定其是否具有使用价值，并核对其技术情况和等级与被估资产清单的记录是否一致。

3. 对企业的债权情况进行分析

该项分析主要针对应收账款、应收票据等进行。根据对被评估企业与债务人经济往来活动中的资信情况的调查了解，以及对每项债权资产的经济内容、发生时间的长短及未清理的原因等因素进行核查，综合分析确定各项债权回收的可能性、回收的时间、回收时将要发生的费用等。

4. 合理选择评估方法

(1) 评估方法的选择依据：一是根据评估目的；二是根据不同种类流动资产的特点。

(2) 不同类别流动资产的评估方法：

第一，对于实物类流动资产，可以采用市场法和成本法。

对存货中价格变动较大的要考虑市场价格；

对购入价较低的要按当前市场价格进行调整；

对购入价较高的，除考虑市场价格外，还要分析最终产品价格是否能够相应提高，或存货本身是否具有按现行市价出售的现实可能性。

第二，对于货币类流动资产。

货币类流动资产其清查核实后的账面价值本身就是现值，不需采用特殊方法进行评估，只是应对外币存款按评估基准日的汇率进行折算。

第三，对于债权类流动资产评估。

只适用于按可变现净值进行评估。

第四，对于其他流动资产。

应分别不同情况进行，其中有物质实体的流动资产，则应视其价值情形，采用与机器设备等相同或相似的方法进行评估。

5. 评定估算流动资产，出具评估结论

经过上述评估程序，就可按选定的方法对被评估流动资产进行评估，形成相应的评估结论。

案例分析

经调查，从被评估企业了解的情况是该公司的存货除少量在厂区内存放外，其余大部分都存放在外地，如长春、武汉和广州等地，以便随时向附近厂商供货。而本次评估时评估机构却未对异地存放的存货进行现场清查核实，而仅是从账面上进行了复核。由此看来，评估机构对存货的清查核实应是不达标准的。

存货作为企业重要的一项资产，对其清查核实的好坏，直接影响到整体的评估结果。评估机构在对账面价值占总资产 34.11%的存货进行评估时，仅选取了小部分进行现场清查核实，而大部分采用账面核实这种会计的方式代替评估现场清查，这样是无法了解存货的真实情况的，自然也无法对存货的价值进行正确的评估。评估实践中一般要求评估人员采用A、B、C法进行盘点，即对价值量大的原材料进行重点核查、逐项进行盘点；对价值量小的原材料进行抽查盘点。抽查盘点数量与金额分别占该类存货的40%和60%以上。在盘点过程中，评估人员对其品质予以关注，及时发现存在毁损、残次的情况。

任务3-2　实物类流动资产的评估方法

案例导入

甲企业中A材料从外地购进，材料明细账的记载为：数量5 000公斤，单价400元/公斤。根据材料消耗的原始记录和清查盘点，评估时库存尚有1 500公斤。根据上述资料，在考虑时间影响的条件下，试确定该材料的评估值。

基础知识

实物类流动资产主要包括各种材料、在产品、产成品、低值易耗品和包装物等。

一、材料的评估

1. 材料评估的内容

企业中的材料按其存放地点，可以分为库存材料和在用材料。在用材料在生产过程中已经形成产品或半成品，不再作为单独的材料存在，因此这里所说的材料评估是对库存材料的评估。库存材料包括各种主要材料、辅助材料、燃料、修理用备件、包装物、低值易耗品等。低值易耗品的评估在后面有专门的介绍，这里主要介绍前几种材料的评估。

库存材料具有品种多、数量大、金额大，而且计量单位、购进时间和自然损耗等各不相同的特点，在评估时要注意以下几点：

（1）保证被评估库存材料的账实相符。在对被评估库存材料进行评估之前，首先要对其进行盘点，清查核实其数量，并查明其中有无腐烂、变质、毁损或呆滞材料等。

（2）选择适合的评估方法。对库存材料进行评估使用更多的是市场法和成本法，评估人员要根据不同的评估目的和待估资产的特点选择合适的评估方法，保证评估结果的准确性。

（3）运用企业库存管理的ABC分类法。由于企业的库存材料品种、规格繁多，数量大，在评估时把全部材料作为重点进行评估不太现实，可以将材料按照一定的目的和要求，按照ABC分类法进行分类，分清重点、次重点和一般对象，着重对重点材料进行评估。

2. 库存材料的评估

对库存材料进行评估时，可以根据材料购进情况的不同选择合适的评估方法。

（1）近期购进库存材料的评估。近期购进库存材料的库存时间较短，在市场价格变化不大的情况下，其账面值与现行市价基本接近，评估时可以采用市场法或成本法，这两种评估方法得出的评估结果相差不大。

【例3-1】被评估企业中A材料系两个月前从外地购进，材料明细账的记载为：数量6 000公斤，单价500元/公斤，运杂费为600元。根据材料消耗的原始记录和清查盘点，评估时库存尚有2 000公斤。根据以上资料，可以确定材料的评估值为：

$$材料评估值=2\,000\times\left(500+\frac{600}{6\,000}\right)=1\,000\,200(元)$$

(2) 购进批次间隔时间长、价格变化较大的库存材料的评估。这种库存材料的评估可以采用以下两种方法：一种是以最接近市场价格的那批材料的价格作为评估的计价基础；另一种是直接以评估基准日时的市场价格作为评估的计价基础。

这里需要注意的是，各企业对材料的购进时间和购进批次等的核算在会计上采用不同的方法，如先进先出法、后进先出法、加权平均法等，这使得材料的账面余额不尽相同。但核算方法的差异对评估结果并无影响，评估时的关键还是准确核查库存材料的实际数量，在此基础上确定库存材料的评估价值。

【例 3-2】乙企业要求对其库存的B材料进行价值评估。该材料分两批购进，第一批购进时间为上年 10 月，购进 1 000 吨，单价 3 800 元/吨；第二批购进时间为本年 4 月，数量 100 吨，单价 4 500 元/吨。本年 5 月 1 日进行价值评估，经核实，去年购进的该材料尚存 500 吨，本年 4 月购的尚未使用。因此，需评估B材料的数量是 600 吨，可直接采用市场价格 4 500 元/吨计算，评估值为：

$$B材料的评估值=(500+100)\times 4\,500=2\,700\,000(元)$$

(3) 购进时间较早，市场上已脱销，没有现行市价的库存材料的评估。这类库存材料无法直接从市场上找到它的现行价格，只能采用其他方法来确定。

一是通过寻找替代品的价格变动资料来修正该材料的价格。

二是通过分析该材料在市场上的供需情况的变化来修正该材料的价格。

三是通过市场上同类材料的平均物价指数来修正该材料的价格。

(4) 呆滞材料价值的评估。呆滞材料是指企业从库存材料中清理出来需要进行处理的材料。这部分材料由于长期积压或保管不善等问题使使用价值下降。对这类材料的评估首先是对其数量和质量进行核查和鉴定，然后区别不同情况来进行评估。

(5) 盘盈、盘亏材料的评估。对此，分别进行盘盈和盘亏处理。

第一，盘亏材料的评估。盘亏材料并无实物，不存在评估的问题，应直接从待估材料申报中剔除。

第二，盘盈材料的评估。因为盘盈材料并没有历史成本资料，应采用现行市价法或重置成本法进行评估。

二、在产品的评估

企业的在产品包括产品生产过程中尚未加工完毕的在制品和已加工完毕但不能单独对外销售的半成品。在此，外购的半成品视同材料评估，可直接对外销售的自制半成品视同产成品评估。

由于在产品的数量不太容易核查清楚，而且对其进行评估还需要估计其完工程度，所以对在产品的评估应结合它的特点，采用成本法或市场法。

1. 成本法

成本法是指根据清查核实、技术鉴定和质量检测的结果，按评估时的相关市场价格及费用水平重置同等级在产品所需要的合理的料、工、费来确定在产品的评估值。这种方法适用于仍需继续生产、销售并有盈利的在产品的评估，而且主要适用于生产周期较长的在产品的评估。对于生产周期较短的在产品，主要以其实际发生的成本作为评估依据，在变现风险很小的情况下，也可以根据其账面值进行调整。成本法中的具体方法有以下三种：

（1）价格变动系数调整法。

价格变动系数调整法是指以产成品实际发生的成本为基础，根据评估基准日的市场价格变动情况进行调整，得出产成品的重置成本的方法。这种方法主要适用于生产经营正常，会计核算水平较高的企业。

用价格变动系数调整法对产成品进行评估，首先要对被评估的在产品进行技术鉴定，将不合格在产品的成本从总成本中剔除；然后分析原来成本的构成，将不合理的费用从总成本中剔除；接着分析构成在产品的材料从生产准备开始到评估基准日的价格变动情况，测算出价格变动系数；分析在产品中的工资、燃料、动力及制造费用等从开始生产到评估基准日的变动情况，测算出调整系数；最后根据原始成本的构成和组成部分的调整系数进行调整，确定评估值。计算公式如下：

$$\text{在产品的评估值}=\text{原合理材料成本}\times\left(1+\text{价格变动系数}\right)+\text{原合理工资、费用}\times\left(1+\text{合理工资、费用变动系数}\right)$$

公式中工资虽为直接费用，但在实际计算中较难确定，所以把它和费用等合并作为费用来计算。

（2）社会平均消耗定额和现行市价法。

这种方法是指按照重置同类资产的社会平均成本确定被评估资产的价值。在用此方法之前先要掌握以下几点：

第一，被评估在产品的完工程度；

第二，被评估在产品有关工序的工艺定额；

第三，被评估在产品耗用材料的近期市场价格；

第四，被评估在产品的合理工时取费标准。

此方法的基本计算公式如下：

$$\text{在产品的评估值}=\text{在产品实有数量}\times\left(\text{该工序单件材料工艺定额}\times\text{单位材料现行市价}+\text{该工序单件工时定额}\times\text{正常工资费用}\right)$$

对于工艺定额的选取，首先考虑行业统一标准；没有行业统一标准的，按照企业的现行标准。

【例 3－3】某企业处于某一生产阶段的在产品 300 件，已知每件的铝材消耗 50 公斤，每公斤市场单价 5.00 元；在产品累计单位工时定额 20 小时，每定额小时的燃料和动力费用定额 0.45 元、工资及附加费定额 10.00 元、车间经费定额 2.00 元，企业管理费用定额 4.00 元，该在产品不存在变现风险。则该在产品的评估值计算如下：

原材料成本＝300×50×5.00＝75 000(元)

工资成本＝300×20×10.00＝60 000(元)

费用成本＝300×20×(2.00＋4.00)＝36 000(元)

燃料和动力成本＝300×20×0.45＝2 700(元)

该在产品评估值＝75 000＋60 000＋36 000＋2 700＝173 700(元)

(3) 约当产量法。

约当产量法是指将在产品的数量，按其完工程度折算为相当于完工产品的数量（即约当产量），然后根据产成品的重置成本和约当产量计算在产品评估值的方法。计算公式为：

在产品评估值＝产成品重置成本×在产品约当产量

在产品约当产量＝在产品数量×在产品完工程度

其中在产品的完工程度有很多种确定方法，可以根据已完成工序（工时）与全部工序（工时）的比例来确定，也可根据生产完成时间与生产周期的比例来确定。

【例 3-4】某工厂在评估时，有在产品 20 件，材料随生产过程陆续投入。已知这批在产品的材料投入量为 75%，完工程度为 60%，该产品的单位定额成本为：材料定额为 3 800 元，工资定额为 400 元，费用定额为 620 元。现确定该批在产品的评估价值如下：

在产品材料约当产量＝20×75%＝15(件)

在产品工资、费用约当产量＝20×60%＝12(件)

在产品评估值＝15×3 800＋12×(400＋620)＝69 240(元)

2. 市场法

市场法是用同类在产品的市场销售价格，扣除销售过程中预计发生的费用后确定在产品评估值的方法。这种方法适用于因产品下马，在产品不能进一步加工，只能对外销售情况下的评估。一般来说，在产品的通用性强，能用于产品配件更换或用于维修等情况下，其评估价值也较高；若在产品属于很难通过市场出售或调剂出去的专用配件等，则只能按废料回收价格进行评估。基本计算公式如下：

(1) 在产品评估值＝在产品数量×$\begin{matrix}\text{市场可接受的}\\\text{不含税价格}\end{matrix}$－$\begin{matrix}\text{预计销售过程中}\\\text{发生的税费}\end{matrix}$

(2) 报废在产品的评估值＝可回收废料的数量×废料的单位现行回收价格

【例 3-5】甲企业被其他企业兼并，生产全面停止，现对其库存的在产品 A、B、C 进行评估。有关的评估资料如下：

(1) 在产品 A 已从仓库中领出，但尚未进行加工处理。这批在产品 A 共有 800 件，账面价值为 25 000 元，经调查，该在产品如完好无损地出售，单位市价为 50 元/件。

(2) 在产品 B 已加工成部件，共有 500 件，账面价值为 5 500 元，可通过市场调剂且流动性较好。据调查了解，该在产品的市场可接受价格为 10 元/件，调剂费用为 100 元，但调剂存在风险，预计能够实现调剂价格的 90%。

(3) 在产品 C 已加工成部件，账面价值为 3 000 元，但是对于兼并后的企业来说，在产品 C 已经没有继续加工的价值，而且也无法调剂出去。经分析，该在产品只能作为报废的在制品处理，可回收的价格为 700 元。

根据以上资料，试用市场法确定该企业在产品的评估值。

解：在产品 A 可以按照现行市场价格计算评估值：800×50＝40 000（元）。

在产品 B 根据市场可接受价格、调剂费用、调剂风险系数来确定评估值：

500×10×90%－100＝4 400(元)

在产品 C 按照报废品进行处理：可回收价值＝700（元）。

该企业在产品的评估值＝40 000＋4 400＋700＝45 100（元）。

三、产成品的评估

产成品包括企业已经完工入库和已经完工并经过质量检验但尚未办理入库手续的产成品和商品流通企业的库存商品。产成品可以直接对外销售，依据其变现的可能和市场接受的价格通常可采用成本法和市场法进行评估。

1. 成本法

用成本法来进行评估，主要根据生产、制造该项产成品全过程中发生的成本费用来确定产成品评估值。具体可分为以下两种情况进行：

（1）评估基准日与产成品完工时间较接近，且物价变动不大时。这时可以直接按产成品账面成本确定，计算公式为：

$$\text{产成品评估值}=\text{产成品数量}\times\text{产成品账面单位成本}$$

（2）评估基准日与产成品完工时间相距较长，成本费用变化较大时. 这时的产成品评估值可按下面两种方法进行：

$$\begin{array}{c}\text{产成品}\\\text{评估值}\end{array}=\begin{array}{c}\text{产成品}\\\text{实有数量}\end{array}\times\left(\begin{array}{c}\text{合理材料}\\\text{工艺定额}\end{array}\times\begin{array}{c}\text{材料单位}\\\text{现行价格}\end{array}+\begin{array}{c}\text{合理}\\\text{工时定额}\end{array}\times\begin{array}{c}\text{单位工时合理}\\\text{工资及费用开支}\end{array}\right)$$

或：

$$\begin{array}{c}\text{产成品}\\\text{评估值}\end{array}=\begin{array}{c}\text{产成品}\\\text{实际成本}\end{array}\times\left(\begin{array}{c}\text{材料}\\\text{成本比率}\end{array}\times\begin{array}{c}\text{材料综合}\\\text{调整系数}\end{array}+\begin{array}{c}\text{工资费用}\\\text{成本比率}\end{array}\times\begin{array}{c}\text{工资费用}\\\text{综合调整系数}\end{array}\right)$$

【例 3－6】某企业评估时产成品实有数量为 100 台，每台实际成本 500 元，根据会计核算资料，该产品生产成本中材料与工资、其他费用的比例为 3∶2，根据目前价格变动情况和其他相关资料，确定材料综合调整系数为 1.20，工资、费用综合调整系数为 1.10，由此可以确定该产品评估值为：

$$\text{产成品评估值}=100\times500\times(60\%\times1.2+40\%\times1.1)=58\,000(\text{元})$$

2. 市场法

市场法是指按不含税的可接受市场价格，扣除相关费用后确定产成品评估价值的方法。在用市场法时应注意以下几点：

（1）产成品的使用价值。评估人员要对产品本身的技术水平和内在质量进行鉴定，明确产品的使用价值及技术等级，进而确定合理的市场价格。

（2）分析产品的市场供求关系和被评估产品的前景。这样做也有利于产品的市场价格的合理确定。

（3）市场价格的选择应以公开市场上形成的产品近期交易价格为准，非正常交易情况下的交易价格不能作为评估的依据。

（4）对于产成品的实体性损耗，如表面的残缺等可以据其损坏程度，确定适当的调整系数来进行调整。

采用市场法进行评估时，市场价格中包含了成本、税金、利润的因素，对这部分利润和税金的处理应视产成品评估的不同目的和评估性质而定。如果产成品的评估是为了销售，应直接以现行的市场价格作为评估值，不需要考虑销售费用和税金的问题；如果产成品的评估是为了投资等，这时税金要流出企业，销售费用也可得到补偿，应从市价中扣除各种税金作为产成品的评估价值。

【例 3-7】某评估事务所对K企业进行资产评估。经核查，该企业产成品实有数量为12 000件，根据该企业的成本资料，结合同行业成本耗用资料分析，合理材料工艺定额为500公斤/件，合理工时定额为20小时。评估时，由于生产该产成品的材料价格上涨，由原来的60元/公斤涨至62元/公斤，单位小时合理工时工资、费用不变，仍为15元/时。根据上述分析和有关资料，可以确定该企业产成品评估值为：

$$\begin{aligned}\text{产成品评估值} &= 1\,200\times(500\times62+20\times15)\\ &= 37\,560\,000(\text{元})\end{aligned}$$

四、低值易耗品的评估

1. 低值易耗品评估的内容

低值易耗品是指虽不构成固定资产，但能多次使用而基本保持其实物形态的劳动资料。一方面，低值易耗品能多次使用并基本保持其实物形态，在使用过程中需要进行维修，报废时也有一定的残值，这与固定资产相类似；另一方面，因为低值易耗品的价值较低，常作为材料进行管理。可见，低值易耗品是一种特殊的劳动资料。不同行业对固定资产和低值易耗品的划分标准是不完全相同的，在评估过程中判断劳动资料是否是低值易耗品，应视其在企业中的作用来定。

低值易耗品的种类很多，从评估的角度主要按以下标准进行分类：

(1) 按易耗品的用途分类。可以分为一般工具、专用工具、替换设备、管理用具、劳动保护用品和其他低值易耗品等。

(2) 按易耗品的使用情况分类。可以分为在库低值易耗品和在用低值易耗品。

2. 低值易耗品的评估方法

(1) 在库低值易耗品的评估。

在库低值易耗品的评估可以根据具体情况，采用与库存材料评估相同的方法。库存材料评估的方法前面已进行了介绍，这里不再赘述。

(2) 在用低值易耗品的评估。

在用低值易耗品的评估，可以采用成本法进行评估。计算公式为：

$$\text{在用低值易耗品评估值}=\text{全新低值易耗品的成本价值}\times\text{成新率}$$

全新低值易耗品的成本价值可以按以下方法进行确定：在物价变动很小的情况下，直接采用低值易耗品的账目价值；在物价变动较大的情况下，可直接用评估基准日的市场价格，还可以用账目价值乘以物价变动指数来确定。

由于低值易耗品的使用期限比较短，一般不考虑其功能性损耗和经济性损耗，在确定成新率时，应根据其实际损耗确定，一般不能按照其摊销方法（一次摊销或分次摊销）确定。成新率的计算公式为：

$$\text{成新率}=\left(1-\frac{\text{实际已使用月份}}{\text{可使用月份}}\right)\times100\%$$

【例 3-8】某企业的某项低值易耗品原价为800元，预计使用期限为1年，截止到评估基准日已使用了9个月，该低值易耗品的现行市场价格为1 000元，则该项低值易耗品的评估值为：

低值易耗品的评估值$=1\ 000\times\left(1-\frac{9}{12}\right)=250$(元)

案例分析

若该批材料是在近期购入，近期购进库存材料的库存时间较短，在市场价格变化不大的情况下，其账面值与现行市价基本接近，评估时建议采用成本法。

材料评估值$=1\ 500\times400=600\ 000$(元)

若材料购入时间较长，则需要考虑目前市场售价情况，即单价变化；同时仍需考虑是否存在变质腐坏等造成的材料数量上的变化。

任务3-3　货币资金、应收账款与其他流动资产的评估方法

案例导入

对某企业进行整体资产评估，经核实，截止到评估基准日，应收账款的账面余额为520万元，前5年的应收账款发生情况及坏账损失情况如表3-1所示。

表3-1

	应收账款余额	处理坏账额	备注
第一年	1 500 000	200 000	
第二年	2 450 000	72 000	
第三年	2 500 000	120 000	
第四年	3 050 000	83 500	
第五年	2 140 000	10 100	
合计	11 640 000	485 600	

计算坏账损失额。

基础知识

一、货币性资产的评估

货币性资产是指以货币形态存在的资产，包括现金、银行存款和短期内准备变现的短期投资。

1. 现金、银行存款的评估

资产评估主要是对非货币性资产而言，货币性资产不会因时间的变化而发生差异，因此对于货币资金的评估，尤其是对现金、银行存款的评估，主要是对数额的清查确认。要对现金进行盘点，并与现金日记账和现金总账核对，实现账实相符；对银行存款要进行函证，核实其实有数额。评估时要以核实后的实有值作为评估值，如有外汇存款，应按评估基准日的国家外汇牌价折算成人民币计算。

2. 交易性金融资产的评估

交易性金融资产主要是企业为了利用正常营运中暂时多余的资金，购入一些可随时变现的有价证券。这样做可以一定程度上提高资金的使用效益。对于在证券市场上公开交易

的有价证券，可按评估基准日的收盘价计算确定评估值；对于不能公开交易的有价证券，可按其本金加持有期利息计算评估值。

二、应收款项的评估

应收款项主要包括应收账款、预付账款、应收票据等。由于预付账款也是企业的一项资产，这里和应收账款合并进行介绍。

1. 应收账款和预付账款的评估

应收账款和预付账款是指企业在经营过程中由于赊销等原因形成的尚未收回的款项及根据合同规定预付给供货单位的货款等。由于应收账款存在回收风险，因此评估时需要判断估计坏账损失，然后确定应收账款的评估值，基本计算公式为：

$$\text{应收账款评估值}=\text{评估时应收账款额}-\text{已确定的坏账损失}-\text{预计坏账损失}$$

（1）应收账款额的确定。

对应收账款进行评估时，要进行清查核实，确定应收账款的数额。评估人员要进行账证核对、账表核对，还要尽可能地按客户名单发询证函，查明每项应收账款的发生时间、金额、债务人单位的基本情况等，为预计坏账损失提供依据。对机构内部独立核算单位间的往来要进行双向核对，以避免重记、漏记。

（2）已确认坏账损失的确认。

已确定的坏账损失是指在评估时可以确认不能收回的应收账款。《企业会计制度》规定符合下列条件之一的，应确认为坏账损失：

第一，债务人死亡，以其遗产清偿后仍无法收回的应收账款；

第二，债务人破产，以其破产财产清偿后仍无法收回的应收账款；

第三，债务人在较长时间内未履行其偿债义务，并有足够证据表明无法收回或收回的可能性极小。

对于已确认的坏账损失，在评估其价值时，必须从应收账款价值中扣除。

（3）预计坏账损失的确认。

确定预计坏账损失，即判断应收账款回收的可能性。影响其回收可能性的因素主要有：

第一，业务往来的密切程度、依存关系；

第二，债务人的偿债能力及其信用；

第三，被评估单位的索债能力及相互拖欠的“三角债”等的影响等。

对预计坏账损失的估计方法主要有：

第一，坏账比例法。

坏账比例法是指根据被评估企业前若干年（一般为3～5年）的实际坏账损失额和应收账款发生额确定坏账的发生比例，然后根据这一比例和全部应收账款的数额来确定其预计坏账损失。

坏账比例的计算公式为：

$$\text{坏账比例}=\frac{\text{评估前若干年发生的坏账数额}}{\text{评估前若干年应收账款余额}}$$

【例3-9】对某企业进行整体资产评估，经核实，截至评估基准日的账面应收账款实有额为520万元，前5年的应收账款发生情况及坏账处理情况如表3-2所示。

表 3-2

	应收账款余额（元）	处理坏账额（元）
第 1 年	1 500 000	200 000
第 2 年	2 450 000	72 000
第 3 年	2 500 000	120 000
第 4 年	3 050 000	83 500
第 5 年	2 140 000	10 100
合计	11 640 000	485 600

$$由此计算前 5 年坏账占应收账款的比例=\frac{485\ 600}{11\ 640\ 000}\times 100\%=4.17\%$$

预计坏账损失额＝520×4.17%＝21.69(万元)

当然，如果企业的应收账款多年未清理，账面上找不到坏账的处理金额，这时坏账比例法就不适用了，就要寻求其他的方法。

第二，账龄分析法。

账龄分析法是指按应收账款拖欠时间的长短，分析应收账款预计可收回的金额及其产生坏账的可能性。应收账款能否顺利回收，与应收账款拖欠的时间长短有很大关系。一般来说，应收账款的账龄越长，产生坏账的可能性越大，可收回的金额就越低。因此，这种方法主要是将应收账款按账龄分类，对各类应收账款分别估计其坏账损失的可能性，从而估计坏账损失的金额。

【例 3-10】某企业以 2016 年 12 月 31 日为评估基准日，某企业评估时，经核实该企业应收账款实有额为 858 000 元. 具体发生情况以及由此确定坏账损失情况如表 3-3 所示。

表 3-3

<table>
<tr><td rowspan="2">应收账款项目</td><td rowspan="2">总金额</td><td rowspan="2">其中：未到期</td><td colspan="4">其中：过期</td></tr>
<tr><td>半年</td><td>一年</td><td>两年</td><td>3 年及 3 年以上</td></tr>
<tr><td>甲</td><td>487 000</td><td>202 000</td><td>85 000</td><td>160 000</td><td>40 000</td><td></td></tr>
<tr><td>乙</td><td>176 000</td><td>80 000</td><td>40 000</td><td></td><td>10 000</td><td>46 000</td></tr>
<tr><td>丙</td><td>66 000</td><td></td><td></td><td>18 400</td><td>32 000</td><td>15 600</td></tr>
<tr><td>丁</td><td>129 000</td><td>22 000</td><td>18 000</td><td>24 000</td><td>25 000</td><td>40 000</td></tr>
<tr><td>合计</td><td>858 000</td><td>304 000</td><td>143 000</td><td>202 400</td><td>107 000</td><td>101 600</td></tr>
<tr><td colspan="2">拖欠时间</td><td>应收金额</td><td colspan="2">预计坏账率</td><td>坏账金额</td><td>备注</td></tr>
<tr><td colspan="2">未到期</td><td>304 000</td><td colspan="2">1%</td><td>3 040</td><td></td></tr>
<tr><td colspan="2">已过期：半年</td><td>143 000</td><td colspan="2">10%</td><td>14 300</td><td></td></tr>
<tr><td colspan="2">1 年</td><td>202 400</td><td colspan="2">15%</td><td>30 360</td><td></td></tr>
<tr><td colspan="2">2 年</td><td>107 000</td><td colspan="2">25%</td><td>26 750</td><td></td></tr>
<tr><td colspan="2">3 年以上</td><td>101 600</td><td colspan="2">43%</td><td>43 688</td><td></td></tr>
<tr><td colspan="2">合计</td><td>858 000</td><td colspan="2"></td><td>118 138</td><td></td></tr>
</table>

应收账款评估值＝858 000－118 138＝739 862(元)

应收账款评估以后，账面上的“坏账准备”科目按零值计算。因为“坏账准备”科目是应收账款的备抵账户，其金额是按会计制度规定的一定比例计提的，而对应收账款进行评估时，是按照应收账款实际可收回的可能性进行的，这时已经考虑了坏账损失的因素，因此，应收账款评估值就不应再包括坏账准备数额。

预付账款评估可参照应收账款的评估方法进行。

2. 应收票据的评估

应收票据是由付款人或收款人签发的，由付款人承诺到期无条件付款的一种书面凭证。我国的应收票据主要指商业汇票。商业汇票可以依法背书转让，也可以向银行申请贴现。应收票据按承兑人的不同分为商业承兑汇票和银行承兑汇票；按其是否带息分为带息商业汇票和不带息商业汇票。

应收票据的评估可采用下列两种方法进行：

(1) 按票据的本利和计算。

由于商业汇票有带息和不带息之分，所以对于不带息的商业汇票，其票面金额即为评估值；对于带息商业汇票的评估值则是本金和利息的和。计算公式为：

无息票据评估值＝票面金额

有息票据评估值＝票面金额×(1＋利息率×时间)

【例 3-11】某企业拥有一张期限为一年的票据，票面金额为 6 万元，月利息率为 10‰，截止到评估基准日离付款期尚差 3 个月的时间。由此确定票据的评估值为：

评估值＝6×(1＋10‰×9)＝6.054(万元)

(2) 按票据的贴现值计算。

这种方法下应收票据的评估值即为按评估基准日到银行贴现可获得的贴现额。计算公式为：

应收票据评估值＝票据到期价值－贴现息

其中不带息票据的到期价值为票据的面值；带息票据的到期价值则为票据到期时的本利和金额。

贴现息＝票据到期价值×贴现率×贴现期

【例 3-12】以上例的数据为例，假定银行的贴现率为月息 12‰，则应收票据的评估值计算为：

贴现息＝6×(1＋10‰×12)×12‰×3＝0.24(万元)

应收票据评估值＝6×(1＋1%×12)－0.24＝6.48(万元)

三、待摊及预付款项的评估

1. 待摊费用的评估

待摊费用是指企业已经支付或发生，但是应由本月和以后各个月份负担的费用。待摊费用本身不是资产，它是已耗用资产的反映，但是它的支出可以形成一定形态的资产。所以，对待摊费用的评估，应按其形成的具体资产的价值来确定。

这里应当注意的是，当这种具体资产的价值已计入其他资产的评估值时，就不能再在待摊费用中重复评估。例如，某企业待摊费用中发生的待摊修理费用 2 万元，由于使机器设备的使用寿命或功能等有所改进，在机器设备评估时已计入机器设备，在机器设备价值中已得到体现，就无须再在待摊费用中反映。

2. 预付费用的评估

预付费用是在评估日之前企业已经支出，但在评估日之后才能产生效益的特殊资产，如预付的租金、预付保险费等。它是一种未来可取得服务的权利，所以预付费用的评估也就是对未来可取得服务的权利价值进行评估，其依据主要是未来可产生效益的时间。如果预付费用的效益已在评估日前全部体现，只因发生的数额过大而采取分期摊销的方法，这种预付费用不应在评估中作价，只有那些在评估日之后仍将发挥作用的预付费用，才是评估的真正对象。

【例 3-13】某资产评估公司受托对某企业待摊费用和预付费用进行单项评估，评估基准日为 2017 年 6 月 30 日。企业截止到评估基准日待摊和预付费用账面余额为 86.78 万元，其中有预付 1 年的保险金 7.56 万元，已摊销 1.89 万元，余额为 5.67 万元；尚待摊销的低值易耗品余额 39.71 万元；预付的房租租金 25 万元，已摊销 5 万元，余额为 20 万元。根据租约，起租时间为 2015 年 6 月 30 日，租约终止期为 2020 年 6 月 30 日。评估人员根据上述资料进行如下评估：

（1）预付保险金的评估。

$$每月应分摊数额=\frac{75\,600}{12}=6\,300(元)$$

$$应预留保险金(评估值)=6\,300\times6=37\,800(元)$$

（2）未摊销的低值易耗品的评估。

低值易耗品根据实物数量和现行市场价格评估，评估值为 412 820 元。

（3）租入固定资产租金的评估。

$$评估值=50\,000\times3=150\,000(元)$$

评估结果为：37 800＋412 820＋150 000＝600 620（元）。

案例分析

根据资料所得，前 5 年坏账占应收账款的百分比：

$$坏账占应收账款的比例=\left(\frac{485\,600}{11\,640\,000}\right)\times100\%=4.17\%$$

$$预计坏账损失额=520\times4.17\%=21.69(万元)$$

项目练习

一、单选题

1. 评估人员对某企业的库存甲材料进行评估，被评估甲材料共分三批购入。第一批购入 100 吨，材料价款共计 320 000 元，运输费用 1 500 元；第二批购入 100 吨，材料价款共计 350 000 元，运输费用 2 000 元；第三批于评估基准日当天购入，数量为 150 吨，材料价款 510 000 元，运输费用 3 300 元。经清查，评估基准日企业库存甲材料 200 吨且保存完好，则该企业甲材料的评估值最接近于（　　）元。

A. 677 219　　B. 684 400　　C. 689 300　　D. 691 340

2. 某企业 3 月初预付 6 个月的房屋租金 90 万元，当年 5 月 1 日对该企业评估时，该预付费用评估值为（　　）万元。

A. 35　　B. 60　　C. 45　　D. 30

3. 对上市有价证券评估时，一般可按评估基准日的相关有价证券的（　　）计算评估值。

A. 最高价　　B. 最低价　　C. 中间价　　D. 收盘价

4. 材料盘盈盘亏的评估应以（　　）为原则进行评估。

A. 有无账面存款　　B. 有无使用　　C. 有无实物存在　　D. 有无原始凭证

5. 100 件在产品因企业转产需要出售而进行评估，评估人员根据在产品的完工程度和市场调查得知，评估基准日该在产品市场上可接受的不含税价为 120 元/件，销售费用约占不含税价的 5%，不考虑增值税及其附加税费等其他因素，则该 100 件在产品的评估值最接近于（　　）元。

A. 9 656.41　　B. 9 743.60　　C. 11 400　　D. 11 487.18

6. 被评估企业唯一药品公司，库存药品价值 265.25 万元，其中 A 种药 250 箱，每箱单价 7 000 元，B 种药 50 箱，每箱单价 3 650 元，C 种药 150 箱，每箱单价 4 800 元，经清关检查账物相符，其中 A 药为近期生产的畅销药品，B 种药品为滞销药品，而且评估基准日，正是该种药品的失效日期，C 种药为国家下令淘汰而企业尚未处理的药品。如不考虑其他因素，则上述库存药品评估值最接近于（　　）万元。

A. 175　　B. 193　　C. 234　　D. 265

7. 甲在 2007 年 1 月租赁一临街商铺，租期 4 年，一次性支付租金 8 万元，2009 年 1 月向保险公司支付全年火灾保险费 240 元，在 2009 年 4 月 1 日他欲将该商铺转租，其账簿上房租已摊销 6 万元。他若转租于你，你应支付的客观租金约为（　　）元。

A. 35 180　　B. 20 000　　C. 20 240　　D. 35 240

8. 对于十分畅销的产品应根据（　　）确定评估值。

A. 销售价格减销售费用、全部税金和部分税后净利润

B. 销售价格减去销售费用、全部税金和全部税后净利润

C. 销售价格减去销售费用和全部税金

D. 销售价格减去全部税金和税后净利润

9. 与在用低值易耗品评估价值无关的因素是（　　）。

A. 低值易耗品的现行市价　　B. 低值易耗品的总使用时间

C. 低值易耗品的已使用时间　　D. 低值易耗品的摊销方式

10. 被评估的某材料共购入三批，第一批数量 500 件，单价 100 元；第二批数量 600 件，单价 110 元：第三批数量 500 件，单价 120 元。评估时该材料存货尚存 600 件，市价和第三批购进的材料接近。该企业采用先进先出法核算存货成本。则该批材料的评估值为（　　）。

A. 72 000 元　　B. 71 000 元　　C. 66 000 元　　D. 61 000 元

二、多选题

1. 流动资产评估的特点有（　　）。

A. 流动资产评估是单项评估

B. 必须合理确定流动资产评估的基准时间

C. 既要认真进行资产清查，又要分清主次，掌握重点

D. 流动资产周转速度快，变现能力强，在价格变化不大的情况下，资产的账面价值

基本上可以反映出流动资产的现值

E. 一般不需要考虑功能性贬值

2. 评估应收账款时，其坏账的确定方法有（　　）。

A. 坏账比例法　　B. 账龄分析法

C. 财务制度规定的 3‰～5‰　　D. 账面分析法

3. 对于购进时间长，市场已脱销，没有准确市场现价的库存材料评估，可以采用的评估方法有（　　）。

A. 通过寻找替代品的价格变动资料来修正材料价格

B. 在市场供需分析的基础上，确定该项材料的供需关系，并以此修正材料价格

C. 把材料的账面价值作为评估值

D. 通过市场同类商品的平均物价指数进行评估

4. 某企业拟用部分资产投资组建新公司，不宜纳入本次评估范围的流动资产包括（　　）。

A. 外单位委托加工材料　　B. 已卖出，但尚未运走的商品

C. 代保管的材料物资　　D. 尚未到期的票据

E. 该企业存放在外单位的委托加工材料

5. 按存在形态的不同而分类的四种类型流动资产的评估方法选择说法正确的是（　　）。

A. 对于实物类流动资产，可以采用市场法和成本法

B. 对于货币类流动资产，其清查核实后的账面价值本身就是现值，不需采用特殊方法进行评估，只是应对外币存款按评估基准日的汇率进行折算

C. 对于债权类流动资产评估，宜采用可变现净值进行评估

D. 用成本法评估流动资产时，一般无须考虑资产的功能性贬值因素，而资产的有形损耗（实体性损耗）的计算也只适用于低值易耗品以及呆滞、积压流动资产的评估

E. 对于实物类流动资产，只能采用市场法

6. 关于材料的评估，分为五类进行评估，下列说法正确的有（　　）。

A. 近期购进库存材料，只能采用市场法

B. 购进批次间隔时间长、价格变化大的库存材料评估，采用最接近市场价格的材料价格或直接以市场价格作为其评估值

C. 购进时间早，市场已经脱销，没有准确市场现价的库存材料评估，可以通过寻找替代品的价格变动资料来修正材料价格；可以在市场供需分析的基础上，确定该项材料的供需关系，并以此修正材料价格；也可以通过市场同类商品的平均物价指数进行评估

D. 呆滞材料首先应对其数量和质量进行核实和鉴定，然后区别不同情况进行评估。对其中失效、变质、残损、报废、无用的，应通过分析计算，扣除相应的贬值额后，确定其评估值

E. 盘盈、盘亏材料的评估，应以有无实物存在为原则进行评估，并选用相适应的评估方法

7. 对产成品和库存商品的评估应根据（　　）进行评估。

A. 获利能力　　B. 变现能力

C. 市场可接受的价格　　D. 账面成本

E. 重置成本

8. 流动资产包括（　　）。

A. 现金　　B. 应收账款

C. 库存材料　　D. 在产品

E. 长期债券

9. 下列选项属于流动资产的特点主要是（　　）。

A. 周转速度快　　B. 变现能力强

C. 波动性　　D. 实物性

E. 占用形态同时并存

10. 应收账款评估中，预计坏账损失的估计方法有（　　）。

A. 按3‰—5‰计提标准计算　　B. 坏账比例法

C. 资信分类法　　D. 账龄分析法

三、判断题

1. 已经在固定资产评估中体现价值的固定资产大修理费不再计算评估值。（　　）

2. 对流动资产评估主要考虑其综合获利能力进行综合性价值评估。（　　）

3. 评估流动资产时一般不需考虑资产的功能性贬值因素。（　　）

4. 根据资产评估原理，应收账款评估的基本公式是应收账款评估值＝应收账款余额－已核销坏账损失－坏账准备。（　　）

5. 对于十分畅销的产品应根据销售价格减销售费用、全部税金和部分税后净利润。（　　）

6. 已在评估基准日前全部体现效益的预付费用，其评估值为零。（　　）

四、简答题

1. 什么是流动资产？流动资产的特点主要表现在哪些方面？

2. 简述对应收账款进行评估的基本程序。

3. 如何判断预付费用是否是评估对象？

五、计算题

1. 某企业被其他企业兼并，生产全面停止，现对其库存的在产品A、B、C进行评估。有关的评估资料如下：

（1）在产品A已从仓库中领出，但尚未进行加工处理。这批在产品A共有1 000件，账面价值为25 000元，经调查，该在产品如完好无损的出售，单位市价为20元/件。

（2）在产品B已加工成部件，共有500件，账面价值为5 500元，可通过市场调剂且流动性较好。据调查了解，该在产品的市场可接受价格为10元/件，调剂费用为100元，但调剂存在风险，预计能够实现调剂价格的90%。

（3）在产品C已加工成部件，账面价值为3 000元，但是对于兼并后的企业来说，在产品C已经没有继续加工的价值，而且也无法调剂出去。经分析，该在产品只能作为报废的在制品处理，可回收的价格为500元。

根据以上资料，试用市场法确定该企业在产品的评估值。

2. 评估人员对A企业的部分存货进行评估。评估人员经清查核实及市场调查后获得如下资料和信息：

(1) A企业已经停产2年，本次评估后拟恢复原产品的生产；

(2) A企业库存钢材100吨，账面余额为230 000元，购入时间距评估基准日为3年；

(3) 库存甲种钢制零件产成品500件，账面值100 000元。经现场鉴定有100件由于保存不当已报废，按评估基准日时的废钢价格，预计报废产品处理后可获得净收入9 000元；

(4) 库存甲种钢制零件在产品1 000件，如果按已完成工时与该种零件全部工序所需工时的比例计算分类，有300件已完成50%，有700件已完成80%；

(5) 甲种产成品的完工日期与在产品停止加工日期均距评估基准日2年；

(6) 产成品的账面值为完工日期的价值；

(7) 根据会计资料，在甲种零件产成品的成本中，原材料占70%，并为一次投入，人工费占20%，能耗占2%，其他费用占8%；

(8) 甲种产成品及在产品所用钢材与库存材料为同一批购入的同种材料；

(9) 经市场调查，在评估基准日前三年内，库存材料的价格每年比上一年上升5%，自A企业停产后，同行业人工费用每年比上一年上升4%，能耗价格每年比上一年上升1%，其他费用每年比上一年上升3%。

假设在甲种钢制零件的加工过程中，每个工时所包含的人工费用、能耗费用及其他费用相同，并不再考虑其他因素。

试求A企业上述原材料、产成品及在产品的评估值。

项目四　机器设备评估

机器设备，是指利用力学原理组成的、能变换能量或产生有用功的独立或成套装置。资产评估对象中的机器设备主要包括：构成企业固定资产的机器、设备、仪器、工具、器具等。

任务4-1　机器设备的特点与分类

案例导入

B厂因资产重组，拟将锻压车间的一台设备转让，现委托某评估机构对该设备的价值进行评估，评估基准日为2012年8月31日。评估人员根据掌握的资料，经调查分析后，决定采用成本法评估。

设备名称：双盘摩擦压力机

规格型号：J53—300

制造厂家：A机械厂

启用日期：2007年8月

账面原值：180 000元

账面净值：100 000元

一、概况介绍

1. 用途及特点

该设备是普通多用途锻压设备，用于B厂（被评估设备所属厂家）锻压车间手术器械成型模锻、挤压、精压、切边、弯曲、校正等作业。

该设备结构紧凑、动力大、刚性强、精度高、万能性强、采用液压操纵装置，可进行单次打击和连续自动打击。

2. 结构及主要技术参数

(1) 结构主要包括：机架、滑块、飞轮与主轴（其上安装两个大摩擦轮）四个部分；液压操纵、刹紧、退料及缓冲四个装置；还有电器设备（主机电和油泵电机）。

(2) 主要技术参数：

公称压力：3 000KN

打击能量：2 000KJ

最大行程：400mm

最小封闭高度：不得小于 300mm

液压系统工作油压：2～3Mpa

二、估算重置价值

1. 估算购置价格

经向原制造厂家——A 机械厂询价得知，相同规格型号的 J53－300 型双盘摩擦压力机报价（2012 年 8 月 31 日，即评估基准日）为人民币 188 000 元。

2. 估算重置价值

(1) 购置价格＝188 000 元。

(2) 运杂费＝购置价格×运杂费率＝188 000×5％＝9 400 元。

(3) 基础费＝购置价格×基础费率＝188 000×5％＝9 400 元。

(4) 安装调试费：根据生产厂家承诺该项费用免收。

(5) 资金成本：因该机可在不到一个月时间内完成安装调试工作，故资金成本不计。

重置价值＝购置价格＋运杂费＋基础费＋安装调试费＋资金成本
＝188 000＋9 400＋9 400＋0＋0
＝206 800 元

三、确定综合成新率

(1) 根据《全国资产评估价格信息》1999 年第一期刊出的《机器设备参考寿命年限专栏》，取锻压设备规定使用（经济）年限为 17 年。

(2) 确定已使用（实际）年限为 5 年（启用日期 2007 年 8 月—评估基准日 2012 年 8 月）。

(3) 确定七项调整因素综合修正系数 a＝0.99：

1) 制造质量 a_1－1.10（A 机械厂制造，质量优良）；

2) 利用程度 a_2－1.00（2 班/日作业，利用程度正常）；

3) 维护保养 a_3－1.00（正常）；

4) 修理改造 a_4－1.00（无修理改造）；

5) 故障情况 a_5－1.00（无故障）；

6) 运行状态 a_6－1.00（正常）；

7) 工作环境 a_7－0.90（高温、灰尘、振动）；

(4) 确定已使用（经济）年限5.05（5÷0.99）年。

(5) 确定尚可使用（经济）年限为11.95（17－5.05）年。

(6) 确定经七项调整因素修正使用年限法的实际成新率。

$$实际成新率=\frac{尚可使用(经济)年限}{规定使用(经济)年限}\times 100\%$$
$$=\frac{11.95}{17}\times 100\%$$
$$=70\%(取整)$$

四、确定评估价值

评估价值＝重置价值×综合成新率

＝206 800×70%

＝144 760 元

基础知识

一、机器设备定义

自然科学领域所指的机器设备，是指将机械能或非机械能转换成为便于人们利用的机械能，以及将机械能转换为某种非机械能，或利用机械能来做一定工作的装备或器具。

各种机械的共同特征是：

(1) 由零件和部件组成；

(2) 零件、部件之间有确定的相对运动和力的传递；

(3) 有机械能的转换或机械能的利用。

二、机器设备分类

1. 固定资产管理中使用的国家分类标准

目前，我国固定资产管理使用的是国家技术监督局1994年1月24日批准发布的《固定资产分类与代码》（GB/T 14885－94）国家标准（见表4－1）。

表4－1 通用设备及代码（简表）

代码	机器设备名称	代码	机器设备名称
06	锅炉及原动机	14	气体压缩机
07	金属加工设备	15	气体分离及液化设备
08	起重设备	16	制冷空调设备
09	输送设备	17	真空获得及其应用设备
10	给料设备	18	分离及干燥设备
11	装卸设备	19	减速机及传动装置
12	泵	20	金属表面处理设备
13	风机	21	包装、气动工具等通用设备

2. 会计核算中使用的分类

(1) 生产用机器设备，指直接为生产经营服务的机器设备。

(2) 非生产机器设备，指企业所属的福利部门、教育部门等非生产部门使用的装备。

(3) 租出机器设备，指企业出租给其他单位使用的机器设备。

(4) 未使用机器设备，指企业尚未投入使用的新设备、库存的正常周转设备、正在修理改造尚未投入使用的机器设备等。

（5）不需用机器设备，指已不适合本单位使用，待处理的机器设备。

（6）融资租入机器设备，指企业以融资租赁方式租入使用的机器设备。

3. 按机器设备的组合程度分类

（1）单台设备（独立设备）；机组，如组合机床。

（2）成套设备（包括生产线）等。

资产评估时除根据上述分类明确评估对象的类别外，还需根据评估的特定目的，明确评估对象的具体范围，如评估对象中是否包含租出和融资租入机器设备、是否包含非生产中的有关机器设备，以避免重复评估或者遗漏。

三、机器设备评估的基本程序

1. 接受委托

当客户有意委托评估人员对某项机器资产进行评估时，评估人员要向客户了解被评估资产的背景、现状、评估目的和评估报告的用途，以及该评估涉及的其他因素。

2. 评估准备

（1）要求委托方提供资产评估的基础资料。

评估师首先要求委托方对委托评估的机器设备进行自查，查实机器设备的数量，做到账实相符，在此基础上，填写机械设备评估申报明细表，提供租出及融资租赁机器设备的合同、证明，提供新购设备、重点设备的购货合同、发票及运输安装调试费用的收据，以及提供其他必要的经济技术资料。

（2）制订具体的评估工作计划。

根据委托方提供的有关资料，明确评估范围和评估重点后，应制定合理的评估作业计划，包括设计主要机器设备的评估思路，落实评估人员，聘请有关专家，安排评估进度，规定评估作业完成时间等，以此保证评估工作顺利进行。

（3）收集评估中所需数据资料。

机器设备评估除委托方提供的资料外，在评估准备阶段应广泛地收集与评估工作有关的数据资料，包括机器设备的成本资料、市场价格资料、技术资料，对机器设备价格产生影响的利率、税率、汇率等资料，这对于提高评估工作的效率是非常重要的。有的资料通过市场调查获得，有的资料通过评估人员现场勘察获得。

3. 现场勘察

（1）清查核实评估对象。

清查核实评估对象应根据委托方提供的机器设备评估申报明细表，通过核对企业的账面记录和盘点实物两个方面对评估对象机器设备进行核对，要尽可能对所有申报评估的机器设备逐台核实。

对数量较多的成批同型号设备可采用抽查的办法，以落实评估对象。要特别注意对未进账的机器设备、已摊销完设备、租入和租出设备、建筑附属设备的清查核实，避免重复评估或者漏评。

（2）对机器设备进行勘察和技术鉴定。

第一，对机器设备所在整个生产系统、生产环境、生产强度以及生产系统的产品结构、产品市场需求状况进行总体鉴定和评价。以此为单台件机器设备的技术鉴定提供背景资料。

第二，对机器设备的使用状况，包括机器设备的购建时间、已使用年限、利用率及运行负荷的大小、完好率、技术改造、大修理情况进行勘察和鉴定。

第三，对机器设备的技术状况，包括设备的类别、规格型号、制造厂家、生产能力、加工精度、设备所处状况等进行分析和鉴定。

对机器设备进行勘察和技术鉴定时，应注意向操作工人、技术人员、维修管理人员调查了解设备的使用、维护、修理情况，向财务人员了解资金发生和使用情况。对于大型、复杂、高精尖设备，应由多名专业技术人员组成专家组进行勘察鉴定。

4. 评定估算阶段

在做好上述各项工作的基础上，评估人员应根据评估目的、评估价值类型的要求及评估对象的具体情况，科学地选用评估计算方法进行评定估算，这一阶段的工作主要包括以下几个方面：

(1) 根据评估目的、评估价值类型的要求，以及评估过程中的环境条件，选择适宜的评估方法。

(2) 阅读有关的可行性分析报告、设计报告、概预算报告、竣工报告、技术改造报告、中大设备运行和检验记录等，以深入细致地了解被评估设备。

(3) 评估人员应查阅税法、环境保护法、车辆报废标准等有关法律法规，以便充分考虑这些法律法规对设备评估的影响。

(4) 对产权受到某种限制的设备，包括已抵押或作为担保品的设备、租入租出的设备要单独进行处理。

(5) 如果机器设备与房屋建筑、无形资产的界限难以分清，应及时与其他专业评估师进行交流，以放置重评和漏评。

(6) 选择合适的方法估算评估值。

(7) 调整评估结果，评估结果应与评估目的和用途相适应。

5. 撰写评估报告及评估说明阶段

在评定估算过程结束后，应对评估结果进行分析评价，及时撰写评估报告及评估说明。机器设备评估结果汇总表的一般格式见表 4-2。

表 4-2　　机器设备评估结果汇总表

评估基准日：　　　　　　　　　　　　　　　　　单位：万元

资产类别	账面价值	账面净值	重置价值	评估值	增加值	增加率
专用设备						
普通设备						
运输设备						
……						

6. 评估报告的审核和报出阶段

评估报告完成以后，要进行必要的审核，包括复核人的审核、项目负责人的审核和评估机构的审核。在三级审核确认评估报告无重大纰漏后，再将评估报告送达委托方及有关部门。

案例分析

1. 该案例在估算购置价格时采用了市场询价法。对于市场上有销售定价的设备，可以采用询价法估算其购置价格。在具体询价时应注意以下原则：①必须是评估基准日的价格；②必须采用具有权威性的、贸易量大的贸易单位的价格；③尽可能向原设备制造厂家询价。结合实际情况，该案例就是向原设备制造厂家——A机械厂询价的，所以被估设备的购置价格合理性较高。

2. 被估设备属于国产机器设备，其重置价值通常由购置价格、运杂费、基础费、安装调试费和资金成本五项构成。

其中，运杂费是从生产厂家到安装使用地点所发生的装卸、运输、采购、保管、保险及其他有关的费用。它的计算方法有两种：一是根据设备的生产地点、使用地点以及重量、体积、运输方式，根据铁路、公路、船运、航空等部门的运输计费标准计算；二是按设备价格的一定比例作为设备的运杂费率，以此来计算设备的运杂费。该案例采用的是后一种方法。对于运杂费率的确定，国家有专门的机械行业运杂费率表。具体的运杂费率由评估师结合费率表和距离（从生产厂家到安装使用地点）、设备的尺寸、重量及相关因素确定。

设备的基础是为安装设备而建造的特殊构筑物。设备的基础费是指建造设备基础所发生的人工费、材料费、机械费及全部取费。可以按照设备价格的一定比例作为设备的基础费率，以此来计算设备的基础费。通常，设备的基础费率按设备所在行业颁布的概算指标中规定的标准取值，该案例即是如此。

安装调试费是指设备在安装的过程中所发生的所有人工费、材料费、机械费及全部取费。它可以按设备购置价格的一定比例计算得出，这个比例通常可以按所在行业概算指标中规定的设备安装费率来确定。在该案例中，根据厂商的承诺，安装被估设备免收安装调试费，即该项费用由设备生产厂家承担，使用者需负担的安装调试费为0。

3. 成新率是表示设备新旧程度的比率。估测机器设备的成新率通常有三种方法：使用年限法、观测分析法和修复费用法。其中，技术鉴定法是观测分析法中较为科学的具体方法，主要是根据机器设备的内在技术状态来确定成新率，这比用看外观和访问用户得出的资料来确定成新率更加可靠和准确。

任务4-2 应用成本法进行机器设备评估

案例导入

2017年，甲评估机构对进口成套设备A进行评估，评估基准日为2016年12月31日。A设备由美国生产，于2014年进口，并于当年12月31日正式投入使用。A设备账面原值为8 500万元人民币，其中64%以外汇支付，36%以人民币支付。支付的外汇部分由设备离岸价、国外运费、国外运输保险费构成，其中国外运费（按体积及重量标准计算）为30万美元、国外运输保险费为25万美元。支付的人民币部分由关税、增值税、外贸及银行手续费、国内运输费、国内保险费、设备安装调试费等组成，其中运输费为165万元，保险费为10万元，设备安装调试费用289万元。在运输费用中由于企业人员失误，错填运输单致运输费用比正常运输费用多支出50万元，进口设备时美元对人民币的汇率为1：6.8。

经评估人员调查，在评估基准日时，美国已停止生产A设备，但获知美国同类设备的价格指数比进口时上升了10%，国外运费仍为30万美元，国外运输保险费为27.5万美元，关税税率为18%，增值税税率为17%，外贸及银行手续费为设备到岸价的2%，国内运输费用价格指数上升了2%，国内保险费上升了1%，同类设备安装调试费用价格上涨了5%，美元对人民币的汇率1∶6.8。

评估人员进一步调查得知，A设备自投入使用时起至评估基准日一直按照设计标准满负荷运转。由于A设备生产的产品受市场替代产品的影响，要保证在价格不变的前提下不造成产品积压，自评估基准日后每年的产量只能保持在设计生产能力的80%的水平上，并一直保持下去。经现场鉴定，A设备如果按照设计生产能力生产尚可使用8年。

假设设备的价格与生产能力呈线性关系，设备的实体性贬值在重置成本扣除功能性贬值或经济性贬值后的基础上计算。

评估进口成套设备A的价值。

基础知识

用成本法进行机器设备的评估，首先估测被评估机器设备的重置成本，然后再判定和估测机器设备的实体性贬值、功能性贬值和经济性贬值，最后用机器设备的重置成本扣减各种贬值来测定被评估机器设备价值。其数学表达式为：

机器设备评估值＝重置成本－实体性贬值－功能性贬值－经济性贬值

一、机器设备重置成本构成

机器设备的重置成本，通常是指按现行价格水平购建与被评估机器设备相同或相似的全新设备所需的成本。

资产评估中机器设备的重置成本不是一般意义上成本（$C+V$）的概念，而是指机器设备的重置价值（$C+V+M$），它应该包括机器设备的建造成本、利润、税金和其他费用等内容。但由于机器设备的取得方式不同，其成本构成项目也不一致。

（1）外购国产设备重置成本构成项目包括：

- 设备自身购置价格；
- 设备运杂费；
- 设备安装调试费；
- 大型设备一定期限内的资金成本；
- 其他费用，如手续费、验车费、牌照费等。

（2）进口设备重置成本构成项目包括：

- 设备的国际市场价格（离岸价格）；
- 境外运杂费；
- 境外途中保险费；
- 进口关税；
- 增值税；
- 银行及其他手续费；
- 国内运杂费；
- 安装调试费；
- 大型进口设备资金成本。

其中设备离岸价格（FOB价格）、境外运杂费、境外途中保险费之和为到岸价格（CIF价格）。

（3）自制设备重置成本构成项目包括：

- 制造成本，包括消耗掉的原材料、辅料的购价和运杂费、应分摊的管理费和财务费用；
- 自制设备合理的资金成本；
- 合理利润；
- 税金；
- 其他必要合理费用，如设计费、制图费等；
- 安装调试费。

二、机器设备重置成本的计算

构成重置成本的费用必须是为购置或构建被评估的机器设备所发生的，包括直接费用和间接费用。但是一些非必然的费用不应该包括在内。

1. 设备本体的重置成本

设备本体的重置成本不包括运输、安装等费用。

对于通用设备一般按照现行市场销售价格确定，或者通过其他方法计算设备本体的重置成本。

自制设备一般按照当前的价格标准计算的建造成本，包括：

- 直接材料费；
- 燃料动力费；
- 直接人工费；
- 制造费用；
- 期间费用分摊；
- 利润；
- 税金；
- 非标准设备的设计费。

（1）直接法。

直接法的特点是根据市场交易数据直接确定设备本体重置成本的方法，其适用前提是获得该设备在市场价格资料，对于大部分通用设备比较适合，其获得市场价格的渠道主要有：

第一，市场询价。根据替代原则，在同等条件下，评估人员应该选择可能获得的最低售价。厂家的报价和实际成交价存在较大的差异，评估人员应该谨慎使用厂家报价，应该向近期购买该厂的同类产品的其他客户了解实际成交价格。

第二，使用价格资料。价格资料是获得机器设备市场价格的重要渠道，它们包括生产厂家提供的产品目录或价格表、经销商提供的价格目录、报纸杂志上的广告等。使用价格资料时注意价格资料的有效性和可靠性，注意价格的时效性。

（2）物价指数法。

物价指数法是以设备的历史成本为基础，根据同类设备的价格上涨指数，来确定机器设备本体的重置成本的方法。对于二手设备，历史成本是最初使用者的账面原值，而非当前设备使用者的购置成本。物价指数可分为定基物价指数和环比物价指数。

第一，定基物价指数。定基物价指数是以固定时期为基期的指数，通常用百分比来表示。以100%为基础，当物价指数大于100%，表明物价上涨；物价指数在100%以下，表明物价下跌。表4-3为某类设备的定基物价指数。

表4-3

年份	（定基）物价指数（%）
2010	100
2011	103
2012	106
2013	108
2014	110
2015	112
2016	115

采用定基物价指数计算当前设备本体重置成本的公式为：

$$设备本体重置成本=历史成本\times\left(\frac{当前年份(定基)指数}{基年(定基)指数}\right)$$

【例4-1】2017年购置某设备，原始成本为38 000元，计算2015年该设备的重置成本。2017年的定基物价指数为115，2015年的定基物价指数为103，则：

$$2017年该设备本体重置成本=38\,000\times\left(\frac{115}{103}\right)=42\,427(元)$$

第二，环比物价指数。环比物价指数是以上期为基期的指数。如果环比期以年为单位，则环比物价指数表示该类产品当年较上年的价格变动幅度（应该是本年相比上年物价的倍数）。该指数通常也用百分比表示。表4-3的定基物价指数用环比物价指数可表示为表4-4。

表4-4

年份	（环比）物价指数（%）
2010	—
2011	103
2012	102.9
2013	101.9
2014	101.9
2015	101.8
2016	102.7

用环比物价指数计算设备重置成本的公式为：

$$设备重置成本=原始成本\times(P_1^0\times P_2^1\times\cdots\times P_n^{n-1})$$

【例4-2】某设备2012年的历史成本为30 000元，环比物价指数见表4-4，计算2016年该设备本体重置成本。

$$设备本体重置成本=30\,000\times(101.9\%\times101.8\%\times102.7\%)=31\,961(元)$$

在机器设备评估中，对于一些难以获得市场价格的机器设备，经常采用物价指数法。使用时，评估人员应注意以下问题：

第一，选取的物价指数应与评估对象相匹配，一般采用某一类产品的分类物价指数，不可采用综合物价指数。

第二，应注意审查历史成本的真实性。因为在设备的使用过程中，其账面价值可能进行了调整，当前的账面价值已不能反映真实的历史成本。

第三，企业账面的设备历史成本一般包括运杂费、安装费、基础费以及其他费用。上述费用的物价指数往往是不同的，应该分别计算。

第四，只能测算复原重置成本。

第五，进口设备应使用进口设备生产国（或者设备的出口国）的分类物价指数。

（3）重置核算法。

机器设备的重置成本是由生产成本、销售费用、利润、税金组成。根据设备的性质特点，有依据设备材料费来确定重置成本的估价方法，也有依据设备人工费用确定设备重置成本的估价方法。重置核算法的特点是通过分别测算机器设备的各项成本费用来确定设备本体的重置成本的方法。常用于确定非标准、自制设备本体的重置成本的计算。

（4）综合估价法。

综合估价法是根据设备的主材费和主要外购件费与设备成本费用有一定的比例关系，在不考虑税金的情况下，通过确定设备的主材费用和主要外购件费用，计算出设备的完全制造成本，并考虑企业利润和设计费用，确定设备的重置成本计算公式为：

$$RC=(Mrm\div Km+Mpm)\times(1+K_p)\times\left(1+\frac{K_d}{n}\right)$$

式中：RC——设备本体重置成本；

Mrm——主材费；

Km——成本主材费率；

Mpm——主要外购件费；

K_p——成本利润率；

K_d——非标准设备设计费率；

n——非标准设备的生产数量。

公式分析：

Mrm——实际被消耗掉的主材费＝主材净用量÷主材费利用率（不含增值税）。

$Mrm\div Km$——本企业生产该设备的成本费用（不包含外购材料费）。

$Mrm\div Km+Mpm$——该设备使用的全部成本费用（包含外购材料费，不含增值税）。

第一，主材费 Mrm（不含增值税成本）。

主要材料是在设备中所占的重量和价值比例大的一种或几种。主材费可按图纸分别计算出各种主材的净消耗量，然后根据各种主材的利用率求它们的总消耗量，并按材料的市场价格计算每一种主材的材料费用。计算公式为：

$$M_m=\sum\left(\frac{某主材净消耗量}{该主材利用率}\times\frac{含税市场价}{1+增值税率}\right)$$

【例 4－3】运用综合估价法评估某企业自制设备，其中该设备的主材为特种合金钢，共消耗 15 吨，评估基准日该种钢的市场含税价格为 2.8 万元/吨，在制造过程中该钢材的利用率约为 95%，该设备的主材费率为 80%，适用的增值税税率为 17%，则该设备的主材费用=2.8÷(1+17%)×15=35.897（万元）。

第二，主要外购件费 Mpm（不含增值税成本）。

主要外购件如果价值比重很小，可以综合在成本主材费率 Km 中考虑，则不再单列为主要外购件。外购件的价格按不含税市场价格计算，计算公式为：

$$M_p m=\sum\left(某主要外年的数量\times\frac{含税市场价}{1+增值税率}\right)$$

其中：$(Mrm\div Km+Mpm)\times(1+Kp)$ ——生产该设备的正常价格（成本加利润）；

$(Mrm\div Km+Mpm)\times(1+K_p)\times(1+K_d/n)$ ——在上一步的基础上加上应该承担的专用设备的设计费。

【例 4-4】被评估对象为一台自制大型模具，该模具净重 2 吨，评估基准日该模具的材料价格为 15 元/公斤，材料利用率为 75%，模具的冷加工费为 30 000 元，热加工费按模具净重每公斤 15 元，其他费用 10 000 元，行业平均成本利润率为 10%，不考虑其他因素，则该模具的重置成本=(2 000÷75%×15+30 000+2 000×15+10 000)×(1+10%)=121 000（元）。

(5) 重量估价法。

$$RC=W\times RW\times K+P$$

或：

$$RC=W\times RW\times K(1+rp)$$

该方法的适用范围是材料单一、制造简单、技术含量低的设备。

(6) 类比估价法——指数估价法。

对于某些特定的设备，如化工设备、石油设备等，同一系列不同生产能力设备的重置成本变化与生产能力变化呈某种指数关系。

$$RC=\left(\frac{A1}{A2}\right)^x\times S2$$

其中，x 表示规模指数，国外经验的 x 取值一般在 0.4～1.2。

2. 运杂费

(1) 国产设备运杂费。

国产设备运杂费指从生产厂家到安装使用地点所发生的装卸、运输、采购、保险及其他有关费用。其计算公式如下：

国产设备运费=国产设备原价×国产运杂费率

(2) 进口设备的国内运杂费。

指从出口国运抵我国后，从所到达的港口、车站、机场等地，将设备运至使用的目的地所发生的有关费用，但是不包括运输超限设备时发生的特殊费用。

进口设备国内运杂费=进口设备到岸价×进口设备国内运杂费率

3. 设备安装费

(1) 国产设备安装费。

国产设备安装费=设备原价×设备安装费率

（2）进口设备安装费计算。

进口设备安装费＝相似国产设备原价×国产设备安装费率

或：

进口设备安装费＝进口设备到岸价×进口设备安装费率

由于进口设备原价较高，进口设备的安装费率一般低于国产设备的安装费率。机械行业的建设项目概算指标中规定：进口设备的安装费率可按相同类型的国产设备的30％～70％选取，进口设备的机械化、自动化程度越高，取值越低；反之越高。特殊情况，如设备的价格很高，而安装很简单，应低于该指标；设备的价格很低，而安装较复杂时，应高于该指标。

4. 基础费

设备的基础是为安装设备而建造的特殊构筑物。设备基础费，是指建造设备基础所发生的人工费、材料费、机械费及全部取费。

（1）国产设备基础费。

国产设备基础费＝国产设备原价×国产设备基础费率

（2）进口设备基础费。

进口设备基础费＝相似国产设备原价×国产设备基础费率

或：

进口设备的基础费＝进口设备到岸价×进口设备基础费率

5. 进口设备从属费用

进口设备的从属费用包括国外运费、国外运输保险费、关税、消费税、增值税、银行手续费、公司代理手续费。对车辆还包括车辆购置附加费等。简言之，就是设备在国外支付了价款后，从国外运输到我国的海关交完了所有进口的有关费用后，可以从海关运走前的全部费用。

（1）国外运费：

海运费＝FOB(离岸价)×海运费率

费率：远洋一般取5％～8％，近洋一般取3％～4％。

（2）国外运输保险费：

国外运输保险费＝(FOB＋海运费)×保险费率

CIF＝FOB×(1＋海运费率)(1＋保险费率)

（3）关税：

关税＝到岸价(CIF)×关税税率

（4）消费税（价内税）：

$$消费税=\frac{(关税完税价+关税)\times 消费税率}{1-消费税率}$$

（5）增值税：

增值税＝(关税完税价＋关税＋消费税)×增值税率

（6）车辆购置费：

车辆购置附加费＝（到岸价人民币数＋关税＋消费税）×费率

$$\text{以上到岸价、关税、消费税和车辆购置费的合计}=\left[\frac{\text{CIF}}{(1+\text{关税税率})}\right]\left[\frac{1+(\text{消费税税率}+\text{车辆购置费率})}{(1-\text{消费税税率})}\right]$$

（7）银行财务费：

银行财务费＝FOB×费率

我国现行银行财务费率一般为4‰～5‰。

（8）外贸手续费：

外贸手续费＝到岸价（CIF）×外贸手续费率

目前，我国进出口公司的进口费率一般在1%～1.5%。

【例4-5】某进口设备离岸价为12 000 000美元，关税税率为16%，银行财务费率为0.4%，公司代理费率为1%，国内运杂费率为1%，安装费率为0.6%，基础费率为1.7%。设备从订货到安装完毕投入使用需要2年时间，第一年投入的资金比例为30%，第二年投入的资本比例为70%。假设每年的资金投入是均匀的，银行贷款利率为5%，美元兑人民币的汇率为1∶6.8，试计算该设备的重置成本。

该设备的重置成本包括：（1）设备的货价；（2）海外运输费；（3）海运保险；（4）关税；（5）银行财务费用；（6）公司代理手续费；（7）国内运费（8）安装费；（9）基础费；（10）资金成本。计算过程见表4-5。

表4-5 设备重置成本的计算过程

序号	项目	计费基数	费率	计算公式	金额
1	设备离岸价				USD 12 000 000
2	国外海运费	设备离岸价	5%	计费基数×海运费率	USD 600 000
3	国外运输保险费	设备离岸价＋海运费	0.4%	计费基数×保险费率	USD 50 400
	到岸（CIF价）外币合计				USD 12 650 400
	CIF价人民币合计	外币额	6.8	计算基数×汇率	86 022 720
4	关税	CIF价	16%	CIF价×16%	13 763 635.2
5	银行手续费	设备离岸价	0.4%	设备离岸价×0.4%	326 400
6	公司手续费	CIF价	1%	CIF价×1%	860 227.2
7	国内运杂费	CIF价	1%	CIF价×1%	860 227.2
8	安装费	CIF价	0.6%	CIF价×0.6%	516 136.32
9	基础费	CIF价	1.7%	CIF价×1.7%	1 462 386.24
	合计				103 811 732.16
10	资金成本		5%	资金合计×30%×5%×1.5＋资金合计×70%×5%×0.5	2 059 969.29
	重置成本总计				105 871 701.45

三、实体性贬值

实体性贬值又称有形损耗，是指机器设备投入使用后，由于使用磨损和自然力的作用，导致其物理性能不断下降而引起的价值减少。实体性贬值由第Ⅰ种有形磨损和第Ⅱ种有形磨损，前者是使用形成的，后者是自然力作用形成的。设备实体性贬值的程度可以用设备的价值损失与重置成本之比来反映，成为实体性贬值率。全新设备的实体性贬值率为零，完全报废设备的实体性贬值率为100%。评估师根据设备的状态来判断贬值程度。实体性贬值率（可用符号 αp 表示）的公式表示如下：

$$\alpha p=\frac{DP}{RC}$$

1. 观察法

观察法是评估人员根据对机器设备的现场观察和技术检测，在综合分析机器设备的已使用时间、使用状况、技术状态、维修保养状况、大修技改情况、工作环境和条件等因素的基础上，测定设备的成新率。

观察法的重点是在全面了解被评估设备基本情况的基础上，对机器设备进行技术检测和鉴定。在进行技术检测和鉴定时应根据设备的不同类型，确定检测的项目和重点。

对于单位价值小，数量多，技术性不是很强的机器设备成新率的确定，可采用直接观察法。该方法是首先确定和划分不同档次的成新率标准，如表4-6、表4-7所示（该表仅供参考），然后根据被评估对象实际情况，经观测、分析、判断直接确定被评估机器设备的成新率。这种办法的特点是相对简便、省时、易行，但主观性强，精确度较差。

表4-6　机器设备成新率评估参考表

类别	新旧情况	有形损耗率%	技术参数标准参考说明	成新率%
1	新设备及使用不久设备	0～10	全新或刚使用不久的设备，在用状态良好，能按设计要求正常使用，无异常现象	100～90
2	较新设备	11～35	已使用一年以上或经过第一次大修恢复原设计性能使用不久的设备，在用状态良好，能满足设计要求，未出现过较大故障	89～65
3	半新设备	36～60	已使用两年以上或大修后已使用一段时间的设备，在用状态良好，基本上能达到设备设计要求，满足工艺要求，需经常维修以保证正常使用	64～40
4	旧设备	61～85	已使用较长时间或几经大修，目前仍能维持使用的设备。在用状态一般，性能明显下降，使用中故障较多，经维护仍能满足工艺要求，可以安全使用	39～15
5	报废待处理设备	86～100	已超过规定使用年限或性能严重劣化，目前已不能正常使用或停用，即将报废待更新	15以下

表4-7　某压力机观察法测算打分表

序号	项目	标准权重分值	细目	技术鉴定分值
1	机架部分	(20)		(14)
		8	(1) 机身、横梁无变形裂纹；	8
		4	(2) 机身、横梁拉紧螺栓、横梁中部螺母及下部法兰盘均紧固；	3
		6	(3) 压力机的四导轨面有轻度磨损；	3
		2	(4) 表面漆皮全部脱落。	0

续前表

序号	项目	标准权重分值	细目	技术鉴定分值
2	滑块、飞轮部分	(18)		(14)
		4	(1) 螺杆与飞轮切向键连接牢固；	4
		6	(2) 飞轮轮缘摩擦块有中度磨损；	4
		8	(3) 螺杆下端踵片与滑块内推力轴承有中度磨损与疲劳点蚀。	6
3	主轴部分	(10)		(8)
		5	(1) 主轴轴承轻度磨损；	4
		5	(2) 主轴上两摩擦轮与飞轮接触处有轻度磨损。	4
4	液压操纵装置	(18)		(14)
		2	(1) 操纵轻便、灵活可靠；	2
		7	(2) 因该机已工作五年，故驱动滑块上下运动与主轴左右运动的油缸与活塞有轻度磨损，溢流阀阀体与阀芯有磨损；	5
		7	(3) 油压系统工作油压尚可保证在2～3Mpa范围；	6
		2	(4) 个别部分管子或管子接头处有渗漏油现象。	1
5	刹紧装置	(10)		(6)
		3	(1) 制动拉紧钢带上的摩擦带中度磨损；	1.5
		3	(2) 螺杆上的刹紧轮表面中度磨损；	1.5
		4	(3) 刹紧操纵机构制动板、推动杆及杠杆铰接处轻度磨损。	3
6	退料装置	(5)		(5)
		3	(1) 两根与滑块连接的拉杆完好；	3
		2	(2) 退料装置座上的顶杆稍有变形，基本完好。	2
7	缓冲装置	(4)		(3)
		4	硬质耐油橡胶缓冲圈局部撞击破损，但尚未失效。	3
8	电气润滑设备	(15)		(11)
		7	(1) 主电机与油泵电机运转正常但轴承轻度磨损；	5
		5	(2) 电器元件与接线轻度老化；	4
		3	(3) 润滑管道有轻度积污堵塞。	2
9	合计	100		75

对大型设备，为了避免个人主观判断的误差，可采用德尔菲法和模糊综合判断法。德尔菲法是在个人判断和专家会议的基础上形成的另一直观判断方法，采取匿名方式征求专家的意见，并将他们的意见加以综合、归纳、整理，然后反馈给各个专家，作为下一轮分

析判断的依据。通过几轮反馈，意见逐步趋于一致为止。模糊综合判断法是利用模糊数学理论，对各种模糊信息进行处理，量化损耗状态的方法。机械设备在整个使用寿命的过程中，每一时点都对应一种损耗状态。每一种状态和每一种宏观症状均应有相应的隶属关系，多种状态和多种症状则应有隶属模糊向量，从而通过此状态的隶属度模糊向量中各元素的大小，判断设备的损耗状态。

2. 使用年限法

使用年限法是假设机器设备在整个使用寿命期间，实体性贬值与寿命缩短是成正比的，于是就可用设备的尚可使用年限与总的寿命年限的比确定设备的成新率，若不考虑设备的残值，其公式表示为：

$$\alpha p=\frac{L_1}{L}$$

公式中：L_1——已使用寿命；

L——总使用寿命。

若设备的残值率为 r，则计算公式为：

$$\alpha p=\frac{L_1}{L}\times(1-r)$$

值得注意的是，使用寿命不一定都用使用年限表示，也可以用里程、工作小时等表示。

【例 4-6】某汽车按行驶里程设计的总使用寿命为 60 万公里，已运行 9 万公里，计算实体性贬值率（不考虑残值）。

$$实体性贬值率=\frac{9}{60}\times100\%=15\%$$

复杂设备，各个组成部件的使用寿命是不同的，如果每个部件可以独立更换，整个机器的贬值率可以用以下公式表示：

$$\alpha p = \sum K_i\alpha p_i$$

公式中：K_i——第 i 个部件所占的（重置）成本权重；

αp_i——第 i 个部件的实体性损耗率

或：

$$贬值率=\frac{加权投资年限}{加权投资年限+尚可使用年限}\times100\%$$

3. 修复费用法

修复费用法又称修复金额法，是按修复磨损部件所需要的开支来确定机器设备实体性损耗及成新率的办法。

它适用于某些特定结构部件已经被磨损但能够以经济上可行的办法修复的情形，对机器设备来说，包括主要零部件的更换或者修复、改造费用等。

该方法的使用前提是假设设备所发生的实体性损耗是可补偿性的，那么用于补偿（修复）实体性损耗所发生的费用就是设备的实体性贬值。使用该方法时注意区分可补偿（修复）性损耗和不可补偿（修复）性损耗。可补偿（修复）性损耗是指可以用技术上和经济上可行的方法修复的损耗。不可补偿（修复）损耗是指从经济上来讲这种修复不划算或者这种损耗从技术上讲是不可修复的损耗。

修复费用法确定成新率的公式为：

$$成新率=1-\frac{修复费用}{重置成本}$$

【例 4－7】对某企业的一台加工炉进行评估，该加工炉是每周 7 天，每天 24 小时连续运转。经现场观察并与操作人员和技术人员交谈，了解到这台设备是 8 年前安装的，现在需要对炉内的耐火材料、一部分管道及外围设备更换。

如果更换耐火材料、管道和外围设备，该加工炉就能再运转 15 年。经与设备维修和技术部门讨论，可知更换耐火材料需投资 15 万元，更换管道及外围设备需投资 7 万元，共 22 万元。

现估测该加工炉的成新率，具体步骤如下：

一是估测重置成本。采用成本法求得该加工炉的重置成本为 160 万元。

二是求不可修复部分的重置成本。用加工炉的重置成本扣减可修复的实体性损耗得：160－22＝138（万元）。

三是计算不可修复部分的损耗率和损耗额。

$$损耗率=8\div(8+15)=34.78\%$$

$$损耗额=138\times34.78\%=48(万元)$$

四是计算成新率。

$$成新率=1-\frac{22+48}{160}=56.25\%$$

四、功能性贬值

机器设备的功能性贬值是由于新技术发展的结果导致资产价值的贬损。一是超额投资成本造成的功能性贬值，主要是由于新技术引起的布局、设计、材料、产品工艺、制造方法、设备规格和配置等方面的变化和改进，使购建新设备比老设备的投资成本降低；二是超额运营成本造成的功能性贬值，主要是由于技术进步，使原有设备与新式设备相比功能落后，运营成本增加。

1. 超额投资成本造成的功能性贬值的估算

由于超额投资成本造成的功能性贬值表现为新设备的构建成本比老设备便宜，因此功能性贬值就等于设备的复原重置成本与更新重置成本之间的差额，即：

$$功能性贬值=设备复原重置成本-设备更新重置成本$$

在评估操作中应注意的是，如果估测的重置成本是更新重置成本，实际就已经将被评估设备价值中所包含的超额投资成本部分剔除掉了，而不必再去刻意寻找设备的复原重置成本，然后再减掉设备的更新重置成本，得到设备的超额投资成本。因此，选择重置成本时，在同时可得复原重置成本和更新重置成本情况下，应选用更新重置成本。

2. 超额运营成本造成的功能性贬值的测算

超额运营成本造成的功能性贬值与实体资产的任何有形损耗均无关联，它是由于技术的发展所引起但发生在设备现场的一种贬值。它很容易出现在下列场合：

(1) 使用高技术设备和制造高技术产品的工业企业；

(2) 新兴产业；

(3) 长期以来不断扩大规模的老企业；

(4) 拥有大量相同设备的企业；

(5) 拥有一些开工不足或闲置设备的企业；

(6) 加工处理大量材料的企业。

超额运营成本造成的功能性贬值可采用未来超额运营成本折现法估测，具体步骤如下：

(1) 分析比较被评估机器设备的超额运营成本因素；

(2) 确定被评估设备的尚可使用寿命，计算每年的超额运营成本；

(3) 计算净超额运营成本；

(4) 确定折现率，计算超额运营成本的折现值。

【例 4－8】计算某电焊机超额运营成本引起的功能性贬值。

(1) 分析比较被评估机器设备的超额运营成本因素：经分析比较，被评估的电焊机与新型电焊机相比，引起超额运营成本的因素主要为老产品的能耗比新产品高。通过统计分析，按每天 8 小时工作，每年 300 个工作日，每台老电焊机比新电焊机多耗电 6 000 度；另外，新设备相对于老设备节约人工维护成本每年 1 000 元。

(2) 确定被评估设备的尚可使用寿命，计算每年的超额运营成本：根据设备的现状，评估人员预计该电焊机尚可使用 10 年，如每度电按 0.5 元计算，则：

$$\text{每年的超额运营成本}=6\,000\times0.5+1\,000=4\,000(\text{元})$$

(3) 计算净超额运营成本：所得税按 25%计算，则：

$$\begin{aligned}\text{税后每年净超额运营成本}&=\text{税前超额运营成本}\times(1-\text{所得税})\\&=4\,000\times(1-25\%)\\&=3\,000(\text{元})\end{aligned}$$

(4) 确定折现率，计算超额运营成本的折现值：折现率为 10%，10 年的年金现值系数为 6.145，则：

$$\begin{matrix}\text{净超额运营}\\\text{成本的折现值}\end{matrix}=\text{净超额运营成本}\times\text{年金折现系数}=3\,000\times6.145\approx18\,435(\text{元})$$

该电焊机由于超额运营成本引起的功能性贬值为 18 435 元。

五、经济性贬值

经济性贬值是因外界因素影响而引起的资产贬值。引起机器设备经济性贬值的因素有：第一，市场竞争加剧。产品需求减少，设备开工不足，生产能力相对过剩，而产品价格没有提高。第二，国家能源、环保等法律，使得生产成本提高或者强制报废，缩短使用寿命。

1. 使用寿命缩短

【例 4－9】某汽车已使用 10 年，按目前的技术状态还可以正常使用 10 年，按年限法，该汽车的贬值率为：

$$贬值率=\frac{10}{(10+10)}=50\%$$

但由于环保、能源的要求，国家新出台的汽车报废政策规定该类汽车的最长年限为15年，因此该汽车5年后必须强制报废。在这种情况下，该汽车的贬值率为：

$$贬值率=\frac{10}{(10+5)}=66.7\%$$

由此引起的经济性贬值率为16.7%。如果该汽车的重置成本为20万元，经济性贬值为：

$$20\times16.7\%=3.34(万元)$$

2. 运营费用的提高

【例4-10】某台车式电阻炉，政府规定的可比单耗指标为650千瓦小时/吨，该炉的实际可比单耗为730千瓦小时/吨，试计算因政府对超限额耗能加价收费而增加的运营成本。

该电阻炉年产量为1 500吨，电单价为1.2元/千瓦小时。

$$\begin{aligned}超限额的百分比&=\frac{(实测单耗-限额单耗)}{限额单耗}\\&=(730-650)/650\\&=12\%\end{aligned}$$

根据政府规定超限额10%～20%（含20%）的加价2倍。

$$Y=Y_1\times(实测单耗-限额单耗)\times G\times C$$

式中：Y——年加价收费总金额（单位：元）；

Y_1——电加价（元/千瓦小时）；

G——年产量（吨/年）；

C——加价倍数；

实测单耗和限额单耗的单位为千瓦小时/吨。

每年因政府对超限额耗能加价收费而增加运营成本为：

$$Y=1.2\times(730-650)\times1\,500\times2=288\,000(元)$$

由此计算该电阻炉未来5年的使用寿命期内，要多支出的运营成本为109万元（按折现率10%考虑资金的时间价值，288 000×(P/A，10%，5)=109万元）即为电阻炉因超限额加价收费引起的经济性贬值。

3. 市场竞争的加剧（产能没有得到充分利用）

【例4-11】某产品生产线，根据购建时的市场需求，设计生产能力为年产1 000万件，建成后由于市场发生不可逆转的变化，每年的产量只有400万件，60%的生产能力闲置。该生产线的重置成本为160万元，规模经济效益指数为0.8，如不考虑实体性磨损，试计算生产线的经济性贬值。

由于不可逆转的市场发生变化，该生产线的有效生产能力只有400万件/年。这种生产能力的生产线的重置成本为：

$$\frac{400\text{万件}}{\text{年生产线的重置成本}}=\left(\frac{400}{1\,000}\right)0.8\times160\approx77\text{(万元)}$$

该生产线的经济性贬值＝160－77＝83(万元)

案例分析

1. 账面支付外汇部分：8 500×64%/8＝680（万美元）
2. 原设备的离岸价（FOB)＝680－30－25＝625（万美元）
3. 基准日离岸价（FOB)＝625×(1＋10%)＝687.5（万美元）
4. 到岸价（CIF)＝(687.5＋30＋27.5)＝745（万美元）
5. 折合人民币 745×6.8＝5 066（万元）
6. 关税＝5 066×18%＝911.88（万元人民币）
7. 增值税＝(5 066＋911.88)×17%＝1 016.24（万元人民币）
8. 外贸及银行手续费＝5 066×2%＝101.32（万元人民币）
9. 国内运输费用＝115×(1＋2%)＝117.3（万元人民币）
10. 国内保险费＝10×(1＋1%)＝10.1（万元人民币）
11. 安装调试费＝289×(1＋5%)＝303.45（万元人民币）
12. 重置全价＝5 066＋911.88＋1 016.239 6＋101.32＋117.3＋10.1＋303.45＝7 526.29（万元人民币）
13. 经济性贬值率＝1－80%＝20%
14. 扣除经济性贬值后的价值＝7 526.29×(1－20%)＝6 021.03（万元人民币）
15. 成新率＝8/(8＋14)＝36.36%
16. 评估值＝6 021.03×36.36%＝2 189.25（万元人民币）

任务 4-3　应用市场法进行机器设备评估

案例导入

在评估一辆轿车时，评估师从市场上获得的市场参照物在型号、购置年月、行驶里程、发动机、底盘及各主要系统的状况基本相同。区别之处在于：(1）参照物的右前大灯破损需要更换，更换费用约 300 元；(2）被评估车辆后加装 CD 音响一套，价值 1 500 元。若该参照物的市场售价为 80 000 元。

评估该轿车的价值。

基础知识

一、市场方法的适用范围和前提条件

市场法主要是用于机器设备变现价值的评估，而不适用于机器设备的原地续用价值的评估。变现价值与原地续用价值的不同，不仅在于价值构成项目的不同，更主要的是受市场因素影响的程度不同。

应用市场途径及其方法估价必须具备以下前提条件：

1. 需要一个充分发育、活跃的机器设备交易市场

充分发育、活跃的市场是运用市场途径及其方法的基本前提。充分发育活跃的设备交易市场应包括三种市场：一是全新机器设备市场，它是常规性的生产资料市场；二是二手设备市场，即设备的旧货市场；三是设备的拍卖市场。

从地域角度来看，机器设备市场还可分为地区性市场、全国性市场和世界性市场，地域因素对机器设备的交易价格也会产生影响。

2. 与被评估设备相同或相类似的参照物设备能够找到

在设备市场中与被评估对象完全相同的资产是很难找到的，一般是选择与被评估设备相类似的机器设备作为参照物，参照物与被评估机器设备之间不仅在用途、性能、规格、型号、新旧程度方面应具有可比性，而且在交易背景、交易时间、交易目的、交易数量、付款方式等方面具有可比性，这是决定市场途径及其方法运用于否的关键。

二、市场法的比较因素

一般来讲，设备的比较因素可分为四大类，即个别因素、交易因素、时间因素、地域因素四大类。

1. 个别因素

设备的个别因素一般指反映设备在结构、形状、尺寸、性能、生产能力、安装、质量、经济性等方面差异的因素。不同的设备，差异因素也不同。在评估中，常用于描述机器设备的指标一般包括：

(1) 名称；

(2) 型号规格；

(3) 生产能力；

(4) 制造厂家；

(5) 技术指标；

(6) 附件；

(7) 设备的出厂日期；

(8) 役龄；

(9) 安装方式；

(10) 实体状态。

2. 交易因素

设备的交易因素是指交易的动机、背景对价格的影响，不同的交易动机和交易背景都会对设备的出售价格产生影响。

交易数量也是影响设备售价的一个重要因素，大批的购买价格一般要低于单台购买。

3. 时间因素

不同交易时间的市场供求关系、物价水平等都会不同，评估人员应选择与评估基准日最接近的交易案例，并对参照物的时间影响因素做出调整。

4. 地域因素

由于不同地区市场供求条件等因素的不同，设备的交易价格也受到影响，评估参照物应尽可能与评估对象在同一地区。如评估对象与参照物存在地区差异，则需要做出调整。

三、市场法的基本步骤

1. 收集有关机器设备交易资料

市场法的首要工作就是在掌握被评估设备基本情况的基础上，进行市场调查，收集与被评估对象相同或类似的机器设备交易实例资料。

所收集的资料一般包括：设备的交易价格、交易日期、交易目的、交易方式、交易双方情况、机器设备的类型、功能、规格型号、已使用年限、设备的实际状态等。对所收集的资料还应进行查实，确保资料真实性和可靠性。

2. 选择可供比较的交易实例作为参照物

对所收集的资料进行分析整理后，按可比性原则，选择所需的参照物。参照物选择的可比性应注意两个方面：一是交易情况的可比性；二是设备本身各项技术参数的可比性。这样可以对被评估设备与参照物之间的差异进行比较、量化和调整。

3. 量化和调整各种差异

参照物通常与被评估设备是可比的，但不是相同的，所以必须按可比因素逐一调整参照物的价格。

4. 确定被评估机器设备的评估值

对各差异因素量化调整后，得出初步评估结果。对初步评估结果进行分析，采用算术平均法或加权平均法确定最终评估结果。如果所选择的参照物的交易地点与评估对象设备不在同一地区，并且设备价格的地区差异较大，还应对区域因素进行修正。

四、运用市场法评估机器设备的具体方法

1. 直接匹配法

如果评估对象与市场参照物基本相同，需要调整项目相对较少，差异不大，且差异对价值的影响可以直接确定，则可使用该方法。其计算公式如下：

$$V=V'\pm\triangle i$$

式中：V——评估值；

V'——参照物的市场价值；

$\triangle i$——差异调整。

【例 4-12】在评估一辆轿车时，评估师从市场上获得的市场参照物在型号、购置年月、行驶里程、发动机、底盘及各主要系统的状况基本相同。区别之处在于：

(1) 参照物的右前大灯破损需要更换，更换费用约 200 元；

(2) 被评估车辆后加装 CD 音响一套，价值 1 200 元。若该参照物的市场售价为 72 000元，则：

$$V=V'\pm\triangle i=72\,000+200+1\,200=73\,400(元)$$

使用直接比较法的前提是评估对象与市场参照物基本相同，需要调整的项目较大，差异不大，并且差异对价值的影响可以直接确定。如果差异较大，则无法使用直接比较法。

2. 因素调整法

因素调整法也称市场售价类比法，是通过对参照物和被评估设备的可比因素进行比较、分析，在参照物市场价的基础上，根据两者之间的差异进行适当的调整，估算出被评估设备价格的一种方法。因为类比对象与被评估设备之间总存在一定的差异，因此在运用该方法时，通常需要选取若干有代表性的相似资产作为参照物，这样有助于提高评估的准确性。

【例 4－13】使用市场比较法对某车床进行评估。

（1）评估人员首先对被评估对象进行鉴定，基本情况如下：

设备名称：普通车床

规格型号：CA6140×1 500

制造三家：A 机床厂

出厂日期：2008 年 2 月

投入使用时间：2008 年 2 月

安装方式：未安装

附件：齐全（包括：仿形车削装置、后刀架、快速换刀架、快速移动机构）

实体状态：评估人员通过对车床的传动系统、导轨、进给箱、溜板箱、刀架、尾座等部位进行检查、打分，确定其综合分值为 6.1 分。

（2）评估人员对二手设备市场进行调研，确定与被评估对象较接近的三个市场参照物，如表 4－8 所示。

表 4－8

	评估对象	参照物 A	参照物 B	参照物 C
名称	普通车床	普通车床	普通车床	普通车床
规格型号	CA6140×1 500	CA6140×1 500	CA6140×1 500	CA6140×1 500
制造厂家	A 机床厂	A 机床厂	B 机床厂	B 机床厂
出厂日期/役龄	2008 年/8 年	2008 年/8 年	2008 年/8 年	2008 年/8 年
安装方式	未安装	未安装	未安装	未安装
附件	仿形车削装置、后刀架、快速换刀架、快速移动机构	仿形车削装置、后刀架、快速换刀架、快速移动机构	仿形车削装置、后刀架、快速换刀架、快速移动机构	仿形车削装置、后刀架、快速刀架、快速移动机构
状况	良好	良好	良好	良好
实体状态描述	传动系统、导轨、进给箱、溜板箱、刀架、尾座等各部位工作正常，无过度磨损现象，状态综合分值为 6.1 分	传动系统、导轨、进给箱、溜板箱、刀架、尾座等各部位工作正常，无过度磨损现象，状态综合分值为 5.7 分	传动系统、导轨、进给箱、溜板箱、刀架、尾座等各部位工作正常，无过度磨损现象，状态综合分值为 6.0 分	传动系统、导轨、进给箱、溜板箱、刀架、尾座等各部位工作正常，无过度磨损现象，状态综合分值为 6.6 分
交易市场		评估对象所在地	评估对象所在地	评估对象所在地
市场状况		二手设备市场	二手设备市场	二手设备市场
交易背景及动机	正常交易	正常交易	正常交易	正常交易
交易数量	单台交易	单台交易	单台交易	单台交易
交易日期	2016/3/31	2016/2/10	2016/1/25	2016/3/10
转让价格		23 000	27 100	32 300

（3）确定调整因素，进行差异调整。

第一，制造厂家调整。所选择的 3 个参照物中，1 个与评估对象的生产厂家相同，另外 2 个为 B 厂家生产。在新设备交易市场 A、B 两个制造商生产某相同产品的价格分别为

4.0 万元和 4.44 万元。新设备的价格差异率＝（4.44－4.0）/4.0＝11%即 B 厂家生产的该产品市场价格比 A 厂家高 11%，以此作为被评估旧设备的调整比率。

第二，出厂年限调整。被评估对象出厂年限是 8 年，参照物 A、B、C 的出厂年限均为 8 年，故不需调整。

第三，实体状态调整。实体状态调整如表 4－9 所示。

表 4－9

参照物	实体状态描述	调整比率
A	传动系统、导轨、进给箱、刀架、尾座等各部位工作正常，无过度磨损现象，状态综合值为 5.7 分	＋7%
B	传动系统、导轨、进给箱、刀架、尾座等各部位工作正常，无过度磨损现象，状态综合值为 6.0 分	＋2%
C	传动系统、导轨、进给箱、刀架、尾座等各部位工作正常，无过度磨损现象，状态综合值为 6.6 分	－8%

调整比率计算过程见表 4－10。

表 4－10

参照物	调整比率
A	(6.1－5.7)/5.7×100%＝7%
B	(6.1－6.0)/6.0×100%＝2%
C	(6.1－6.6)/6.6×100%＝－8%

（4）计算评估值。计算评估值见表 4－11。

表 4－11

	参照物 A	参照物 B	参照物 C
交易价格	23 000	27 100	32 300
制造厂家因素调整	1.0	0.89	0.89
出厂年限因素调整	1.0	1.0	1.0
实体状态因素调整	1.07	1.02	0.92
调整后结果	24 610	24 601	26 447

$$被评估对象的评估值=\frac{(24\,610+24\,878.8+26\,744.4)}{3}\approx 25\,411(元)$$

3. 成本比率调整法

该方法是通过对大量市场交易数据的统计分析，掌握相似的市场参照物的交易价格与全新设备售价的比率关系，用此比率作为确定被评估机器设备价值的依据。比如评估师在评估 A 公司生产的 6 米直径的双柱立式车床，但是市场上没有相同的或相似的参照物，只有其他厂家生产的 8 米和 12 米直径的产式车床。统计数据表明，与评估对象使用年限相同的设备的售价都是重置成本的 55%～60%，那么可以认为，评估对象的售价也应该是其重置成本的 55%～60%。

案例分析

$$该轿车的评估值=80\,000+300+1\,500=81\,800(元)$$

任务 4-4　应用收益法进行机器设备评估

案例导入

某租赁机器设备。

(1) 评估师根据市场调查，被评估机器设备的年租金净收入为 19 200 元。

(2) 评估师根据被评估机器设备的现状，确定该租赁设备的收益期为 9 年。

(3) 评估师通过对类似设备交易市场和租赁市场的调查，得到市场数据见表 4-12：

表 4-12　　机器设备收入表

市场参照物	设备的使用寿命（年）	市场售价（元）P	年收入（元）A
1	10	44 000	10 500
2	10	63 700	16 700
3	8	67 500	20 000

要求：评估该机器设备。

基础知识

收益法，是通过测算由于获取资产所有权而带来的未来收益的现值评估资产价值的一种方法。

收益法要求被评估对象应具有独立的、连续可计量的、可预期收益的能力。该评估思路对于单台机器设备评估通常是不适用的，因为要想分别确定各台设备的未来收益相当困难。如果把若干台机器设备组成生产线，作为一个整体生产出产品，它们就能为企业创造收益，在这种情况下，可以用收益途径及其方法对这一组能产生收益的资产进行评估。

实际上对由若干台机器设备组成的具有获利能力的整体，即生产线的评估，就类似于企业整体评估。

一、设备评估值

对于租赁的设备，其租金收入就是收益，如果租金收入和折现率不变的，则设备的评估值为：

$$P=A\times\left[1-\frac{1}{(1+r)^n}\right]/r=A\times\left(\frac{P}{A},i,n\right)$$

式中：P——评估值；

A——收益年金；

n——收益年限；

r——本金化率。

二、投资回收系数与年金现值系数

公式中，$r/[1-1/(1+r)^n]$ 称为投资回收系数，用 rA 表示，它是年金现值系数 $(P/A.i,\ n)$ 的倒数。因此可以表示为：

$$P=A\times\left(\frac{P}{A},i,n\right)=\frac{A}{rA}$$

$$rA=\frac{A}{P}$$

在机器设备的评估中，采用收益法的优点在于：它可以充分考虑资产的各项贬值因素，并且由于是用未来收益衡量资产的价值，其结果较容易被投资者所接受。其缺点在于：收益法在机器设备评估中的局限性较大，因为收益法所预测的现金流量通常是由包括房屋、机器设备在内的固定资产、流动资产、土地、无形资产等整体资产带来的，很难量化到单台机器设备上，因此一般不适用与单台设备的评估。同时，预测未来收益和确定折现率的主观因素较大，而且直接影响到评估结果的准确性和可信度。

案例分析

1. 计算被评估设备的折现率及对应的投资回收系数

（1）根据上述公式分别计算上述三个市场参照物的投资回收系数，分别为：23.86%、26.22%、29.63%。

（2）三个参照物寿命不同，分别查对应年限复利系数表，并用内插法计算出对应的资本化率：

1）查 10 复利系数表得到——运用内插法得到资本化率为 20.01%，22.85%；

2）查 8 复利系数表得到——运用内插法得到资本化率为 24.48%；

3）20.01%，22.85%，24.48%的均值为 22.45%。

2. 设备的评估值：

$$P=A\times\left(\frac{P}{A},r,9\right)=A\times\left(\frac{P}{A},22.45\%,9\right)=71\,700(\text{元})$$

项目练习

一、单选题

1. 机器设备的净价通常是指设备的（　　）。

A. 购买价+运杂费　　B. 建造价+安装费

C. 购买价+运杂费+安装费　　D. 购买价+建造价

2. 物价指数法只能用于确定设备的（　　）。

A. 复原重置成本　　B. 更新重置成本

C. 实体贬值　　D. 功能性贬值

3. 机器设备按其工程技术特点分类，不包括（　　）。

A. 专用设备　　B. 通用设备　　C. 生产性设备　　D. 非标准设备

4. 设备的技术寿命与（　　）有关。

A. 使用强度　　B. 使用时间

C. 技术更新速度　　D. 维修保养水平

5. 机器设备的经济寿命是指（　　）。

A. 机器设备从使用到报废为止的时间

B. 机器设备从使用到运营成本过高而被淘汰的时间

C. 从评估基准日到设备继续使用在经济上不合算的时间

D. 机器设备从使用到出现了新的技术性能更好的设备而被淘汰的时间

6. 进口设备的外贸手续费的计费基数是（　　）人民币。

A. FOB＋关税　　B. CIF＋关税

C. CIF　　D. CIF＋增值税

7. 按照成本法评估设备的重置成本，当被估对象已不再生产时，评估应采用（　　）。

A. 替代型设备的价格　　B. 按被估设备的账面价值

C. 采用现行市价法评估　　D. 参照替代设备价格采用类比法估测

8. 对被评估的机器设备进行模拟重置，按现行技术条件下的设计、工艺、材料、标准、价格和费用水平进行核算，这样求得的成本称为（　　）。

A. 更新重置成本　　B. 复原重置成本

C. 完全重复成本　　D. 实际重置成本

9. 由超额运营成本引起的功能性贬值通常利用（　　）进行估测。

A. 价格指数法　　B. 类比调整法　　C. 统计分析法　　D. 趋势分析法

10. 某台设备为2008年12月购进，账面值200万元，购进时的定基物价指数102%，以2015年12月1日为评估基准日对其进行评估。已知2004年、2008年、2010年和2015年各年的定基物价指数分别为110%、118%、125%和120%，则该设备的重置成本最接近于（　　）万元。

A. 235　　B. 240　　C. 295　　D. 350

11. 运用价格指数法评估机器设备的重置成本仅仅考虑了（　　）因素。

A. 技术因素　　B. 功能因素　　C. 地域因素　　D. 时间因素

12. 运用修复费用法估测成新率适用于（　　）。

A. 所有机器设备

B. 具有特殊结构及可补偿性有形损耗的设备

C. 具有特殊结构及在技术上可修复的有形损耗的设备

D. 具有特殊结构及不可补偿有形损耗的设备

13. 决定设备成新率的关键因素是（　　）。

A. 设备的技术水平　　B. 设备的功能

C. 设备的使用程度　　D. 设备购置的时间

14. 机器设备重置成本中的直接费用包括（　　）。

A. 各种管理费用　　B. 购建费用　　C. 安装费用　　D. 调试费用

15. 进口设备的到岸价格是指（　　）。

A. 设备的离岸价＋进口关税

B. 设备的离岸价＋海外运杂费＋进口关税

C. 设备的离岸价＋海外运杂费＋境外保险费

D. 设备的离岸价境外保险费

二、多选题

1. 机械中的能量变换机械具体包括（　　）。

A. 液压泵　　B. 水轮机　　C. 压缩机　　D. 热泵

2. 在设备评估中，重置核算法主要适用与（　　）设备重置成本的估算。

A. 通用　　B. 进口　　C. 非标　　D. 自制

3. 影响机器设备自然寿命的因素有（　　）。

A. 机器设备的使用强度　　B. 机器设备的经济用途

C. 同类设备技术更新速度　　D. 机器设备维修保养水平

E. 设备的自身质量

4. 运用使用年限法估测设备的成新率涉及的三个基本参数是（　　）。

A. 设备的经济寿命　　B. 设备的技术水平

C. 设备的已使用时间　　D. 设备的负荷程度

E. 设备的尚可使用年限

5. 设备成新率的估测通常采用（　　）进行。

A. 使用年限法　　B. 修复金额法

C. 功能价值法　　D. 观测分析法

E. 统计分析法

6. 确定设备评估的经济技术参数时需要考虑（　　）等因素。

A. 设备账面价值　　B. 评估方法

C. 评估价值类型　　D. 评估特定目的

7. 机器设备的重置成本应包括（　　）。

A. 机器设备的日常维修费用　　B. 机器设备的购置费用

C. 设备操作人员的培训费用　　D. 设备的大修费用

E. 设备的技术改造费用

8. 设备物理寿命的长短主要取决于（　　）。

A. 使用强度　　B. 设备质量

C. 维护水平　　D. 技术进度速度

9. 运用使用年限法估测设备的成新率涉及的基本参数（　　）。

A. 设备的总经济使用寿命　　B. 设备的技术水平

C. 设备的实际已使用时间　　D. 设备的负荷程度

E. 设备的剩余经济使用年限

10. 构成机器设备重置成本的间接费用主要有（　　）。

A. 购建设备所发生的管理费用　　B. 购建设备所发生的运输费用

C. 购建设备的保险　　D. 购建设备所发生的总体设计费用

三、判断题

1. 在机器设备评估实践中，技术检测是确定设备成新率的唯一手段。（　　）

2. 设备的功能性贬值通常要表现为超额重置成本和超额更新成本。（　　）

3. 对于大型、安装调试周期很长的成套设备，其设备投资中的贷款部分的利息才可以作为成套设备的重置成本构成。（　　）

4. 安装周期很短的一般设备，其重置成本包括设备购置费、运输费用及利息费用。（　　）

5. 运用使用年限法估测设备的实体有形损耗率，是假设设备在整个寿命期间，其有

形损耗与使用时间呈指数关系变化。（ ）

6. 运用收益现值法评估机器设备的前提条件是，被评估机器设备具有独立的、能连续用货币计量的可预期收益，所以单件设备比较适合使用这种方法。（ ）

7. 参考设备的生产能力大于被评估设备，应在参照设备售价的基础上，下调价格以符合被评估对象的实际情况。（ ）

8. 进口关税、增值税是进口设备重置成本中的直接费用。（ ）

9. 在利用询价法估测机器设备的重置成本时，通常不把设备供应商的报价直接作为估测的标准。（ ）

10. 影响机器设备物理寿命的因素一般有机器设备的使用强度、机器设备的维修保养水平、同类设备的使用强度、机器设备的经济用途及设备的自身质量。（ ）

四、计算分析题

1. 被评估设备为 2005 年从德国引进的设备，进口合同中的 FOB 价是 20 万马克。2010 年 10 月进行评估时德国厂家已不再生产这种设备了，其替代产品的 FOB 报价为 35 万马克，而国内其他企业 2010 年 6 月从德国进口同种设备的 CIF 价为 30 马克。通常情况，设备的实际成交价应为报价的 90%，境外运杂费约占 FOB 价格的 5%，保险费约占 FOB 价格的 0.5%，被评估设备所在企业，以及与之交易的企业均属于进口关税、增值税免税单位，银行手续费按 CIF 价格的 0.8%计算，国内运杂费按 CIF 价格加银行手续费之和的 3%计算，安装调试费含在设备价格之中不另行计算，被评估设备尚可使用 5 年，年运营成本比其替代设备超支 2 万元人民币，被评估设备所在企业的正常投资报酬为 10%，评估时以克与美元的汇率为 1.5：1，人民币与美元的汇率为 8：1，2010 年 6 月 10 日进口设备价格没有变化。

要求：(1) 计算被评估进口设备的更新重置 CIF 价格。

(2) 计算被评估进口设备的重置成本。

(3) 计算被评估进口设备的评估值。

2. 评估对象为某机器设备生产企业的一条国产Ⅰ型机组，该机组于 2013 年 5 月 20 日购置并投入使用，其设计生产能力为年产 A 产品 10 万件，账面原值为 150 万元，现评估人员需要评估该机组于 2017 年 5 月 20 日的价值。评估人员经过调查得到以下有关经济技术数据资料：

(1) 从 2013 年 5 月至 2018 年 5 月，该类设备的环比价格指数，2013 年为 102%，2014 年为 101%，2015 年为 99%，2016 年为 100%，2017 年为 102%。

(2) Ⅰ型机组在 2013 年的出厂价格为 100 万元，运杂费、安装调试费大约占购置价格的 25%。

(3) 被评估机组从使用到评估基准日，由于市场竞争的原因，利用率仅仅为设计能力的 60%，估计评估基准日后其利用率会达到设计要求。

(4) 该机组经过检测尚可以使用 7 年。

(5) 与具有相同生产能力的Ⅱ型机组相比，该机组的年运营成本超支额大约在 4 万元左右。

(6) 折现率为 10%。试评估确定该机组的市场价值。

3. 被评估设备购建于 2007 年 11 月，账面原值为 100 万元，其中设备购置价 80 万元，基础及安装费用18万元，运杂费2万元。2017年11月对该设备进行评估，现收集到以下数据资料：

(1) 2007年该类设备的购置价比2017年上涨了50%，基础及安装费的物价上涨了30%，该设备的运杂费用达到3万元。

(2) 由于开工不足，该设备的实际利用率仅为正常利用率的60%，尚可使用5年。

(3) 与同类技术先进设备相比，该设备预计每月工人超支额为1000元。

(4) 该企业的正常投资报酬率为10%，所得税率为33%。

要求：(1) 根据上述资料，分别计算机器设备的重置成本和各项贬值指标。

(2) 计算被估设备的评估值。

项目五 房地产评估

房地产是房屋建筑物与土地使用权的总称，包括房产和地产。在我国，土地所有权只归国家或农村集体，单位和个人只能取得土地的使用权。

任务5-1 房地产的基本知识

案例导入

上海××厂是××集团公司下属的一家国有企业，成立于1957年，是一家真空应用设备的专业制造厂，为适应集团“主辅分离”的要求，拟将企业经资产剥离后转让，受让的对象为两名自然人。

企业拟定了以2004年8月31日为基准日的改制方案，后经集团审核，将基准日调整为2004年10月31日，并将部分与新企业无关或无需的资产和负债进行剥离，资产剥离具体情况见表5-1。

表5-1 资产剥离情况表 单位：万元

项目	原账面数(8.31)	审计数(8.31)	剥离数	剥离后账面数	审计数(10.31)	评估值(10.31)
资产合计	5721.1	5711.8	1780.6	3931.2	4068.1	7198.2
货币资金	1132.2	1190.1	312.3	877.8	909.8	909.8
应收账款	275.8	265.8	251.3	14.5	14.5	14.5
预付账款	161.9	161.9	71.3	90.6	90.6	90.6
其他应收款	408.0	390.9	313.5	77.4	77.4	77.4
存货	1589.0	1576.2	594.2	982.0	982.0	1070.2
待摊费用	19.2	7.2	4.4	2.8	2.8	2.8
设备	347.0	330.9	211.1	119.8	210.4	339.0
建筑物	1788.0	1788.8	1788.8	0	1780.5	1804.8
其他无形资产						994.9
土地						1894.0
负债	5248.8	3463.8	−121.4	3585.2	2649.1	2640.7
净资产	472.3	2248.0	1902.0	346.0	1419.0	4557.5

由表5-1可见，企业将应收款、存货等资产和相关负债进行了剥离，按照集团批复，房地产也应予以剥离，但在评估时房地产却又进入了评估范围。据评估机构反映，房地产之所以纳入评估范围是因为：应集团要求，要了解企业所属的房地产的市场价值，只起咨询作用，交易时会将之剔除。请问资产评估机构这样处理是否妥当?

基础知识

一、土地的特性

土地资源是自然本身的产物，具有不可再生性。一般来说，土地是指地球表层的陆地部分，包括内陆水域和滩涂。地球是供给人类可利用的土地数量，叫作土地的自然供给，它反映了土地供人类使用的天然特性。所谓土地的经济供给，是指在土地的自然供给的范围内，对土地进行了开发、规划和整治，可满足人类不同需求的土地供给。

1. 土地的自然特性

(1) 土地位置的固定性。

与土地总量的有限性、土地位置的固定性等有关，要求人们集约用地。土地具有位置的固定性，不随土地产权的流动而改变其空间的额位置。地产交易，不是土地实体本身的空间转移，而是土地产权的转移。土地位置的固定性决定了土地价格具有明显的地域性特征。

(2) 土地质量的差异性。

位置不同，造成了土地之间存在自然差异，这个差异导致土地地租的产生。

(3) 土地资源的不可再生性。

土地是不可再生资源，土地资源的利用只有科学合理，才能供人类永续利用。

(4) 土地效用的永续性。

只要土地使用得当，土地的效用即利用价值会一直延续下去。

2. 土地的经济特性

(1) 经济供给的稀缺性。

主要是指某一地区某种用途的土地供不应求，产生供求矛盾，形成稀缺的经济资源。这与土地总量的有限性、土地位置的固定性、土地质量的差异性等有关，要求人们集约用地。

(2) 产权的可垄断性。

所有权和使用权都可以垄断。在土地所有权或使用权让渡时，就必然要求实现其垄断利益，在经济上获得收益。

(3) 利用的多方向性。

一块土地的用途是多种的，土地利用的多方向性客观上要求在房地产估价中需要确定土地的最佳用途。

(4) 效益的级差性。

由于土地质量的差异性而使不同区位土地的生产力不同，从而在经济效益上具有级差性。

二、土地使用权

在我国，城市土地的所有权属于国家，农村和城市郊区的土地，除由法律规定属于国家所有的以外，属于农民集体所有，宅基地、自留地、自留山属于农民集体所有。

土地使用权出让是指国家以土地所有者的身份将土地使用权在一定年限内让与土地使用者，并由土地使用者向国家支付土地使用权出让金的行为。

土地使用权转让是指土地使用者将土地使用权再转移的行为，包括出售、交换和赠送。未按土地使用权出让合同规定的期限和条件投资开发，利用土地的，土地使用权不得转让。土地使用权转让应当签订转让合同。土地使用权转让时、土地使用权出让合同和登记文件中所载明的权利、义务随之转移，土地使用权转让时，其地上建筑物、其他附着物的所有权转让，应当依照规定办理过户登记。土地使用权和地上建筑物、其他附着物所有权分割转让的，应当经市、县人民政府土地管理部门和房产管理部门批准，并依法办理过户登记。土地使用权转让须符合上述规定，否则即为非法转让。

土地使用权出租是指土地使用者将土地使用权单独或者随同地上建筑物、其他附着物租赁给他人使用，由他人向其支付租金的行为。原拥有土地使用权的一方称为出租人，承担土地使用权的一方称为承租人。

土地使用权出租不是单一的出租土地，而是出租人将土地使用权连同地上建筑物及其他附着物租赁给承租人使用、收益，承租人以支付租金为代价取得对土地及地上建筑物、其他附着物的使用及收益的权利。出租人和承租人的租赁关系由双方通过订立租赁合同确定。

土地使用权抵押是土地使用权人把土地使用权作担保财产以保证自己或第三人履行债务的行为。通过土地使用权抵押，债权人可能取得土地使用权的变价处分权和就卖得价金先受偿权。

三、房地产的特性

房地产包括土地和建筑物，其中土地是大自然的产物，是永存的；建筑物为人工建造，它定着在土地上。因此，房地产的特性主要取决于土地的特性，是以土地的特性为基础的。从房地产估价和把握房地产价值的角度来看，房地产的特性如下：

1. 不可移动性（又称位置固定性）

房地产的不可移动性，决定了任何一宗房地产只能就地开发、利用或消费，而且要受制于其所在的空间环境（邻里及当地的社会经济），所以，房地产市场不存在全国性市场，更不存在全球性市场，而是一个地区性市场（城市房地产一般是以一个城市为一个市场），其供求状况、价格水平和价格走势等都是当地的，在不同地区之间各不相同。

2. 独一无二性

房地产的不可移动性，派生出了其独一无二性，可以说没有两宗房地产是完全相同的。即使两处的建筑物一模一样，但由于坐落的位置不同，周围环境、景观不同，这两宗房地产实质上也是不相同的。

3. 寿命长久性

土地具有不可毁灭性，建筑物虽然不像土地那样具有不可毁灭性，但是一经建造完成，寿命通常可达数十年，甚至上百年。在正常情况下，建筑物很少发生倒塌，只是为了土地的更好利用或更高价值才会被拆除。

由于具有寿命长久性，房地产可以给其占用者带来持续不断的利益。但需要说明的是，从具体占用者的角度来看，土地在有些情况下是有寿命的，特别是通过政府出让方式取得的土地使用权是有期限的。国家规定土地使用权出让的最高年限，居住用地为 70 年，工业用地为 50 年，教育、科技、文化、卫生、体育用地为 50 年，商业、旅游、娱乐用地为40年，综合或者其他用地为50年。以出让方式取得土地使用权的，转让房地产后，其土地使用年限为原土地使用权出让合同约定的使用年限减去原土地使用者已经使用年限后的剩余年限。土地使用权出让合同约定的使用年限届满，续期的到续期届满，土地使用权由国家无偿收回。对此点的认识在房地产估价上具有重要意义，如坐落位置很好、建筑物也很好的房地产，可能由于土地使用年限较短而价值很低。

4. 供给有限性

由于土地数量有限，在土地上，特别是好位置的土地上可建造的建筑物数量也是有限的。房地产的供给有限性，使得房地产具有独占性。一定位置，特别是好位置的房地产被人占用之后，则占用者可以获得生活或工作场所，并享受特定的光、热、空气、雨水和风景，还可以支配相关的天然资源和生产力。在市场经济中，这项权利除了占用者之外，他人除非支付相当的代价，否则无法享有。

进一步来看，房地产供给有限性的本质，主要不在于土地总量有限和不能增加，相对于人类的需要来讲，土地的数量目前还是丰富的，关键在于不可移动性造成的房地产供给不能集中于一处（这是房地产供给不同于一般商品供给的最主要之处）。要增加房地产的供给，一是向更远的平面方向发展，如向郊区发展；二是向更高的立体方面发展，如增加建筑物的高度或密度。但这些又要受到资金、交通、建筑技术、环境等的制约。

5. 用途多样性

用途多样性主要是空地所具有的。土地上一旦建有建筑物，用途即被限定，一般难以改变。因为改变的费用可能很高或受原有建筑结构的限制。多数土地就其本身来看，可以为多种不同的用途所使用。从经济角度来看，土地利用选择的一般顺序是：商业、办公、居住、工业、耕地、牧场、牧地、森林、荒地。

6. 相互影响性

相互影响性也就是经济学上所讲的外部性或外部影响。外部影响有正有负。如果某个人的一项经济活动会给社会上其他成员带来好处，但他自己却不能由此而得到补偿，此时这个人从其经济活动中所得到的私人利益就小于该项经济活动所带来的社会利益。这种性质的外部影响被称为外部经济。相反，如果某个人的一项经济活动会给社会上其他成员带来危害，但他自己却并不为此而支付足够抵偿这种危害的成本，此时这个人从其经济活动中所付出的私人成本就小于该项经济活动所造成的社会成本。这种性质的外部影响被称为外部不经济。房地产由于具有相互影响性，外部性问题非常突出。

7. 易受限制性

政府对房地产的限制一般是通过下列4种特权来实现的：

（1）管制权。政府为增进公众安全、健康、道德和一般福利，可以直接限制某些房地产的使用，如通过城市规划对土地用途、建筑高度、容积率、建筑密度和绿地率等作出规定。

（2）征收权。政府为了社会公共利益的需要，如修公路、建学校等，可以强行取得单位和个人的房地产，即使违反这些被征用人的意愿，但要给予补偿。

（3）征税权。政府为提高财政收入，可以对房地产征税或提高房地产税收，只要这些税收是公平课征的。

（4）充公权。政府可以在房地产业主死亡或消失而无继承人或亲属的情况下，无偿收回房地产。房地产易受限制性还表现在逃避不了未来制度、政策变化的影响。

8. 价值量大

房地产的价值不仅高，而且大。其价值高即单位价值高，其价值大即总体价值大。

9. 流动性差

房地产由于价值高大，加上不可移动性和独一无二性，使得同一宗房地产的买卖不频繁，一旦需要买卖，要花费相当长的时间来寻找合适的买者和进行讨价还价。所以，当急需资金或有其他急需时，不易将房地产变成现款；如果要快速变现，只有相当幅度的降价。

10. 保值增值性

引起房地产价格上升的原因主要有 4 个方面：（1）对房地产本身进行的投资改良，如装修改造，更新或添加设备，改进物业管理；（2）通货膨胀；（3）需求增加导致稀缺性增加，如人口或收入增加；（4）外部经济或相互影响，如交通条件或周围环境改善。其中，对房地产本身进行投资改良所引起的房地产价格上升，不是房地产的自然增值；通货膨胀所引起的房地产价格上升，不是真正的房地产增值，而是房地产保值；需求增加导致稀缺性增加和外部经济或相互影响所引起的房地产价格上升，是真正的房地产自然增值。

通货膨胀是指商品和服务的货币价格总水平的持续上涨现象，或者简单地说，是物价的持续普遍上涨。当说某项投资是保值性的，则意味着它能抵抗通货膨胀，即投入的资金的增值速度能抵消货币的贬值速度。具体地说，就是能保证投资一段时间后所抽回的资金，完全能购买到当初的投资额可以购买到的同等商品或服务。房地产通常具有这种功能。

房地产的保值增值性是从房地产价格变化的总体趋势来说的，是波浪式上升的。在某些情况下，房地产价格出现长时期的连续下降也是可能的。另外，中国大陆的土地价格由于是有期限的土地使用权价格，对于一宗使用年限较长的土地来说，在其使用年限的前若干年价格可能随着需求的增加而呈现上升趋势，但由于总有一天土地使用年限会降为零，所以，具体一宗有土地使用年限的房地产的价格，从长远来看是趋于下降的。

四、房地产评估的原则

1. 最高最佳使用原则

最高最佳使用原则要求房地产估价应以估价对象的最高最佳使用为前提进行。最高最佳使用必须同时符合 4 个标准：法律上许可；技术上可能；经济上可行；价值最大化。最高最佳使用具体包括 3 个方面：最佳用途；最佳规模；最佳集约度。

寻找最高最佳使用的方法，是先尽可能地设想出各种潜在的使用方式，然后从下列 4 个方面依序筛选：

（1）法律上的许可性。对于每一种潜在的使用方式，首先检查其是否为法律所允许。如果是法律不允许的，应被淘汰。

（2）技术上的可能性。对于法律所允许的每一种使用方式，要检查它在技术上是否能够实现，包括建筑材料性能、施工技术手段等能否满足要求。如果是技术上达不到的，应被淘汰。

（3）经济上的可行性。对于法律上允许、技术上可能的每一种使用方式，还要进行经济可行性检验。经济可行性检验的一般做法是：针对每一种使用方式，首先预测其未来的收入和支出流量，然后将未来的收入和支出流量用现值表示，再将这两者进行比较。只有收入现值大于支出现值的使用方式才具有经济可行性，否则应被淘汰。

（4）价值是否最大。在所有具有经济可行性的使用方式中，能使估价对象的价值达到最大的使用方式，才是最高最佳的使用方式。

2. 合法原则

合法原则要求房地产估价应以估价对象的合法权益为前提进行。合法权益包括合法产权、合法使用、合法处分等方面。遵循合法原则，具体来说应当做到下列几点：

（1）在合法产权方面，应以房地产权属证书、权属档案的记载或者其他合法证件为依据。现行的房地产权属证书有房屋权属证书、土地权属证书或者统一的房地产权证书。房屋权属证书有《房屋所有权证》《房屋共有权证》和《房屋他项权证》三种。土地权属证书有《国有土地使用证》《集体土地所有证》《集体土地使用证》和《土地他项权利证明书》四种。当县级以上地方人民政府由一个部门统一负责房产管理和土地管理工作的，可能制作、颁发统一的房地产权证书。统一的房地产权证书有《房地产权证》《房地产共有权证》和《房地产他项权证》三种。

（2）在合法使用方面，应以使用管制（如城市规划、土地用途管制等）为依据。例如，如果城市规划规定了某宗土地的用途、建筑高度、容积率、建筑密度等，那么，对该宗土地进行估价就应以其使用符合这些规定为前提。

（3）在合法处分方面，应以法律、行政法规或合同（如土地使用权出让合同）等允许的处分方式为依据。处分方式包括买卖、租赁、抵押、典当、抵债、赠予等。

（4）在其他方面，如评估出的价格必须符合国家的价格政策。

五、房地产评估程序

1. 明确估价基本事项

（1）明确估价对象的实体状况，如对土地，应明确它的地籍范围和地籍号，以及坐落位置用途、面积、形状等；对房屋，应明确它的坐落位置（门牌号码）、结构、层数、面积、使用情况等。

（2）明确估价对象的权利状态，如完全产权、已设定有某种他项权利的不完全产权，房屋的部分墙体的归属等都必须明确。

（3）明确估价对象的范围，如单纯评估土地的价值，或单纯评估房屋的价值，或评估一幢房屋中的某个部位等都必须明确。

（4）明确估价目的，由于同一房地产出于不同的估价目的，其估价结果往往不同。所以，必须明确委托估价人请求估价的目的是什么，以区分不同性质的估价。

（5）明确估价时点，某房地产的估价结果，是表示该房地产在某一个特定时点上的价格。因此，必须明确估价时点，如果不确定估价时点，房地产估价是没有意义的。

（6）明确估价报告交付的日期，交付估价报告的日期一般由委托估价方提出，也可由委托估价方和受理估价方协商确定，一般估价报告的作业日期为7～15个工作日。

2. 拟定估价作业方案

主要是就估价所要做的各项工作作出日程进度安排，包括对估价作业内容、作业人员、时间进度、所需经费等的安排，以便于控制进度及协调合作。

3. 搜集估价所需资料

由于估价对象和所采取的估价方法的不同，房地产估价所需的资料也不同。一般来说，所搜集的估价资料包括：

（1）产权资料；

（2）房屋建筑资料；

(3) 市场交易资料；

(4) 土地资料；

(5) 法律和规划资料。

4. 实地查勘估价对象

实地查勘是就估价对象的有关内容到实地查清核实，从估价对象房地产的实体构造、权利状态、环境条件方面的具体内容进行客观确认。

5. 测算被估房地产的价值

在调查研究和资料分析的基础上，便可根据选定的评估方法，进行价值测算。评估的基本方法有：成本法、市场法和收益法。由这三种基本评估方法所派生的其他评估方法，如假设开发法、路线价法、长期趋势法等，也是目前常用的评估方法。由于被估房地产的性质差异和资料取得的差异，并非每一种评估方法都使用于各类具体条件下的房地产。为求一个公平合理的价值，一般以一种评估方法为主，同时以另一种或几种评估方法为辅，以求互相对照和检验修正。

无论采用何种方法，评估师均应对收集到的数据、参数进行检验，特别是对一些有变化幅度的参数，如市场法中的修正系数、收益法中的资本化率、成本法中的土地开发成本、房屋新旧程度等，虽然都有一些经验参数可供参考，但最终确定还需依靠评估师正确的判断和选择。此时评估师的经验对计算结果具有重要的影响。

6. 综合分析确定评估结果

同一宗房地产运用不同经评估方法评估出来的价值往往不一致，需要进行综合分析。综合分析是对所选用的评估方法、资料及评估程序的各个阶段，做客观的分析和检查。此时应特别注意以下几点：所选用的资料是否适当；评估原则的运用是否适当；对资料的分析是否准确，特别是对影响因素权重的赋值是否适当。

7. 撰写评估报告

评估报告是评估过程和评估成果的综合反映，通过评估报告，不仅可以得到房地产评估的最后结果，还能了解整个评估过程的技术思路、评估方法和评估依据。

案例分析

评估机构这样处理欠妥，既然是集团要了解房地产的市场价值，评估机构应该另行出具相关的评估咨询报告，而不应笼统的将房地产并入评估范围。评估范围应该与集团批复保持一致，范围的不一致极有可能造成交易时的国有资产流失。建议从评估政策上规范评估范围的确定，评估范围应与纳入改制资产范围、交易资产范围一致。

任务 5-2 了解房地产价格及其影响因素

案例导入

2017 年，广州市北京路商铺的租金一般在 1 000 元/平方米，而旁边的西湖路商铺租金约为 300 元/平方米。

请分析造成上述差别的原因。

基础知识

一、房地产价格的种类

1. 根据权益的不同，可分为所有权价格、使用权价格、其他权利价格

一般情况下，房地产所有权价格高于房地产使用权价格。由于抵押价格要考虑抵押贷款清偿的安全性，一般要比市场交易价格低。租赁价格是承租方为取得房地产租赁权而出租方支付的价格。

2. 根据价格形成方式可分为市场交易价格和评估价格

（1）市场交易价格。

市场交易价格是房地产在市场交易中实际成交的价格。在正常的市场条件下，买卖双方均能迅速地获得交易信息，买方能自由地在市场上选择其需要，卖方也能自由地出售其房地产，买卖双方均以自身利益为前提，在彼此自愿的条件下，以某一价格完成房地产交易。由于交易的具体环境不同，市场交易价格经常波动。市场交易价格一般具有如下作用：交易双方收支价款的依据、交纳契税和管理费的依据等。

（2）评估价格。

评估价格是对市场交易价格的模拟。房地产评估价格根据使用目的及其作用可分为基本地价、标定地价、房屋重置价格、交易底价、课税价格等几种。其中基准地价、标定地价、房屋重置价格由政府制定，且由政府定期公布。

3. 按房地产的实物形态可划分为土地价格、建筑物价格和房地产价格

土地价格包括基准地价、标定地价和土地交易价格等。

建筑物价格指纯建筑物部分的价格，不包含其占用的土地的价格。

房地产价格指建筑物连同其占用的土地的价格。

4. 按房地产价格的表示单位可划分为总价格、单位价格、楼面地价等

房地产总价格是指一宗房地产的整体价格。

房地产单位价格有三种情况：单位土地面积的土地价格、单位建筑面积的建筑物价格、单位建筑面积的房地产价格。

楼面地价，又称单位建筑面积地价，是指平均到每单位建筑面积上的土地价格。

$$楼面地价=\frac{土地总价格}{建筑总面积}$$

容积率指土地的建筑面积与土地总面积的比率。

$$容积率=\frac{建筑总面积}{土地总面积}$$

$$\begin{aligned}楼面地价&=\frac{土地总价格}{建筑总面积}\\&=\frac{(土地单价\times 土地总面积)}{建筑总面积}\\&=\frac{土地单价}{容积率}\end{aligned}$$

5. 其他价格类型

公告地价，是政府定期公布的土地价格，在有些国家和地区，一般作为征收土地增值

税和征用土地补偿的依据。

申报地价，是房地产权利人向政府（县级以上地方人民政府）申报的房地产交易成交价格。

二、房地产价格的特征

1. 房地产价格是权益价格

由于房地产位置不可移动，因此房地产的买卖、抵押等并不能转移房地产的物质实体本身，而只是转移与房地产有关的各种权益。房地产的权益有多种表现形式，如所有权、股权、抵押权、租赁权等，因此，发生经济行为的房地产转移方式不同，形成的房地产权益不同，其权益价格也不相同，评估时必须对此仔细考虑。

2. 房地产价格与用途相关

一般商品的价格由其生产成本、供给和需求等因素所决定，其价格一般并不因使用权状况不同而产生差别。但是，同样一宗房地产，在不同的用途下，产生的收益是不一样的，土地价格与其用途的相关性极大。例如，在市场经济条件下，一宗土地如果合法地用于经营商业比用于建设住宅更有利。

3. 房地产价格具有个别性

由于房地产的个别性，没有两宗房地产条件完全一致。同时，在房地产价格形成中，交易主体之间的个别因素也很容易其作用，因此房地产的价格形成具有个别性。

4. 房地产价格具有可比性

房地产价格尽管有与一般商品不同的许多特性，但并不意味着其价格之间互不联系。事实上，人们可以根据房地产价格的形成规律，对影响房地产价格的因素进行比较，从而能够比较房地产的价格。

三、房地产价格的影响因素

影响房地产价格的因素通常可划分为一般因素、区域因素和个别因素，下面分别予以阐述。

1. 一般因素

主要包括经济因素、社会因素、行政因素和心理因素等。

（1）经济因素。

1）经济发展因素；

2）财政金融因素；

3）产业结构因素。

（2）社会因素。

1）人口因素；

2）家庭规模因素；

3）房地产投机因素；

4）教育科研水平和治安因素；

5）社会福利因素。

（3）行政因素。

1）土地使用制度与住房制度、地价政策；

2）城市规划、土地利用规划、城市发展战略；

3）税收制度、投资倾斜、优惠政策；

4）行政隶属关系变更；

5）交通管制。

（4）心理因素。

2. 区域因素

区域因素是指某一特定的区域内的自然条件与社会、经济、行政、技术等因素相结合所产生的特性。

（1）商服繁华因素。

这是指所在地区的商业、服务业繁华状况及各级商业、服务业中心的位置关系，如果商服繁华度较高，该地区的房地产价格水平也会较高。

（2）道路通达因素。

这是指所在地区道路系统通畅程度，道路的级别（主干道、次干道、支路）越高，该地区的房地产价格水平也较高。

（3）交通便捷因素

这是指交通的便捷程度，包括公共交通系统的完善程度和公共交通的便利程度。其便捷度越高，房地产价格水平也较高。

（4）城市设施状况因素。

1）基础设施：主要包括供水、排水、供电、供气、供热和通信等设施。

2）生活设施：主要包括学校、医院、农贸市场、银行、储蓄所、邮局等设施。

3）文化娱乐设施：主要包括电影院、图书馆、博物馆、俱乐部、文化馆等设施。

（5）环境状况因素。

若一个地区绿地较多、公园充足、环境优美，则该地区的房地产价格水平较高；若噪声污染、大气污染、水污染较严重，则房地产价格水平较低。

3. 个别因素

（1）土地的个别因素。

1）区位因素。区位是影响地价的一个非常主要的因素。区位有自然地理区位与社会经济区位之别。当区位由劣变优时，地价会上升；相反，则地价下跌。

2）面积因素、宽度因素、深度因素。一般来说，土地面积必须适宜，规模过大或过小都会影响土地效用的充分发挥，从而降低单位地价。

3）形状因素。土地形状有长方形、正方形、三角形、菱形、梯形等。形状不规则的土地，不便于利用，从而降低地价。一般认为形状以矩形为佳，特殊情况，在街道的交叉口，三角形等不规则土地的地价也可能畸高。

4）地力因素、地质因素、地势因素、地形因素。地形是指地面的起伏形状，一般来说，土地平坦，地价较高；反之，土地高低不平，地价较低。

5）容积率因素。容积率越大，地价越高；反之，容积率越小，地价越低。容积率与地价的关系一般不呈线性关系。

6）用途因素。一般来说，对于同一宗土地而言，商业用地、住宅用地、工业用地的地价是递减的。

7）土地使用年期因素。在年地租不变的前提下，土地使用年期越长，地价越高。

（2）建筑物的个别因素。

1）面积、结构、材料等。建筑物的建筑面积、居住面积、高度等不同，则建筑物的重建成本也不相同。

2）设计、设备等是否良好。建筑物形状、设计风格、建筑装潢应与建筑物的使用目的相适应，建筑物设计、设备是否与其功能相适应，对建筑物价格有很大的影响。

3）施工质量。建筑物的施工质量不仅影响建筑物的投入成本，更重要的是影响建筑物的耐用年限和使用安全性、方便性和舒适性。因此施工质量是否优良，对建筑物的价格亦有很大影响。

4）法律限制。有关建筑物方面的具体法律限制，主要是城市规划及建筑法规。

5）建筑物是否与周围环境协调。建筑物应当与其周围环境相协调，否则就不是最有效使用状态。建筑物不能充分发挥使用效用，其价值自然会降低。

案例分析

造成相邻街区的商业铺位租金差别的主要原因是区域因素所引起的。北京路的商服繁华程度较之西湖路要高，加上这里实行步行街管理，人流量大，商铺需求高，价格自然就高。

任务5-3 应用收益法进行房地产评估

案例导入

房地产开发公司于2012年3月以有偿出让方式取得一块土地的50年使用权，并于2014年3月在此地块上建成一座砖混结构的写字楼，当时造价为每平方米2 000元，经济耐用年限为55年，残值率为2%。目前，该类建筑重置价格为每平方米2 500元。该建筑物占地面积500平方米，建筑面积为900平方米，现用于出租，每月平均实收租金为3万元。另据调查，当地同类写字楼出租租金一般为每月每建筑平方米50元，空置率为10%，每年需要支付的管理费为年租金的3.5%，维修费为建筑重置价格的1.5%，土地使用税及房产税合计为每建筑平方米20元，保险费为重置价的0.2%，土地资本化率7%，建筑物资本化率8%。假设土地使用权出让年限届满，土地使用权及地上建筑物由国家无偿收回。试根据以上资料评估该宗地2018年3月的土地使用权价值。

基础知识

一、适用范围

收益法适用于有收益的房地产价值评估，如商场、写字楼、旅馆、公寓等；不适用于政府机关、学校、公园等公用、公益性房地产价值评估。

二、基本思路

1. 收益为无限年期的房地产价值

计算公式为：

$$房地产价格=\frac{纯净益}{资本化率}$$

这种理论的抽象，包含着三个假设前提：

(1) 净收益每年不变；

(2) 资本化率固定；

(3) 收益为无限年期。

2. 收益为有限年期的房地产价值

计算公式为：

$$P=\frac{a}{r}\times\left[1-\frac{1}{(1+r)^n}\right]$$

或

$$P=a\times\left(\frac{P}{A},r,n\right)$$

这是一个在估价实务中经常运用的计算公式，r 为资本化率，成立条件为：

(1) 净收益 a 每年不变；

(2) 资本化率固定且大于零；

(3) 收益年期有限为 n。

3. 以上思路的具体运用

运用收益法评估房地产价值，首先通过总收益减总费用求得净收益；然后确定资本化率；最后选用适当的计算公式求得待估房地产的价值。

三、净收益

1. 净收益的含义

净收益是指归属于房地产的除去各种费用后的收益，一般以年为单位。在确定净收益时，必须注意房地产的实际净收益和客观收益的区别。

(1) 实际净收益。

实际净收益指在现状下被估房地产实际取得的净收益。例如：当前收益权利人在法律上、行政上享有某种特权或受到特殊的限制，致使房地产的收益偏高或偏低，而这些权利或限制又不能随同转让；当前房地产并未处于最佳利用状态，收益偏低；收益权利人经营不善，导致亏损，净收益为零甚至为负值；土地处于待开发状态，无当前收益，还必须支付有关税费，净收益为负值。由于受到多种因素的影响，通常不能直接用于评估。

(2) 客观净收益。

房地产在正常的市场条件下用于法律上允许的最佳利用方向上的收益值，其中还应包含对未来收益和风险的合理预期，这个收益称为客观纯收益。

由于评估的结果是用来作为正常市场交易的参考，因此，必须对存在上述偏差的实际净收益进行修正，剔除其中特殊的、偶然的因素。只有客观净收益才能作为评估的依据。

(3) 净收益的计算公式。

净收益＝客观总收益－客观总费用

2. 客观总收益

总收益是指以收益为目的的房地产和与之有关的各种设施、劳动力及经营管理者要素结合产生的利益。也就是指被估房地产在一年内所得到的所有收益。确定客观总收益时要注意以下问题：

（1）求取总收益时，是以客观收益即正常收益为基础，而不能以实际收益计算。

（2）在计算以客观收益为基础的总收益时，房地产所产生的正常收益必须是其处于最佳利用状态下的结果。最佳利用状态是指该房地产处于最佳利用方向和最佳利用程度。在现实经济中，应为正常使用下的正常收益。

（3）有租约限制的，租约期内的租金宜采用租约所确定的租金，租约期外的租金应采用正常客观的租金，并在评估报告中恰当披露租约情况。

【例 5-1】被评估房地产 A 是一幢 1 000 平方米的商业用房，评估人员经调查了解到，房地产 A 的土地使用权是在 2014 年 5 月 31 日取得的，出让年限为法定最高年限。2016 年 5 月底开发建设完工并投入运营，房地产 A 投入使用之初，该房地产产权拥有人将其出租给他人使用，租期为 5 年（租期到 2021 年 5 月 31 日结束），租赁合同规定，使用人在 5 年租用期间，租金是按合同第一年规定租金每年每平方米 110 元为基准，每年增加 10 元，房地产使用中发生的费用由承租人承担。合同同时规定，如果房地产 A 的产权拥有人提前中止租赁合同需要支付违约金 5 万元。评估人员还了解到，评估基准日（2018 年 5 月 31 日）市场上同类商业用房的正常租金（与评估对象 A 租金口径一致）保持在每年每平方米 150 元水平上，经评估人员预测，评估基准日后的前 3 年的市场租金水平将在评估基准日市场租金水平的基础上每年递增 1%，评估基准日 3 年后的市场租金水平基本维持在评估基准日后第 3 年的租金水平上，假设房地产 A 折现率和资本化率均为 10%。

要求：评估房地产 A 的最佳转让价值（写出评估过程，给出得出评估结论的理由或根据）。

解：（1）收益总年限＝40(法定最高年限)－2－2＝36（年）。

（2）现有合同是否应该违约。

目前已有租赁合同的年限为 3 年，首先判断这几年是否应该执行合同。

如果不执行合同各年能够得到的收益超过执行合同的收益分别为：

2018 年：$[150\times(1+1\%)-(110+20)]\times 1\,000=21\,500$（元）。

2019 年：$[150\times(1+1\%)^2-(110+30)]\times 1\,000=13\,015$（元）。

2020 年：$[150\times(1+1\%)^3-(110+40)]\times 1\,000=4\,545.15$（元）。

这些违约多获得的收益现值之和为：

$$21\,500\times(1+10\%)^{-1}+13\,015\times(1+10\%)^{-2}+4\,545.15\times(1+10\%)^{-3}=33\,716(\text{元})$$

违约的收益小于违约赔偿金 5 万，所以不能够违约。

（3）现有合同的收益现值。

基准日后前三年按照合同租金计算，因为违约产生的收益不足以支付违约金，需要继续执行合同规定。

$$\begin{aligned}\text{收益现值}&=(110+10+10)\times\frac{1\,000}{(1+10\%)}+140\times\frac{1\,000}{(1+10\%)^2}+150\times\frac{1\,000}{(1+10\%)^3}\\&=346\,581.52(\text{元})\end{aligned}$$

（4）合同结束之后的收益为客观收益，其收益现值为：

客观收益年限＝40－2－5＝33(年)

基准日三年后未来年租金收益＝150×(1＋1%)^3×1 000＝154 545.15(元)

收益现值＝154 545.15×[1－1/(1＋10%)^33]/10%/(1＋10%)^3

＝1 111 126.49(元)

(5) 最佳转让价值＝346 581.52＋1 111 126.49＝1 457 708.01（元）。

3. 客观总费用（接近于财务管理中付现费用的概念）

总费用是指取得该收益所必需的各项（付现）支出，如维修费、管理费等，也就是为创造总收益所必须投入的正常支出。总费用也应该是客观费用，需要剔除不正常的费用。房地产的总费用不包括折旧费，通常包含管理费、维修费、保险费、税金等。

四、资本化率

1. 资本化率的含义

资本化率又称为还原利率，它是决定评估价值的最关键的因素。资本化率的大小与投资风险的大小成正相关的关系。投资风险越大，资本化率越高，在净收益不变的情况下，房地产价值越低。

2. 求取资本化率的方法

(1) 净收益与售价比率法。

1) 收集市场上近期交易的与被评估地产相同或相近似的房地产的净收益和价格等资料。

2) 计算各个交易实例的净收益与售价比率（这实质上就是投资收益率），视作资本化率。

3) 对所得实例的资本化率进行简单算术平均或者加权算术平均值，视作是被评估房地产的资本化率。

(2) 安全利率加风险调整值法。

资本化率＝安全利率(银行中长期利率)＋风险调整值

(3) 各种投资收益率排序插入法。

评估人员收集市场上各种投资的收益率资料，然后把个性投资按收益率的大小排队。评估人员估计被估房地产的投资风险，并将它插入其中，然后确定资本化率的大小。

3. 资本化率的种类

(1) 综合资本化率。

将土地和附着于其上的建筑物看作一个整体评估所采用的资本化率。用该资本化率评估的是房地产整体的价值，采用的净收益也是房地合一的净收益。

(2) 建筑物资本化率。

建筑物资本化率用于评估建筑物的自身价值。采用的净收益是建筑物自身所产生的净收益，把房地产整体收益中的土地净收益排除在外。

(3) 土地资本化率。

土地资本化率用于求取土地自身的价值。采用的净收益是土地自身的净收益，把房地产整体收益中的建筑物净收益排除在外。

(4) 综合资本化率、建筑物资本化率和土地资本化率的关系。

房地合一的净收益＝土地净收益＋建筑物净收益

$$房地合一的净收益=房地合一的价值(L+B)\times\begin{matrix}房地合一的年收益率\\(即综合资本化率\ r)\end{matrix}$$

$$土地净收益=土地价值(L)\times土地的年收益率(r_1)$$

$$建筑物净收益=建筑物价值(B)\times建筑物的年收益率(r_2)$$

$$(L+B)\times r=L\times r_1+B\times r_2$$

很容易得到：

式中：r——综合资本化率；

r_1——土地资本化率；

r_2——建筑物资本化率；

L——土地价值；

B——建筑物价值

五、计算公式

1. 评估房地合在一起的房地产价值

$$房地产价值=\frac{房地产纯收益}{综合资本化率}$$

其中，

$$房地产净收益=房地产总收益-房地产总费用$$

$$房地产总费用=管理费+维护费+保险费+税金$$

2. 单独评估土地的价值

(1) 由土地收益评估土地价值——适用于空地出租。

$$土地价值=\frac{土地净收益}{土地资本化率}$$

其中，

$$土地净收益=土地总收益-土地总费用$$

$$土地总费用=管理费+维护费+税金$$

(2) 由房地产收益评估土地价值。

1) 方法一（建筑物价值扣除法）。

$$土地价值=房地产价值-建筑物现值$$

其中，

$$建筑物现值=建筑物重置价-年贬值额\times已使用年数$$

当耐用年限小于土地使用权尚余年限，则

$$年贬值额=\frac{(建筑物重置成本-残值)}{耐用年限}$$

当耐用年限大于土地使用权尚余年限，则

$$年贬值额=\frac{建筑物重置成本}{土地使用权尚余年限}$$

年贬值额本来是应该根据房屋的耐用年限而确定，但是土地使用权年限小于房屋耐用年限时，根据《城市房地产管理法》第二十二条规定，土地使用权出让年限届满，土地使用者未申请续期或者虽申请续期但依照前款规定未获批准的，土地使用权由国家无偿收回。这样，房屋的重置价必须在可使用期限（土地使用权尚余年限）内全部收回。所以年贬值额的计算应该使用土地可使用期限（土地使用权尚余年限），而不是建筑物的耐用年限，并且不计算残值。

当土地可使用期限（土地使用权尚余年限）大于建筑物的耐用年限时，采用耐用年限计算年贬值额，而且需要考虑残值。

2）方法二（建筑物收益扣除法）。

$$土地价值=\frac{(房地产纯收益-建筑物纯收益)}{土地资本化率}$$

其中，

$$建筑物纯收益=建筑物现值\times建筑物资本化率$$

3. 单独评估建筑物的价值

$$建筑物价值=房地产价值-土地价值$$

$$建筑物价值=\frac{(房地产纯收益-土地纯收益)}{建筑物资本化率}$$

特别值得注意的是这里公式，计算的都是无限年限的土地价值，而实际评估中基本上都是有限年限的土地使用权价值，应该使用有效年限的计算公式，而且土地的年限应该是购买的土地使用权中尚可使用的剩余年限。另外，房地产的总费用中不包括建筑物的折旧费。

案例分析

1. 选定评估方法

该宗房地产有经济收益，适宜采用收益法。

2. 计算总收益

总收益应该为客观收益而不是实际收益。

$$年总收益=50\times12\times900\times(1-10\%)=486\,000(元)$$

3. 计算总费用

（1）年管理费＝486 000×3.5%＝17 010（元）。

（2）年维修费＝2 500×900×1.5%＝33 750（元）。

（3）年税金＝20×900＝18 000（元）。

（4）年保险费＝2 500×900×0.2%＝4 500（元）。

$$年总费用=(1)+(2)+(3)+(4)=17\,010+33\,750+18\,000+4\,500=73\,260(元)$$

4. 计算房地产净收益

年房地产净收益＝年总收益－年总费用＝486 000－73 260＝412 740(元)

5. 计算房屋净收益

(1) 计算年贬值额。

年贬值额本来是应该根据房屋的耐用年限而确定，但是，在本例中，土地使用年限小于房屋耐用年限，根据《城市房地产管理法》第二十二条规定，土地使用权出让年限届满，土地使用者未申请续期或者虽申请续期但依照前款规定未获批准的，土地使用权由国家无偿收回。这样，房屋的重置价必须在可使用期限内全部收回。因此，房地产使用者可使用的年限为 50－2＝48（年），并且不计算残值。本例中，房地产使用权年期届满，地上建筑物一并由政府无偿收回。

$$年贬值额=\frac{建筑物重置价}{使用年限}=\frac{(2\,500\times 900)}{48}=46\,875(元)$$

(2) 计算房屋现值。

$$\begin{aligned}房屋现值&=房屋重置价-年贬值额\times 已使用年数\\&=2\,500\times 900-46\,875\times 4=2\,062\,500(元)\end{aligned}$$

(3) 计算房屋净收益（假设房屋收益年期为无限年期）。

房屋净收益＝房屋现值×房屋资本化率＝2 062 500×8%＝165 000(元)

6. 计算土地净收益

土地年净收益＝年房地产净收益－房屋年净收益＝412 740－165 000＝247 740(元)

7. 计算土地使用权价值

土地使用权在 2018 年 3 月的剩余使用年期为 50－6＝44（年）。

$$\begin{aligned}P&=\frac{247\,740}{7\%}\times\left[1-\frac{1}{(1+7\%)^{44}}\right]\\&=247\,740\times\left(\frac{P}{A},7\%,44\right)\\&=3\,358\,836.15(元)\end{aligned}$$

单价＝3 358 836.15/500＝6 717.67(元/平方米)

8. 评估结果

本宗土地使用权在 2018 年 3 月的土地使用权价值为 3 358 836.15 元，单价为每平方米 6 717.67 元。

任务 5-4 应用市场法进行房地产评估

案例导入

有一待估宗地 G 需评估，现收集到与待估宗地条件类似的 6 宗地，具体情况见表 5-2。

表 5-2　　土地成交价　　单位：元/平方米

宗地	成交价	交易时间	交易情况	容积率	区域因素	个别因素
A	6 800	2014	+1%	1.3	0	+1%
B	6 100	2014	0	1.1	0	−1%
C	7 000	2013	+5%	1.4	0	−2%
D	6 800	2015	0	1.0	−1%	−1%
E	7 500	2016	−1%	1.6	0	+2%
F	7 000	2017	0	1.3	+1%	0
G		2017	0	1.1	0	0

表 5-2 中成交价的单位为：元/平方米。该城市地价指数表见表 5-3。

表 5-3　　城市地价指数

时间	2011 年	2012 年	2013 年	2014 年	2015 年	2016 年	2017 年
指数	100	103	107	110	108	107	112

另所调查，该市此类用地容积率与地价的关系为：当容积率在 1～1.5 之间时，容积率每增加 0.1，宗地单位地价比容积率为 1 时的地价增加 5%；超过 1.5 时，超出部分的容积率每增长 0.1，单位地价比容积率为 1.0 时的地价增加 3%。对交易情况、区域因素、个别因素的修正，都是案例宗地与被估宗地比较，表中负号表示案例条件比待估宗地差，正号表示案例宗地条件优于被估宗地，数值大小代表对宗地地价的修正幅度。

试根据以上条件，评估该宗土地 2017 年的价值。

基础知识

一、适用范围

市场法只要有适合的类似房地产交易实例即可应用。在同一地区或同一供求范围内的类似地区中，与被评估房地产相类似的房地产交易越多，市场法应用越有效。而在下列情况下，市场法往往难以适用：

（1）没有发生房地产交易或在房地产交易发生较少的地区；

（2）某些类型很少见的房地产或交易实例很少的房地产，如古建筑等；

（3）很难成为交易对象的房地产，如教堂、寺庙等；

（4）风景名胜区土地；

（5）图书馆、体育馆、学校用地等。

二、基本思路

市场法的基本含义是：在求取一宗被估房地产价值时，依据替代原理，将被估房地产与类似房地产的近期交易价格进行对照比较，通过对交易情况、交易日期、房地产状况等因素修正，得出被估房地产在评估基准日的价值。

三、计算公式

市场法的基本计算公式是：

$$P=P'\times A\times B\times C$$

式中：P——被估房地产评估价值；

P'——可比交易实例价值；

A——交易情况修正系数；

B——交易日期修正系数；

C——房地产状况因素修正系数。

如果土地容积率、土地使用年期单独修正，则计算公式为：

$$P=P'\times\frac{交易情况}{修正系数A}\times\frac{交易日期}{修正系数B}\times\frac{房地产状况}{因素修正系数C}\times\frac{容积率}{修正系数}\times\frac{土地年期}{修正系数}$$

四、操作步骤

1. 收集交易资料

2. 可比交易案例确定

3. 因素修正

(1) 交易情况修正。

1) 需要修正的情形：

第一，有特殊利害关系的经济主体间的交易；

第二，交易时有特别的动机，这以急于脱售或急于购买最为典型；

第三，买方或卖方不了解市场行情，往往使房地产交易价格偏高或偏低；

第四，其他特殊交易的情形。如契税本应由买方负担，却转嫁给了卖方；

第五，特殊的交易方式。如拍卖、招标等。

不满足公开市场条件的情况的都属于要修正的情况。

2) 修正系数的计算公式。

$$交易情况修正后的正常价格=可比实例价格\times\left(\frac{正常情况指数}{可比实例情况指数}\right)$$

$$=P'\times\frac{100}{100}(1\pm X\%)$$

(2) 交易日期修正。

房地产价格的变动率一般用房地产价格指数来表示。利用价格指数进行期日修正的公式如下：

$$交易基准日交易实例价格=\frac{评估基准日价格指数}{可比实例交易时价格指数}\times可比实例价格$$

【例5-2】为评估某写字楼2015年10月1日的正常市场价格，在该写字楼附近调查选取了A，B，C三宗类似写字楼的交易实例作为可比实例，有关资料见表5-4。

表5-4　　可比实例情况

	可比实例A	可比实例B	可比实例C
成交价格	5 000元人民币/m^2	650美元/m^2	5 500元人民币/m^2
成交日期	2015年1月1日	2015年3月1日	2015年7月1日
交易情况	+2%	+5%	−3%
房地产状况	−8%	−4%	+6%

该类写字楼以人民币为基准的市场价格2015年1月1日至2015年2月1日基本保持

不变，2015年2月1日至5月1日平均每月比上月下降1%，以后平均每月比上月上升0.5%。试利用上述资料测算评估基准日价格指数与可比实例交易时价格指数。

解：可比实例A交易时价格指数为100，可比实例B交易时价格指数为99，可比实例C交易时价格指数为98，评估基准日价格指数为99.5。

(3) 容积率修正。

容积率与地价的关系并非呈线性关系，需根据具体区域的情况具体分析。

容积率修正可采用下式计算：

$$经容积率修正后可比实例价格=可比实例价格\times\left(\frac{待估宗地容积率修正系数}{可比实例容积率修正系数}\right)$$

【例5-3】广州市市商业用途土地容积率修正系数见表5-5。

表5-5　商业用地容积率修正系数表

容积率	≤0.4	0.5	0.6	0.7	0.8	0.9	1.0
修正系数	1	0.960 3	0.909 2	0.898 1	0.834 0	0.805 0	0.780 0
容积率	1.1	1.2	1.3	1.4	1.5	1.6	1.7
修正系数	0.758 0	0.738 5	0.721 0	0.705 1	0.690 7	0.677 4	0.665 2
容积率	1.8	1.9	2.0	2.1	2.2	2.3	≥2.4
修正系数	0.653 9	0.643 4	0.633 6	0.624 4	0.615 7	0.607 5	0.600 0

如果确定比较案例宗地地价每平方米为8 000元，容积率为1，被估宗地规划容积率为1.7，则待估宗地容积率修正计算如下：

$$\begin{aligned}&经容积率修正后可比实例价格\\&=8\,000\times 容积率因素修正系数\left(\frac{1.7}{1}\right)\\&=8\,000\times\left(\frac{0.665\,2}{0.78}\right)\\&\approx 6\,823(元/平方米)\end{aligned}$$

(4) 土地使用年期修正。

土地使用年期修正系数按下式计算：

$$K=\frac{1-\dfrac{1}{(1+r)^m}}{1-\dfrac{1}{(1+r)^n}}$$

式中：K——将可比实例年期修正到被估对象使用年期的年期修正系数；

r——资本化率；

m——被估对象的使用年期；

n——可比实例的使用年期。

$$土地使用年期修正后地价=比较实例价格\times K$$

【例5-4】若选择的比较案例成交地价为每平方米10 000元，对应土地使用年期为30年，而待估宗地出让年期为20年，土地资本化率为8%，则年期修正如下：

$$修正后的地价=10\,000\times\frac{\left[1-\frac{1}{(1+8\%)^{20}}\right]}{\left[1-\frac{1}{(1+8\%)^{30}}\right]}$$

4. 房地产价值的确定

经过上述的交易情况修正、交易日期修正、房地产状况修正，就可以得到在评估基准日的待估房地产的若干价格，如果交易实例选取5个，就可能有5个价格。

通过计算公式求取的若干价格，可能不完全一样，而被评估的房地产的价值却只能有一个。求取最终房地产价值可采用统计学方法，如简单算术平均数法、加权自述平均数法、众数法、中位数法、混合法等。

案例分析

案例修正计算：

A：6 800×112/110×100/101×105/115×100/100×100/101=6 200

B：6 100×112/110×100/100×105/105×100/100×100/99=6 270

C：7 000×112/107×100/105×105/120×100/100×100/98=6 230

D：6 800×112/108×100/100×105/100×100/99×100/99=7 550

E：7 500×112/107×100/99×105/128×100/100×100/102=6 380

F：7 000×112/112×100/100×105/115×100/101×100/100=6 330

评估结果。案例D的值为异常值，应予剔除。其他的较为接近，取其平均值作为评估结果。

所以G的评估结果为：

$$\frac{(6\,200+6\,270+6\,230+6\,380+6\,330)}{5}=6\,280\text{ 元/平方米}$$

任务5-5 应用成本法进行房地产评估

案例导入

某宗房地产的土地总面积为1 000m^2，是10年前通过征收农地取得的，当时取得的费用为18万元/亩，现时重新取得该类土地需要的费用为620元/m^2；地上建筑物总建筑面积2 000m^2，是8年前建成交付使用的，当时的建筑造价为每平方米建筑面积600元，现时建造类似建筑物的建筑造价为每平方米建筑面积1 200元，估计该建筑物有八成新。试选用所给资料测算该宗房地产的现时总价和单价。

基础知识

一、基本思路

成本法的评估原理建立在重置成本的理论基础之上，成本法是以假设重新复制被估房地产所需要的成本为依据而评估房地产价值的一种方法，即以重置一宗与被估房地产可以产生同等效用的房地产，所需投入的各项费用之和为依据再加上一定的利润和应纳税金来确定被估房地产价值。

二、适用范围

成本法一般适用于无收益或不能使用收益法的房地产的评估，房地产市场发育不成熟，成交实例不多（不能使用市场法），无法利用收益法、市场法等方法进行评估的情况。

成本法在土地评估中应用范围受到一定限制：由于土地的价格大部分取决于它的效用，并非仅仅是它所花费的成本，也就是说，由于土地成本的增加并不一定会增加它的使用价值。房地产评估使用成本法主要对象如政府的办公楼、学校、医院、图书馆、军队营房、机场、博物馆、纪念馆、公园、新开发土地等没有收益，也很难进入市场交易，则可选择成本法。

三、土地评估的成本法操作步骤

用成本法评估地价必须分析低价中的成本因素。土地作为一种稀缺的自然物，即便未经开发，由于土地所有权的垄断，使用土地也必须支付地租。同时，由于开发土地投入的资本及利息也构成地租的一部分。因此，成本法的基本公式为：

土地价值＝待开发土地取得费＋土地开发费＋利息＋利润＋税费＋土地增值收益

1. 计算待开发土地取得费用

（1）土地取得费。

指为取得土地使用权而向原土地使用者支付的费用。根据取得方式不同，其土地取得费的构成和费用标准也不一样。

（2）征用集体土地的费用。

1）征用集体土地需要向农村集体经济组织及个人支付费用。

2）这些费用包括：

Ⅰ. 土地补偿费，按该耕地被征用前3年平均年产值的6～10倍计算。

Ⅱ. 安置补助费：

第一，每一个需要安置的农业人口，为该耕地被占用前3年的平均产值的4～6倍，但是每公顷的安置补助费，不超过被征用前3年平均年产值的15倍。

第二，需要安置的农业人口数量，按照被征用的耕地数量除以征地前被征收单位平均每人占有耕地的数量。

第三，按照规定支付的土地补偿费和安置补助费，不能够保证被安置农民原有生活水平的，经省级政府批准，可以增加，但是土地补偿费和安置补助费之和，不得超过土地被征用前3年平均年产值的30倍。

第四，特殊情况下，经国务院可以提高土地补偿费和安置补助费的标准。

Ⅲ. 附着物和青苗补偿费，由省、自治区、直辖市规定费用标准。

Ⅳ. 征用城市郊区的菜地，按照国家有关规定缴纳新菜地开发建设基金。

（3）购买和征用城市旧有土地的费用。

购买和征用城市旧有土地，需向原土地所有者支付拆迁费用等，标准由各地规定。

2. 计算土地开发费

一般来说，土地开发费涉及基础设施配套费、公共事业建设配套费和小区开发配套费等。

(1) 基础设施配套费。

对于该项费用，各地方规定不一，有的为“三通一平”，即通路、通水、通电，平整土地；有的为“七通一平”，即通路、通上水、通下水、通电、通信、通气、通热，土地平整，应视具体情况确定。

(2) 公共事业建设配套费。

主要是指有点、图书馆、学校、公园、绿地等设施的费用。这与项目大小、用地规模有关，根据当地规定标准确定。

(3) 小区开发配套费。

同公共事业建设配套费类似，应按小区内各种设施及网点配套情况，或按当地规定确定。

3. 计算投资利息

投资利息是土地建设中占用资金的时间价值。主要包括两部分：一是土地取得费利息：以整个土地取得费为基数，计息期为整个开发期和销售期。二是土地开发费利息：如果土地开发费是均匀投入的，以整个土地开发费（或资金投入）为基数，计息期按土地开发期限的一半计算。这里应该包含整个销售期。

计算利息时要注意以下的问题：

(1) 不管自有资金还是借入资金，都要计算利息。

(2) 利息的计算采用复利，而不是单利。

(3) 关于开发期计息期确定。计息的时间，要准确把握垫付的资金所占用的时间。

分清期初一次性投入、均匀投入、分段均匀投入：

期初一次性投入，全期计息；均匀投入，计息期为开发期的一半；分段均匀投入（例如：第一年投入 30%，第二年投入 70%），计息期为投入当年时间按照一半计算，附加剩余占用期间。

4. 计算投资利润和税费

投资的目的是获取相应的利润，作为投资的回报，对土地投资，当然也要获取相应的利润。该利润计算的关键是确定利润率或投资报酬率。利润率计算的基数可以是土地取得费和土地开发费，也可以是开发后土地的地价。计算时，注意所用利润率的内涵。税费是指土地取得和开发过程中所必须支付的税赋和费用。

5. 土地增值收益确定

土地增值收益主要是由于土地的用途改变或土地功能变化而引起的。由于农地转变为建设用地，新用途的土地收益将远高于原用途土地，必然会带来土地增值收益。由于这种增值是土地所有权人允许改变土地用途带来的，应归土地所有者所有。

根据计算公式，前四项之和为成本价格，成本价格乘以土地增值收益率即为土地所有权收益。目前，土地增值收益率通常为 10%～25%。

【例 5-5】某市经济技术开发区内有一块土地面积为 15 000m^2，该地块的土地征地费用（含安置、拆迁、青苗补偿费和耕地占用税）为每亩 100 万元，土地开发费为每平方公里 2 亿元，土地开发周期为 2 年，第一年投入资金占总开发费用的 35%，开发商要求的投资回报率为 10%，当地土地出让增值收益率为 15%，银行贷款年利率为 6%，试评估该土地的价值。

解：该土地的各项投入成本均已知，可用成本法评估。

（1）计算土地取得费。

土地取得费＝100(万元/亩)＝1 500(元/平方米)

提示：1 亩＝667 平方米

（2）计算土地开发费。

土地开发费＝2(亿元/平方公里)＝200(元/平方米)

提示：1 平方公里＝106 平方米

（3）计算投资利息。

土地取得费的计息期为两年，土地开发费为分段均匀投入，则

$$\text{土地取得费利息}=1\,500\times[(1+6\%)^2-1]=185.4(\text{元/平方米})$$

$$\begin{aligned}\text{土地开发费利息}&=200\times35\%\times[(1+6\%)^{1.5}-1]+200\times65\%\times[(1+6\%)^{0.5}-1]\\&=6.39+3.84\\&=10.23(\text{元/平方米})\end{aligned}$$

（4）计算开发利润。

开发利润＝[(1)＋(2)]×10%＝170(元/平方米)

（5）计算土地出让增值收益。

$$\begin{aligned}\text{土地出让增值收益}&=[(1)+(2)+(3)+(4)]\times15\%\\&=282.03(\text{元/平方米})\end{aligned}$$

（6）计算土地价值。

$$\begin{aligned}\text{土地单价}&=(1)+(2)+(3)+(4)+(5)\\&=1\,500+200+185.4+10.23+170+282.03\\&=2\,347.66(\text{元/平方米})\end{aligned}$$

$$\text{土地总价}=2\,347.66\times15\,000=35\,214\,900(\text{元})$$

该宗地单价为 2 347.66 元/平方米，总价为 35 214 900。

四、新建房地产评估的成本法操作步骤

新建房地产项目，如果评估基准日为房地产开发建成日，无须考虑折旧，则可直接用开发成本计算。开发成本为房地产开发过程中所发生的各种费用。其计算公式为：

$$\begin{matrix}\text{新建房}\\\text{地产价值}\end{matrix}=\begin{matrix}\text{土地}\\\text{取得费用}\end{matrix}+\text{开发成本}+\text{管理费用}+\text{投资利息}+\text{销售税费}+\text{正常利润}$$

1. 土地取得费用

土地的取得途径有：征收、拆迁改造和购买等。按照土地的取得途径不同，分别测算土地的取得费用。土地取得费用包含土地取得的手续费及税金。

2. 开发成本

开发成本主要由五个方面构成。

(1) 勘察设计和前期工程费。

其包括临时用地、水、电、路、场地平整费；工程勘察测量及工程设计费；城市规划设计、咨询、可行性研究费、建设工程许可证执照费等。

(2) 基础设施费。

其包括由开发商承担的红线内外的自来水、雨水、污水、煤气、热力、供电、电信、道路、绿化、环境卫生、照明等建设费用。

(3) 房屋建筑安装工程费。

其可假设为开发商取得土地后将建筑工程委托给建筑商施工，开发商应对付给建筑商的全部费用。其包括建筑安装工程费、招投标费、预算审查费、质量监督费、竣工图费等。

(4) 公共配套设施建设费。

其包括由开发商支付的非经营性用房，如居委会、派出所、托幼所、自行车棚、信报箱、公厕等；附属工程如锅炉房、热力点、变电室、开闭所、煤气调压站的费用和电贴费等；文教卫系统如中小学、文化站、门诊部、卫生所用房的建设费用。而商业网店如粮店、副食店、菜店、小百货店等经营性用房的建设费用应由经营者负担，按规定不计入商品房价格。

(5) 开发过程中的税费及其他间接费用。

3. 管理费用

包括开发商管理人员的工资、办公费、差旅费等。

管理费用＝(土地取得成本＋开发成本)×一定比率

4. 开发利润

开发利润＝(土地取得成本＋开发成本＋管理费用)×投资利润率

其中利润率应该根据开发类似房地产的平均利润率来确定。

5. 投资利息

投资利息＝(土地取得成本＋开发成本＋管理费用)×利率

值得注意的是，利息率应选择评估基准日建设银行基本建设贷款的利率，如果选择一年期贷款利率，则用复利计息；如果选择与项目建设期相同期限的贷款利率，则采用单利计息。

6. 销售税费

销售税费是销售开发完成后的房地产所需的费用及应由开发商缴纳的税费，主要分为以下几种：

(1) 销售费用，包括广告宣传、销售代理费等。按房地产售价的一定比例计算。

(2) 销售税金及附加：包括营业税、城市维护建设税和教育费附加。按税法规定的有关规定计算。

(3) 其他销售税费：包括由卖方承担的印花税、交易手续费等。按税法及政府的有关规定计算。

五、旧建筑物评估的成本法操作步骤

运用成本法评估旧建筑物的价值时，由于建筑物是在过去某一时点建造的，所以不能采用建筑物原来的建造成本，而应以评估时点的重新建造成本为基础，考虑评估对象的使用和磨损，扣除建筑物的贬值额。其计算公式如下：

建筑物价值＝重置成本－年贬值额×已使用年限

1. 重置成本

应该是更新重置成本，应当包含利息、利润和税费。

2. 贬值额

贬值额是建筑物的价值减损。引起贬值产生的因素一是物理化学因素，即因建筑物使用而使建筑物磨损、建筑物自然老化、自然灾害引起的建筑物结构缺损和功能减弱，这是有形损耗；二是社会经济因素，即由于技术革新、建筑工艺改进等原因引起，称无形损耗。贬值额的计算方法有很多种，如直线折旧法、余额递减法、偿还基金法、年数合计法、成新折扣法等。常用的方法是直线折旧法和成新折扣法。

（1）直线折旧法。

2017 年修订的《资产评估准则——不动产》中规定：资产评估专业人员应当综合考虑可能引起不动产贬值的主要因素，合理估算各种贬值。建筑物的贬值包括实体性贬值、功能性贬值和经济性贬值。确定建筑物的实体性贬值时，应当综合考虑建筑物已使用年限、经济寿命年限和土地使用权剩余年限的影响。

确定住宅用途建筑物实体性贬值时，应当考虑土地使用权自动续期的影响。当土地使用权自动续期时，应当根据建筑物的经济寿命年限确定其贬值额。

（2）成新折扣法。

建筑物价值＝重置成本×成新率

案例分析

土地价值：620×1 000＝620 000（元）

建筑物价值：1 200×2 000×0.8＝1 920 000（元）

房地合一价值：620 000＋1 920 000＝2 540 000（元）

任务 5－6　掌握房地产评估中的其他方法

案例导入

有一宗七通一平的待开发建筑用地，土地面积为 2 000 平方米，建筑容积率为 2.5，拟开发建设写字楼，建设期为两年，建筑费用为 3 000 元/平方米，专业费为建筑费的 10%，建筑费和专业费在建设期内均匀投入。该写字楼建成后即出售，预计售价为 9 000元/平方米，销售费用为楼价的 2.5%，销售税费为楼价的 6.5%，当地银行年贷款利率为 6%，开发商要求的投资利润率为 10%。试估算该宗地目前的单位地价和楼面地价。

基础知识

一、假设开发法

1. 基本思路

假设开发法又称剩余法、倒算法或预期开发法。该方法是将被估房地产开发后的预期价值，扣除正常投入费用、正常税金及合理利润后，依据该剩余值测算被估房地产价值的方法（该数值事实上是取得这块土地所能够支付的最高价格）。

2. 适用范围

(1) 待开发土地的估价。

(2) 将生地开发成熟地的土地估价。

(3) 待拆迁改造的再开发地产的估价。这时的建筑费还包含拆迁费用。

3. 计算公式

(1) $P=A-(B+C+D+E)$。

式中：P——土地价值；

A——开发完成后的房地产价值（可以售价或租金等形式表示）；

B——整个开发项目的开发成本；

C——投资利息；

D——开发商的合理利润；

E——正常税费。

(2) 现实估价中剩余法的一个较具体的计算公式。

地价＝楼价－建筑费－专业费－利息－销售费－税费－利润

4. 操作步骤

(1) 调查房地产的基本情况。

1) 调查土地的限制条件。

2) 调查土地位置。

3) 调查土地面积大小、土地形状、地质状况、地形地貌、基础设施状况、生活设施状况以及公用设施状况等。

4) 调查房地产利用要求。

5) 调查此地块的权利状况。

(2) 确定被估房地产的最佳开发利用方式。

根据调查的土地状况和房地产市场条件等，在城市规划及法律法规等所允许的范围内，确定地块的最佳利用方式，包括确定用途、容积率、绿地覆盖率、建筑物高度、建筑物装修档次等。在选择最佳的开发利用方式时，最重要的是选择最佳的土地用途。最佳的开发利用方式可保证开发完成后销售时能获得最高的收益。

(3) 预测房地产售价。

1) 对于出售的房产，采用市场法确定开发完成后的房地产总价。

2) 对于出租的房地产，如写字楼等，先用市场法确定所开发房地产出租的净收益，再用收益法将所有的净收益折现得到房地产的总价。

【例5-6】根据当前房地产市场的租金水平，与所开发房地产类似的房地产未来月租金净收益为每建筑平方米 300 元，该类房地产的资本化利率为 8%，总建筑面积 5 000 平方米，出租率为 80%，则所开发房地产的总价可确定为（假设房屋收益年期为无限年期）：

$$300\times12\times5\,000\times80\%\times\frac{1}{8\%}=18\,000(\text{万元})$$

(4) 估算各项成本费用。

1) 估算开发建筑成本费用——建筑费。

2) 估算专业费用。

专业费用包括测量、设计等费用，该费用通常可以按建筑费的一定比例计算，即：

$$\text{专业费}=\text{建筑费}\times i(i\text{为一定的百分率})$$

3) 确定开建设工期，估算预付资本利息。

Ⅰ. 利息的计算采用复利，而不用单利。

Ⅱ. 预付地价款的利息。

$$\text{已经全部预付的地价款}\times[(1+\text{利率})^{\text{开发建设期}}-1]$$

Ⅲ. 建筑费和专业费的利息。

A. 分清期初一次性投入、均匀投入、分段均匀投入。

期初一次性投入：全期计息。

均匀投入：计息期为开发期的一半。

分段均匀投入（例如：第一年投入 30%，第二年投入 70%）：计息期为各段时间一半附加剩余占用期间。

B. 建设竣工以后的空置及销售期应按全额全期计算利息。

Ⅳ. 估算税金。

一般按照房地产总价的一定比例计算。

Ⅴ. 估算开发完成后的房地产租售费用（即销售费用）。

一般按照房地产总价的一定比例计算。

(5) 确定开发商的合理利润。

投资回报利润率的计算基数一般为地价、建筑费和专业费三项。

(6) 估算待估对象价值。

在运用公式求取待估对象价值时，需注意待估对象所对应的时点。

【例 5-7】有一宗七通一平待开发建筑用地，面积为 1 000 平方米，使用期限为 50 年，容积率为 5，拟开发建设写字楼，建设期为 2 年，建筑费用为 3 500 元/平方米，专业费用为建筑费用的 10%，建筑费用和专业费用在整个建设期内均匀投入，写字楼建成后拟对外出租，租金水平预计为 2 元/平方米/日，管理费用为年租金的 2%，维修费用为建筑费用的 1.5%，保险费用为建筑费用的 0.2%，税金为年租金的 17.5%，贷款利率为 6%，房地产综合还原利率为 7%，开发商要求的利润率为地价和开发成本（建筑费用＋费用）之和的 20%，试评估该宗地地价。

解：

(1) 年总收益：2×365×1 000×5＝3 650 000（元）。

(2) 年总费用：$3\,650\,000 \times 2\% + 3\,500 \times 5\,000 \times (1.5\% + 0.2\%) + 3\,650\,000 \times 17.5\% = 1\,009\,250$（元）。

(3) 年纯收益：$3\,650\,000 - 1\,009\,250 = 2\,640\,750$（元）。

(4) 房地产总价：$2\,640\,750/7\% \times [1 - 1/(1+7\%)^{50-2}] = 36\,258\,750$（元）。

(5) 测算建筑费及专业费：$3\,500 \times (1+10) \times 5\,000 = 19\,250\,000$（元）。

(6) 利息：地价$\times[(1+6\%)^2 - 1] + 19\,250\,000 \times [(1+6\%) - 1] = 0.123\,6 \times$地价$+ 1\,155\,000$。

(7) 利润：(地价$+ 19\,250\,000) \times 20\% = 0.2 \times$地价$+ 3\,850\,000$。

(8) 地价＝房地产总价－建筑费－专业费－利息－利润

$= 36\,258\,750 - 19\,250\,000 - 0.123\,6 \times$地价$- 1\,155\,000 - 0.2 \times$地价$- 3\,850\,000$

$= 9\,069\,016$（元）。

二、基准地价修正法

1. 基准地价的含义

基准地价是按照城市土地级别或均质地域分别评估的商业、住宅、工业等各类用地和综合土地级别的土地使用权的平均价格。基准地价是已知的，政府要公布，定期修正，几年修正一次。

2. 基准地价测算的基本思路

(1) 基准地价的确定。

基准地价测算主要采用如下方法：依据土地使用权出让、转让、出租和房屋出租、买卖等资料，分别采用多种方法试算样点地价，对样点地价经过年期、容积率、交易情况、土地条件等修正，得到标准宗地地价，然后根据评估区域的标准宗地地价求取基准地价。

(2) 利用基准地价，评估标定地价。

标定地价评估可以基准地价为依据，根据土地使用年限、地块大小、形状、容积率等条件通过系数修正进行评估。在基准地价评估项目中，一般都要编制基准地价修正系数表，以满足评估标定地价的需要。

3. 基准地价的特点与作用

(1) 基准地价的特点。

1) 基准地价是土地使用权价格。

2) 基准地价是区域性价格。

这个区域可以是级别区域，也可以是区段，因而基准地价的表现形式通常为区片价和路段价，或两者结合起来共同反映某种用途的土地使用权价格。

3) 基准地价一般都要覆盖整个城市建成区。

4) 基准地价必定是平均价格。

5) 基准地价是单位土地面积的地价。

6) 基准地价具有现实性，是评估出的特定时点的价格。

(2) 基准地价的作用。

1) 政府公告作用。

2) 政府参与土地有偿使用收益分配。

3) 宏观调控地价水平的依据。

4）征收城镇土地税收的依据。

5）进一步评估宗地地价的基础。

6）引导土地资源在行业部门间合理配置。

4. 基准地价修正法的基本思路

基准地价修正法是利用城镇基准地价和基准地价修正系数表等评估成果，按照替代原则，将被估宗地的区域条件和个别因素等与其所处区域的平均条件相比较，并对照修正系数表选取相应的修正系数对基准地价进行修正，从而求取被估宗地在评估基准日价格的方法。

这个方法的基本原理是替代原理，根据基准地价考虑它和二级市场评估的市场公允价，利用系数把它修正为二级市场的评估价。

5. 基准地价修正法的适用范围

（1）适用于完成基准地价评估的城镇的土地估价。

（2）可在短时间内大批量进行宗地地价评估。

（3）一般在宗地地价评估中不作为主要评估方法，而作为一种辅助方法。

6. 运用基准地价修正法估价的程序

（1）收集、整理土地定级估价成果资料。

（2）确定修正系数表。

（3）调查宗地地价影响因素的指标条件。

（4）制定被估宗地因素修正系数。

（5）确定被估宗地使用年期修正系数。

（6）确定期日修正系数。

（7）确定容积率修正系数。

（8）评估宗地地价：

$$\text{被估宗地地价}=\begin{matrix}\text{待估宗地所处}\\\text{地段的基准地价}\end{matrix}\times\begin{matrix}\text{年期}\\\text{修正系数}\end{matrix}\times\begin{matrix}\text{期日}\\\text{修正系数}\end{matrix}\times\begin{matrix}\text{容积率}\\\text{修正系数}\end{matrix}\times\begin{matrix}\text{其他因素}\\\text{修正系数}\end{matrix}$$

三、路线价法

1. 路线价法的基本思路

（1）路线价法的含义。

路线价法是对面临特定街道、接近性相等的城镇土地，设定标准深度，求取在该深度上数宗地块的平均单价并附设于该特定街道上，此单价称为路线价，然后据此路线价，再配合深度价格修正率表，计算出面临该街道的其他土地地价的一种估价方法。

路线价法的基本思路是，城市内各宗地的价格随其离开街道的距离（即临街深度）的增加而递减，而在同一路线价区段内的各宗地块，又因其深度、宽度、形状、位置和面积的差异使价格有所不同，要进行合理修正才能最终得到宗地价格。

因此，路线价、深度价格修正率及各种修正系数合理与否，是采用路线价法进行土地估价的关键。

（2）路线价法的适用范围。

路线价法对于城市土地价格评估具有普遍的适用性，特别适用于土地课税、征地拆迁、土地重划或其他需要在大范围内对大量土地进行评估的情况。

该方法具有公平合理、简便易行的特点，因此，被英、美、日等许多国家采用。此方法在我国目前的土地估价中还没有被普遍运用。

（3）路线价法的评估计算公式。

土地单价＝路线价×深度价格修正率

土地总价＝路线价×深度价格修正率×土地面积

采用此方法估价时，如果街道两边的土地另有特殊条件存在，如街角地、两面临街地、不规则形地等，则还要进行因素的加减修正，数学表达式为：

土地单价＝路线价×深度价格修正率×其他价格修正率

土地总价＝路线价×深度价格修正率×其他价格修正率×土地面积

2. 路线价法的评估步骤

（1）划分路线价区段。

一个路线价区段是指具有同一路线价的地段。

在划分路线价区段时，应将接近性大致相等的地段划分为同一路线价区段。两个路线价区段的分界线，原则上是地价有显著差异的地点，通常从十字路或丁字路的中心处划分。

但在较繁华的街道有时需将两路口之间的地段划分为两个以上的路线价区段，分别设定不同的路线价。而在某些不繁华的街道，有时需将数个路口之间的地段划分为一个路线价区段。

此外，在同一街道上，两侧繁华程度有显著差异时，应视为两个路线价区段考虑。

（2）设定标准深度。

设定的标准深度通常是路线价区段内临街各宗土地的深度的众数。如某路线价区段的临街宗地大部分深度为 18 米，则标准深度应设定为 18 米。

（3）确定路线价。

路线价是设定在路线上的标准地块的单位地价。

路线价的求取通常是在同一路线价区段内选择若干标准地块作样本，然后用市场法、收益法等评估方法，分别求出各样本的单位地价，并把各样本的单位地价进行算术平均计算，最终得出路线价。

（4）制定深度指数表和其他修正率表。

深度指数是指宗地地价随临街深度的差异而变化的程度。

深度指数表是将土地随距街深度的不同而引起相对价格差异的关系编制成的表格。

制作深度指数表的原则是，地块的各部分价格随街道的深度的增加呈递减的趋势，即深度越深，接近性越差，价格就越低。

此外，根据其他因素，如角地、形状、宽窄等的影响，还应编制其他修正率表。

（5）计算各地块的价值。

根据路线价、深度指数表和其他修正率表以及宗地面积可计算各地块的价值。

【例 5－8】某路线价区段，标准深度为 18 米，路线价为 1 000 元/平方米，评估对象临街各宗地块情况见下图，临街深度指数表见表 5－6。假设各宗地的宽度都为 6 米，计算各宗地的价值。

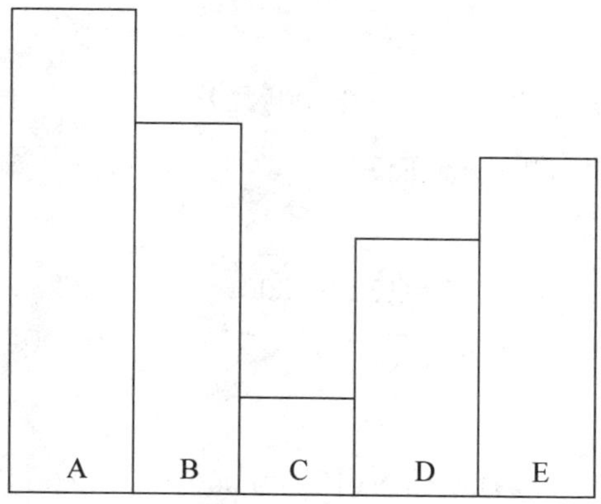

1 000元（路线价）

注：超过标准深度 18 米以后的地块为里地。

表 5－6　　临街深度指数表

深度（m）	4 以下	4～8	8～12	12～16	16～18	18 以上
指数（%）	130	125	120	110	100	40

宗地 A 为临街地，临街深度为 17.5 米，查临街深度指数表得其深度指数为 100%，则宗地的地价为：

1 000×1×(17.5×6)＝105 000(元)

宗地 B 为临街地，临街深度为 13.5 米，查临街深度指数表得其深度指数为 110%，则宗地的地价为：

1 000×1.1×(13.5×6)＝89 100(元)

宗地 C 为临街地，临街深度为 3 米，查临街深度指数表得其深度指数为 130%，则宗地的地价为：

1 000×1.3×(3×6)＝23 400(元)

宗地 D 为临街地，临街深度为 7 米，查临街深度指数表得其深度指数为 125%，则宗地的地价为：

1 000×1.25×(7×6)＝52 500(元)

宗地 E 为临街地，临街深度为 11 米，查临街深度指数表得其深度指数为 120%，则宗地的地价为：

1 000×1.2×(11×6)＝79 200(元)

案例分析

1. 确定评估方法

现已知楼价的预测值和各项开发成本及费用，可用剩余法评估，计算公式为：

地价＝楼价(价值)－建筑费－专业费－利息－销售税费－利润

2. 计算楼价

楼价＝2 000×2.5×9 000＝45 000 000(元)

提示：容积率＝建筑物面积/土地面积。

3. 计算建筑费和专业费

建筑费＝3 000×2 000×2.5＝15 000 000(元)

专业费＝建筑费×10%＝15 000 000×10%＝1 500 000(元)

4. 计算利息

利息＝地价×[(1＋6%)^2－1]＋(15 000 000＋1 500 000)×[(1＋6%)－1]

＝0.123 6×地价＋990 000

提示：建筑费和专业费在建设期内均匀投入，所以，计息期按照建设期的一半计算。

5. 计算销售费和税费

销售费用＝45 000 000×2.5%＝1 125 000(元)

销售税费＝45 000 000×6.5%＝2 925 000(元)

6. 计算利润

利润＝(地价＋建筑费＋专业费)×10%

＝(地价＋16 500 000)×10%

7. 求取地价

地价＝楼价－建筑费－专业费－利息－销售费－税费－利润

地价＝45 000 000－16 500 000－1 125 000－2 925 000－0.123 6×地价－990 000

－0.1×地价－1 650 000

地价＝21 810 000/1.223 6＝17 824 452(元)

8. 评估结果

单位地价＝17 824 452/2 000＝8 912(元/平方米)

楼面地价＝8 912÷2.5＝17 824 452/(2 000×2.5)＝3 565(元/平方米)

任务5-7 在建工程评估

案例导入

某在建工程开工于2016年3月1日，总用地面积5 000平方米，规划总建筑面积为15 000平方米，用途为写字楼。土地使用年限为50年，从开工之日起计；当时取得土地的花费为楼面地价800元/平方米。该项目的正常开发期为2.5年，建设费用（包括前期工程费、建筑安装工程费、管理费等）为1 200元/平方米。至2017年9月1日实际完成了主体结构，已投入50%的建设费用。但估计至建成尚需要1.5年，可出租面积为建筑面积的75%，正常出租率为80%，出租的运营费用为有效毛收入的25%。当地购买在建工程买方需要缴纳的税费为购买价的3%，同类房地产开发项目的销售费用和税费为售价的5.55%。

利用上述资料测算该在建工程2017年9月1日的正常购买总价和按规划建筑面积折算的单价（报酬率为8%，折现率为12%）。

基础知识

一、在建工程的含义与特点

1. 在建工程的含义

在建工程是在评估时尚未完工或虽然已经完工，但尚未竣工验收、交付使用的建设项目。在建工程的评估具有自身的特点，与单独的土地、已建成的房地产以及为工程准备的机器设备的评估有一定的区别。

2. 在建工程的特点

（1）在建工程情况复杂。

在建工程的范围很广，情况复杂。以建筑工程为例，它包括建设中的各种房屋建筑物、各种设备安装等，范围涉及各个行业，情况比较复杂，具有较强的专业技术和专业特点。

（2）在建工程之间可比性比较差。

在建工程的工程进度差异很大，有的是刚刚投资兴建，有的已经完工但尚未交付使用。这些工程进度上的差异会造成在建工程资产功能上的差异。因此在建工程之间的可比性较差，评估时直接可比案例较少。

（3）在建工程的投资不能完全体现在建工程的形象进度。

由于在建工程投资方式和会计核算的特殊性，其账面价值往往包括预付材料款和预付设备款，同时也记录在建工程的应付材料款及应付设备款等。如出包工程的付款方式是由合同规定的，可能有时预付很多而工程进度没能跟上，有时预付较少而进度却很快。

（4）建设工期长短差别较大。

有些在建工程如厂区内的道路、厂房等，一般工期较短；而有些在建工程如高速公路、港口码头等，建设工期则较长。

（5）在建工程的价格受后续工程的影响。

对于建设工期较长的在建工程，建造期间的材料、工费、设计等都可能发生变化，使在建工程的成本以及建成后发挥的效益都具有很多不确定性，因此，在建工程的价格与后续工程的进度和质量有着非常密切的关系。

二、在建工程评估的资料收集与分析

（1）收集与被评估在建工程有关的政府批准文件和其他详细资料。

（2）评估人员到工程现场勘查工程进度和工程形象进度，明确工程竣工、达到交付使用的日期以及评估基准日工程形象进度是否与总工程进度计划相符。

（3）了解开发商有关情况，检查工程质量。

（4）收集有关法定参数。

三、在建工程的评估方法

1. 形象进度法

（1）思路。

选择足够的可比销售资料，根据在建工程建造完成后的房地产市场价格，结合工程形

象进度评估在建工程价值。

（2）计算公式：

在建工程价值＝建造完成后的房地产市场单价×工程形象进度百分比×(1－折扣率)

其中：

1）在建工程建造完成后的房地产市场价值，一般可采用市场法或收益法评估。

2）工程形象进度百分比＝(实际完成建筑工程量＋实际完成安装工程量)/总工程量×100%。

3）折扣率：在建工程并未完工，完工后能否通过验收，能否达到设计要求等都存在不确定性。因此要设定一个折扣率。

2. 成本法

（1）思路。

按在建工程客观投入的成本评估，即以开发或建造被估在建工程已经耗费的各项必要费用之和，再加上正常的利润和应纳税金来确定被估在建工程的价值。

（2）公式：

在建工程价值＝土地取得费用＋专业费用＋建造建筑物费用＋正常税费

3. 假设开发法

（1）思路。

与房地产评估假设开发法道理相同，即房地产建成之后，如果卖了，就有售楼价，售楼价把相关费用都减去，剩下的就是地价。

（2）公式：

在建工程价值＝售楼价－(后续工程成本＋后续工程费用＋正常税费)

四、在建工程评估方法的选择

（1）整个建设工程已经完成或接近完成，只是尚未交付使用的在建工程，可采用工程形象进度法进行评估。

（2）对于实际完成工作量较少的在建工程，采用成本法或假设开发法进行评估。

（3）属于停建的在建工程，要查明停建的原因，确因工程的产、供、销及工程技术等原因而停建的，要考虑在建工程的功能性及经济性贬值，进行风险系数调整。

案例分析

设该在建工程的正常购买总价为 V：续建完成后的总价值$=\frac{a}{Y}\left[1-\frac{1}{(1+Y)^n}\right]\times\frac{1}{(1+r_d)^t}$上式中用 r_d 表示折现率，t 表示需要折现的年数，其他符号的含义同收益法。故续建完成后的总价值计算如下：

$$\frac{80\times12\times15\,000\times0.75\times80\%\times(1-25\%)}{8\%}\left[1-\frac{1}{(1+8\%)^{50-3.5}}\right]\times\frac{1}{(1+12\%)^2}=6\,277.03\text{(万元)}$$

$$\text{续建总费用}=\frac{1\,200\times15\,000\times60\%}{(1+12\%)^{0.75}}=992.00\text{(万元)}$$

销售费用和税费总额＝6 277.03×5.55%＝348.38(万元)

购买该在建工程的税费总额＝V×3%＝0.03V(万元)

V＝6 277.03－992.00－348.38－0.03V

V＝4 792.86(万元)

所以，在建工程总价＝4 792.86（万元）在建工程单价＝4 792.86÷1.5＝3 195.24（万元）。

要评估在建工程，需要以下资料：

1. 土地资料

(1) 国有土地使用证。

(2) 土地出让合同及补充协议。

(3) 征地及拆迁文件。

(4) 已付土地出让金收据。

(5) 若从原土地使用权人处购买则提供房地产或土地转让合同。

2. 房屋建筑物资料

(1) 建设工程规划许可证、开工证。

(2) 测绘建筑面积证明（已竣工项目）。

(3) 竣工证（已竣工项目）。

(4) 建安工程预、决算书。

(5) 截至估价日期当日计算的已投入的建筑、装修、不可移动设备金额及收据。

(6) 建设工程进度说明等。

3. 企业文件

公司营业执照。

4. 其他由本公司开列的资料

项目练习

一、单选题

1. 某可比交易实例成交地价为3 000元/平方米，对应使用年限为30年，若待估宗地出让年限为40年，土地资本化率为7%，则通过年限修正该宗土地的价格最接近于（　　）。

A. 2 900元/平方米　　B. 3 223元/平方米

C. 3 322元/平方米　　D. 4 000元/平方米

2. 下列关于土地的描述错误的是（　　）。

A. 在我国，所有土地的所有权均属于国家

B. 国有土地使用权可以转让

C. 科技、文化、体育类用地最高出让年限为50年

D. 凡为按土地使用权出让合同规定的期限和条件投资开发、利用土地的，土地使用权不得转让

3. 某在建项目计划建混合结构仓库2 000平方米，总预算为3 000 000元，评估时，建筑工程中的基础工程已完成，结构工程完成50%，设备安装工程尚未进行。根据工程造

价构成表得知，在混合结构的建筑项目中，基础工程、结构工程和安装工程占整个建筑工程的比重分别是15%、60%和25%。该在建工程在评估时点的完工程度是（　　）。

A. 75%　　B. 30%　　C. 45%　　D. 65%

4. 土地“三通一平”是指（　　）。

A. 通水、通热、通路、平整地面

B. 通水、通路、通电、平整地面

C. 通水、通路、通气、平整地面

D. 通水、通电、通信、平整地面

5. 有一宗地面积为500平方米，地上建有一幢3层楼房，建筑密度为0.7，容积率为2，土地单价为3 000元/平方米，则楼面地价为（　　）元/平方米。

A. 1 000　　B. 1 500　　C. 2 100　　D. 2 800

6. 待估建筑物账面原值150万元，竣工于2015年，假定2015年的价格指数为100%，从2016年到2020年的价格指数每年增长幅度分别是11.7%、17%、20.5%、6.9%、4.8%，问2020年年底该建筑物的重置成本最有可能是（　　）万元。

A. 2 650　　B. 265　　C. 2 410　　D. 241

7. 土地使用权按土地不同用途规定相应的最高出让年限，下列各项关于：居住用地、工业用地、教育科研文化卫生体育用地、商业旅游娱乐用地、综合或其他用地，最高出让年限正确的是（　　）。

A. 70、50、50、40、50　　B. 70、50、50、40、40

C. 60、50、50、40、50　　D. 60、50、40、40、50

8. 有一宗地深度为150米，若标准深度为100米，按照“四三二一”法则，该宗地的单独深度百分率为40%、30%、20%、10%、9%、8%，则其平均深度百分率为（　　）。

A. 117%　　B. 78%　　C. 58.5%　　D. 19.5%

9. 待估土地年总收入为300万元，年总费用250万元，剩余使用年限40年，折现率为6%，则其评估价值最接近于（　　）万元。

A. 700　　B. 800　　C. 833　　D. 752

10. 有一宗房地产，评估基准日后第一年的纯收益预计为70万元，资本化率为8%，以后未来各年的纯收益将在上一年的基础上增长1%，则该宗房地产在永续使用的前提下评估价值最近近于（　　）万元。

A. 700　　B. 800　　C. 1 000　　D. 1 100

11. 某砖混结构单层住宅宅基地200平方米，建筑面积120平方米，月租金3 000元，土地还原利率8%，取得租金收入的年总成本为8 000元，评估人员用市场法求得土地使用权价格为1 200元/平方米，建筑物的年纯收益为（　　）元。

A. 8 600　　B. 8 800　　C. 9 000　　D. 12 000

12. 在运用市场法评估房地产价值时，可通过修正交易日期，将可比交易实例价格修正为（　　）的价格。

A. 评估时间　　B. 评估基准日　　C. 过去时点　　D. 未来时点

13. 某一宗土地用于住宅开发时的价值为300万元，用于商业大楼开发时的价值为500万元，用于工业厂房开发时的价值为280万元。城市规划确认该土地可用于住宅或工业。该宗土地的价值应评估为300万元。这体现了房地产评估的（　　）。

A. 供求原则　B. 替代原则　C. 最佳使用原则　D. 贡献原则

14. 某待评估住宅建筑物与参照住宅建筑物相比而言，室内格局更加合理，由此引起待评估住宅的价格比参照交易住宅的价格高15%，室内格局因素修正系数为（　　）。

A. 100/115　B. 85/100　C. 115/100　D. 100/85

15. 用剩余法评估地价时，预付地价款的利息额应以全部预付的价款按（　　）计算。

A. 整个开发建设工期　B. 开发建设工期的一半

C. 整个空置期　D. 空置期的一半

16. 在影响商业房地产价格的区域因素中，对价格影响最大的是（　　）。

A. 交通通达程度　B. 公用配套设施状况

C. 区域的繁华程度　D. 城市规划限制

17. 对于正常的在建工程，一般应按在建工程的（　　）来评估。

A. 市场价格　B. 账面价值　C. 重置成本　D. 收益价格

18. 基准地价修正系数法从评估原理角度划分可归属于（　　）。

A. 收益法　B. 成本扣除法　C. 市场法　D. 清算价格法

19. 某宗土地为1 000平方米，国家规定的容积率为5，建筑密度为0.6，下列建设方案中最可行的是（　　）。

A. 建筑物地面一层建筑面积为800平方米，总建筑面积为4 600平方米

B. 建筑物地面一层建筑面积为700平方米，总建筑面积为7 000平方米

C. 建筑物地面一层建筑面积为600平方米，总建筑面积为4 800平方米

D. 建筑物地面一层建筑面积为400平方米，总建筑面积为4 200平方米

20. 根据经验，非生产用砖混结构二等房的耐用年限是（　　）年。

A. 30　B. 40　C. 50　D. 60

二、多选题

1. 房地产评估收益法公式：房地产价格＝纯收益/资本化率，其成立的前提条件是（　　）。

A. 纯收益每年不变　B. 资本化率固定

C. 收益期限为法定最高年限　D. 收益年限为无限期

2. 影响地价的一般因素有（　　）。

A. 行政因素　B. 区域因素

C. 社会因素　D. 经济因素

E. 人口因素

3. 房地产评估的原则包括（　　）。

A. 供需原则　B. 替代原则

C. 最有效使用原则　D. 贡献原则

E. 合法原则

4. 影响地价的社会因素主要包括（　　）等几个方面。

A. 政治安定状况　B. 社会治安程度

C. 税收政策　D. 房地产投机

E. 交通管制

5. 国家征用集体土地而支付给集体经济组织的费用包括（　　）。

A. 土地补偿费　　B. 拆迁费

C. 安置补助费　　D. 地上附着物补偿费

E. 青苗补偿费

6. 应用基准地价修正系数法评估宗地地价必须具备的条件包括（　　）。

A. 城镇基准地价　　B. 基准地价修正系数

C. 宗地的收益　　D. 宗地的开发成本

E. 宗地容积率

7. 应用假设开发法评估地价时，从房屋预期租赁售价中应扣除的费用项目有（　　）。

A. 征地费用　　B. 建筑总成本

C. 利润　　D. 税金

E. 利息

8. 关于土地使用权表述正确的是（　　）。

A. 土地使用权转让时，其地上建筑物、附着特随之转让

B. 土地使用权抵押时，其地上建筑物、附着物随之抵押

C. 土地使用者通过转让方式取得土地使用权时，其土地出让年限应为法律规定的最高年限

D. 土地使用者转让地上建筑物、其他附着物（不动产）所有权时，其使用范围内的土地使用权随之转让

E. 抵押地上建筑物及其他附着物所有权时，其使用范围内的土地使用权随之抵押

9. 影响房地产价格的一般因素包括（　　）。

A. 房地产价格政策　　B. 城市发展战略

C. 国民经济发展状况　　D. 社会发展状况

E. 物价水平

10. 对于楼面地价与土地单价之间的关系，下列说法正确的是（　　）。

A. 楼面地价一定大于土地单价

B. 楼面地价一定小于土地单价

C. 楼面地价可以等于土地单价

D. 楼面地价可以小于土地单价

E. 楼面地价可以大于土地单价

三、判断题

1. 土地的经济供给是指在土地的自然供给范围内，对土地进行了开发、规划和整治，以满足人类不同需求的土地供给。（　　）

2. 土地增值收益主要是由于土地的用途改变或土地功能变化而引起的，这种改变所带来的增值收益应归土地转让者所有。（　　）

3. 运用剩余法评估待拆迁改造的待开发房地产时，其开发建筑成本费用包括建筑承包商的利润、建筑设计费、拆迁费用和劳动安置费用。（　　）

4. 土地的自然供给和经济供给都是有弹性的。（　　）

5. 用成本法评估在建工程，是在求取被估在建工程的价格时，将被估在建工程按其开发完成后的价值，扣除后续的开发费用、销售费用、销售税金及开发利润，以估算被估在建工程价格的一种评估方法。（　　）

6. 用市场法评估地产价格时，在土地使用年期修正公式 $K=\frac{1-(1+r)^{-m}}{1-(1+r)^{-n}}$ 中，r 为土地的还原利率，m 为参照物剩余使用年限，n 为评估标的剩余使用年限。（　　）

7. 土地使用权出让合同约定的使用年限届满，土地使用者未申请续期或者申请未获批准的，由原土地登记机关注销登记，土地使用权由国家无偿收回。（　　）

8. 用成本法评估房地产价格、计算投资利息时，计息期应为整个开发期。（　　）

9. 国有土地所有权只能在一级市场进行交易，而不能进入二级市场流转。（　　）

10. 供需原则是房地产评估中市场法的理论基础。（　　）

四、计算分析题

1. 有一宗七通一平待开发建筑用地，面积为 1 000 平方米，使用期限为 50 年，容积率为 5，拟开发建设写字楼，建设期为 2 年，建筑费用为 3 500 元/平方米，专业费用为建筑费用的 10%，建筑费用和专业费用在整个建设期内均匀投入，写字楼建成后拟对外出租，租金水平预计为 2 元/平方米/日，管理费用为年租金的 2%，维修费用为建筑费用的 1.5%，保险费用为建筑费用的 0.2%，税金为年租金的 17.5%，贷款利率为 6%，房地产综合还原利率为 7%，开发商要求的利润率为地价和开发成本（建筑费用＋费用）之和的 20%，试评估该宗地地价。

2. 某房地产公司于 2015 年 1 月取得一块土地 50 年使用权，并于 2017 年 1 月在此地块上建成一座框架结构的写字楼，经济耐用年限为 60 年，残值率为 0。评估基准日，该类建筑重置价格为 2 500 元/平方米。该建筑物占地面积 1 000 平方米，建筑面积为 1 800 平方米，现用于出租，每年实收租金为 72 万元。另据调查，当地写字楼出租租金一般为每月 50 元/平方米，空置率为 10%，每年需支付的管理费为年租金的 3%，维修费为重置价的 1.5%，土地使用税及房产税为 25 元/平方米，保险费为重置价的 0.2%，土地资本化率为 6%，建筑物资本化率为 8%。试根据以上资料评估该宗地 2020 年 1 月土地使用权的收益价格。

3. 有一待估宗地，现收集到 4 个可比较参照交易案例，具体情况见表 5－7：

表 5－7

宗地	成交价格（元/平方米）	交易时间	交易情况	容积率	剩余使用年限	区域因素	个别因素
待估宗地		2017/01	0	1.2	45	0	0
1	8 000	2015/01	2%	1.3	50	1%	0
2	8 500	2015/01	1%	1.4	50	0	1%
3	7 600	2016/01	0	1.1	40	0	－2%
4	7 800	2016/01	0	1.0	45	－1%	1%

表中的交易情况、区域因素及个别因素值，都是参照物宗地与待估宗地比较，负号表示参照物宗地条件比待估宗地条件差，正号表示参照物宗地条件比待估宗地条件优，数值大小代表对宗地地价的修正幅度。容积率与地价的关系为：容积率为 1～1.5 时，容积率每增加 0.1，宗地单位地价比容积率为 1 时增加 3%。该城市地价指数见表 5－8：

表5-8

年份	2012	2013	2014	2015	2016	2017
指数	100	105	108	110	111	115

试根据以上条件评估待估宗地2017年1月20日的价格。

项目六　长期投资及其他长期资产评估

任务6-1　了解长期投资评估的特点与程序

案例导入

某投资者年龄为35岁，家庭月收入超过15 000元，在当地属于高收入水平；有稳定的收支节余。投资资金来源于多年的储蓄积累，投资目标为家庭资产的长期增值。

该投资者实际上有较高的风险承受能力，但是对短期投资收益的预期不超过30%，且在风险资产分配倾向上，表现出中度的风险偏好。

该投资者当前持有7只基金，投资状况见表6-1：

表6-1　　7只基金的状况

基金代码	基金名称	持有市值（元）
010018	富国天利债券	140 000
160311	华夏蓝筹	132 000
050007	博时平衡配置	112 000
163402	兴业趋势投资	110 000
240001	宝康消费品	52 080
620001	宝石动力保本	50 000
163302	巨田资源优选	30 500

数据来源：德胜基金研究中心.

通过评估分析该投资者投资的合理性。

基础知识

一、长期投资性资产的概念

1. 定义

长期投资性资产是指不准备随时变现、持有时间超过1年的投资性资产。

2. 长期投资性资产按其投资的性质分类

可分为长期股权投资（股票）、持有至到期投资（债券）和混合性投资（优先股、可转换公司债券）。

二、长期投资性资产评估的特点

由于长期投资性资产是以对其他企业享有的权益而存在的，因此，长期投资性资产评估主要是对长期投资性资产代表的权益进行评估。

1. 长期投资评估是对资本的评估——股权

长期投资性资产中的长期股权投资是投资者在被投资企业所享有的权益，虽然投资者的出资形式有货币资金、实物资产和无形资产等，但是，一旦该项资产被转移到投资企业，即被作为资本的象征。因此，对长期股权投资的评估实质上是对被投资单位资本的评估。

2. 长期投资评估是对被投资企业获利能力的评估——被投资企业的整体评估

长期投资性资产中的长期股权投资是投资者不准备随时变现，持有时间超过 1 年的对外投资。其根本目的是为了获取投资收益和实现投资增值。因此，被投资企业的获利能力就成为长期投资评估的决定因素。

3. 长期投资评估是对被投资企业偿债能力的评估——债权

由于长期投资中的持有至到期投资到期应收回本息，被投资企业偿债能力的大小直接影响着投资企业债券到期收回本息的可能性。因此，被投资企业偿债能力就成为持有至到期投资评估的决定因素。

三、长期投资性资产评估的程序

1. 明确长期投资项目的具体内容

首先，在进行长期投资性资产评估时，应明确长期投资性资产的种类、原始投资额、评估基准日余额、投资收益计算方法、历史收益额、长期股权投资占被投资企业实收资本的比例以及相关会计核算方法等。

2. 进行必要的职业判断

在进行长期投资性资产评估时，应判断长期投资性资产预计可收回金额计算的正确性和合理性，判断被评估的长期投资性资产余额在资产负债表上列示的准确性。而这些金额合理性的判断需要必要的职业判断能力。

3. 根据长期投资性资产的特点选择合适的评估方法

可在证券市场上交易的股票和债券一般采用市场法（现行市价）进行评估，其他的一般采用收益法进行评估。

4. 测算长期投资价值，得出评估结论

案例分析

通过评估，发现投资者当前的问题在于：根据投资者的投资需求，基金组合配置过于保守，重点投资于债券基金和偏保守的配置型基金；并且在基金品种的选择上也不是最优的：部分基金的投资特点已经发生改变，因此业绩预期存在不确定性，有必要对部分品种进行调整。

任务 6－2　掌握债权投资的评估方法

案例导入

某评估公司受托对科华公司的长期债权投资进行评估，被评估企业债券面值为 70 000 元，系博思发行的 3 年期 1 次还本付息债券，年利率 6%，单利计息，评估时点距离到期日为两年，当时国库券利率为 4%。经评估人员分析调查，发行企业经营业绩尚好，财务状况稳健。两年后具有还本付息的能力，投资风险较低，取2%的风险报酬率，以国库券利率作为无风险报酬率，故折现率取8%。

要求：评估该企业长期债券的价值。

基础知识

一、债券特点

(1) 投资风险较小，安全性较强。

(2) 到期还本付息，收益相对稳定。

(3) 具有较强的流动性（针对可以上市交易的债券）。

二、债券评估

1. 上市交易债券的评估

(1) 上市交易债券的定义。

上市交易债券是指可以在证券市场上交易的债券。

(2) 评估方法。

1) 对此类债券一般采用市场法（现行市价法）进行评估。

Ⅰ. 按照评估基准日的当天收盘价确定评估值。

Ⅱ. 公式：

债券评估值=债券数量×评估基准日债券的市价(收盘价)

Ⅲ. 其他。需要特别说明的是，采用市场法评估债券的价值，应在评估报告书中说明所有评估方法和结论与评估基准日的关系。并说明该评估结果应随市场价格变动而进行调整。

2) 特殊情况下，某种上市交易的债券市场价格会被严重扭曲，此时应采用非上市交易债券的评估方法进行评估。

【例6-1】某评估公司受托对某企业的长期债权投资进行评估，长期债权投资账面余额为12万元（购买债券1 200张、面值为100元/张）、年利率10%、期限3年，已上市交易。在评估前，该债券未进行计提减值准备。根据市场调查，评估基准日的收盘价为120元/张。据评估人员分析，该价格比较合理，其评估值为：

1 200×120=144 000(元)

2. 非上市交易债券的评估

(1) 距评估基准日一年内到期的非市场交易债券。

根据本金加上持有期间的利息确定评估值。

(2) 距评估基准日超过一年到期的非市场交易债券。

1) 根据本利和的现值确定评估值。

2) 具体运用：

Ⅰ. 到期一次还本付息债券的价值评估。

其评估值的计算公式为：

$$P=\frac{F}{(1+r)^n}$$

式中：P——债券的评估值；

F——债券到期时的本利和（根据债券的约定计算）；

r——折现率；

n——评估基准日到债券到期日的间隔（以年或月为单位）。

本利和 F 的计算还可分为单利和复利两种计算方式。

Ⅰ．债券本利和采用单利计算。

$$F=A(1+m\times r)$$

Ⅱ．债券本利和采用复利计算。

$$F=A(1+r)^m$$

式中：A——债券面值；

m——计息期限（债券整个发行期）；

r——债券票面利息率。

【例 6-2】某评估公司受托对 B 企业的长期债权投资进行评估，被评估企业债券面值为 50 000元，系 A 企业发行的 3 年期一次还本付息债券，年利率 5%，单利计息，评估时点距离到期日为两年，当时国库券利率为 4%。经评估人员分析调查，发行企业经营业绩尚好，财务状况稳健。两年后具有还本付息的能力，投资风险较低，取 2%的风险报酬率，以国库券利率作为无风险报酬率，故折现率取 6%。

根据前述的公式，该债券的评估值为：

$$\begin{aligned} F &= A(1+m\times r) \\ &= 50\,000\times(1+3\times5\%) \\ &= 57\,500(\text{元}) \end{aligned}$$

$$\begin{aligned} P &= \frac{F}{(1+r)^n} \\ &= 57\,500/(1+6\%)^2 \\ &= 57\,500\times0.89 \\ &= 51\,175(\text{元}) \end{aligned}$$

Ⅱ．分次付息，到期一次还本债券的评估。

$$P=\sum_{i=1}^{n}[R_i(1+r)^{-i}]+A(1+r)^{-n}$$

式中：P——债券的评估值；

R_i——第 i 年的预期利息收益；

r——折现率；

A——债券面值；

i——评估基准日距收取利息日期限；

n——评估基准日距到期还本日期限。

案例分析

$$P=\frac{F}{(1+r)^n}=\frac{[70\,000\times(1+3\times6\%)]}{(1+6\%)^2}=73\,514(\text{元})$$

任务6-3　掌握股权投资的评估方法

案例导入

某评估公司受托对光华公司进行资产评估，光华公司拥有某非上市公司的普通股股票30万股，每股面值1元，在持有股票期间，每年股票收益率为12%。股票发行企业每年以净利润的70%用于发放股利，其余30%用于追回投资。根据评估人员对企业经营状况的调查分析，认为该行业具有发展前途，该企业具有较强的发展潜力。经过分析后认为，股票发行企业至少保持3%的发展速度，净资产收益率将保持在16%的水平，无风险报酬率为4%（国库券利率），风险报酬率为4%，则确定的折现率为8%。该股票评估值为多少？

基础知识

一、股票投资的评估

1. 股票投资的特点

（1）股票投资的定义。

股票投资是指企业通过购买等方式取得被投资企业的股票而实现的投资行为。股票投资具有高风险、高收益的特点。

（2）股票各种形式的价格。

1）票面价格是指股份公司在发行股票时所标明的每股股票的票面金额。

2）发行价格是指股份公司在发行股票时的出售价格，主要有面额发行、溢价发行、折价发行。

3）账面价格，又称股票的净值，是指股东持有的每股股票在公司财务账单上所表现出来的净值。

4）清算价格是指企业清算时，每股股票所代表的真实价格，是公司清算时公司净资产与公司股票总数之比值。

5）内在价格（价值）是一种理论依据，是根据证券分析人员对未来收益的预测而折算出来的股票现实价格。股票内在价格的高低，主要取决于公司的发展前景、财务状况、管理水平以及获利风险等因素。

6）市场价格是指证券市场上买卖股票的价格。在证券市场发育完善的条件下，股票市场价格是市场对公司股票的一种客观评价。

股票的价值评估与上述前三种股票价格关系不大，只与股票的清算价格、内在价格和市场价格有关。

2. 上市交易股票的价值评估

（1）上市交易股票定义。

上市交易股票是指企业公开发行的，可以在债券市场上交易的股票。

（2）评估方法及适用条件。

1）在正常情况下，可以采用现行市价法。也就是按照评估基准日的收盘价确定被评估股票的价值。

2）正常情况的含义。

指股票市场发育正常，股票可自由交易，不存在非法炒作现象。

3）依据股票市场价格进行评估的结果，应在评估报告书中说明所采用的方法，并说明该评估结果应随市场价格变化而予以适当调整。

4）不满足正常情况条件的，应采用非上市交易股票的评估方法进行评估。

3. 非上市交易股票的评估

非上市交易股票的评估，一般采用收益法评估。

（1）普通股的价值评估。

普通股评估分为三种类型：固定红利型、红利增长型和分段式型。

1）固定红利型股利政策下股票价值的评估。

Ⅰ. 适用对象及其股票的特点。

适用于经营比较稳定，红利分配固定，并且今后也能保持固定水平的股票的评估。

Ⅱ. 计算公式为：

$$P=\frac{R}{r}$$

式中：P——股票评估值；

R——股票未来收益额；

r——折现率。

【例6-3】假设被评估企业拥有C公司的非上市普通股10 000股，每股面值1元。在持有期间，每年的收益率一直保持在20%左右。经评估人员了解分析，股票发行企业经营比较稳定，管理人员素质高，管理能力强。预测该公司在今后若干年内，其最低的收益率（收益与股票面值的比率）可保持在16%左右。评估人员根据该企业的行业特点及当时宏观经济运行情况，确定无风险报酬率为4%（国库券利率），风险报酬率为4%，则确定的折现率为8%。根据上述资料，计算股票评估值为：

$$P=\frac{R}{r}=10\,000\times\frac{16\%}{8\%}=20\,000(\text{元})$$

2）红利增长型股利政策下股票价值的评估。

Ⅰ. 适用对象及其特点。

适合于成长型企业股票评估。本类型假设股票发行企业没有将剩余收益全部分配给股东，而是用于追加投资扩大再生产。

Ⅱ. 计算公式为：

$$P=\frac{R}{(r-g)}(r>g)$$

式中：P——股票的评估值；

R——下一年股票的股利额；（特别注意：这里的股利是评估基准日后的第一次股利）

r——折现率；

g——股利增长率。

Ⅲ. 股利增长率 g 的测定方法。

方法一：统计分析法。

根据企业过去股利的实际数据，利用统计方法计算出平均增长率，作为股利增长率 g。

方法二：趋势分析法。

根据被评估企业的股利分配政策，以企业剩余收益中用于再投资的比率与企业净资产利润率相乘确定股利增长率 g。

$$g = \text{再投资的比率(税后利润的留存比率)} \times \text{净资产利润率}$$
$$= (1-\text{股利支付率}) \times \text{净资产利润率}$$

【例 6-4】某评估公司受托对 D 企业进行资产评估，D 企业拥有某非上市公司的普通股股票 20 万股，每股面值 1 元，在持有股票期间，每年股票收益率（每股股利/每股面值）为 12%。股票发行企业每年以净利润的 60%用于发放股利，其余 40%用于追加投资。根据评估人员对企业经营状况的调查分析，认为该行业具有发展前途，该企业具有较强的发展潜力。经过分析后认为，股票发行企业至少可保持 3%的发展速度，净资产收益率将保持在 16%的水平，无风险报酬率为 4%，风险报酬率为 4%，则确定的折现率为 8%。该股票评估值为：

$$R = 200\,000 \times 12\% = 24\,000(\text{元})$$
$$r = 4\% + 4\% = 8\%$$
$$g = \text{再投资的比率(即税后利润的留存比率)} \times \text{净资产利润率}$$
$$= 40\% \times 16\% = 6.4\%$$
$$P = \frac{R}{(r-g)}$$
$$= \frac{24\,000}{(8\% - 6.4\%)}$$
$$= 1\,500\,000(\text{元})$$

3）分段式型股利政策下股票价值的评估。

分段计算原理是：第一段，能够较为客观地预测股票的收益期间或股票发行企业某一经营周期；第二段，以不易预测收益的时间为起点，以企业持续经营到永续为第二段。

【例 6-5】甲评估机构于 2017 年 1 月对 A 公司进行评估，A 公司拥有 B 公司发行的非上市普通股 200 万股，每股面值 1 元。经评估人员预测，评估基准日后该股票第一年每股收益率为 5%，第二年每股收益率为 8%，第三年每股收益率为 10%，从第四年起，因生产、销售步入正轨，专利产品进入成熟期，因此每股收益率可达 12%，而且从第六年起，B 公司每年终了将把税后利润的 80%用于股利分配，另外 20%用于公司扩大再生产，B 公司净资产收益率将保持在 15%的水平上。如果无风险报酬率为 4%，风险报酬率为 6%，评估基准日为 2017 年 1 月 1 日，求 A 公司所拥有的 B 公司股票的评估值。（最终结果以万元为单位，小数点后保留两位）

折现率＝4%＋6%＝10%。

未来前三年股票收益现值之和：

$$\text{收益现值}=\frac{(1\times200\times5\%)}{(1+10\%)^1}+\frac{(1\times200\times8\%)}{(1+10\%)^2}+\frac{(1\times200\times10\%)}{(1+10\%)^3}$$
$$=9.09+13.22+15.03$$
$$=37.34(\text{万元})$$

未来第四年、第五年股票收益现值之和：

$$\text{收益现值}=\frac{(1\times200\times12\%)}{(1+10\%)^4}+\frac{(1\times200\times12\%)}{(1+10\%)^5}$$
$$=16.39+14.90$$
$$=31.29(\text{万元})$$

第六年起的股利增长率：

$$\text{股利增长率}=20\%\times15\%=3\%$$

未来第六年起的股票收益现值之和：

$$\text{股票收益现值}=\frac{(1\times200\times12\%)}{(10\%-3\%)}\times(1+10\%)^{-5}$$
$$=342.86\times0.6209$$
$$=212.88(\text{万元})$$

该股票评估值=37.34+31.29+212.88=281.51（万元）。

（2）优先股的评估。

1）前提。

股票发行企业资本构成合理，企业盈利能力强，具有较强的支付能力。

2）评估方法。

根据事先确定的股息率（每股股利与每股面值的比例）计算优先股的年收益额，然后进行折现或资本化处理。

3）计算公式为：

$$P=\sum_{i=1}^{\infty}\frac{R_i}{(1+r)^i}=\frac{A}{r}$$

式中：P——优先股的评估值；

R_i——第 i 年的优先股收益；

r——折现率；

A——优先股的等额股息收益。

二、股权投资的评估

1. 股权投资概述

（1）股权投资含义。

投资主体以现金资产、实物资产或无形资产等直接投入到被投资企业，取得被投资企业的股权，从而通过控制被投资企业获取收益的投资行为。

（2）股权投资的投资收益的分配形式。

1）按投资方投资额占被投资企业实收资本的比例，参与被投资企业净收益的分配。

2）按被投资企业的销售收入或利润的一定比例提成。

3）按投资方出资额的一定比例支付资金使用报酬。

（3）股权投资的投入资本的处置。

1）投资无限期的，不存在投入资本的处置办法。

2）投资有限期的，在协议期满后，其处置方法一般有以下几种：

Ⅰ. 按投资时的作价金额以现金退还。

Ⅱ. 返还实投资产。

Ⅲ. 按协议期满时实投资产的变现价格或续用价格作价，以现金返还等。

2. 非控股型股权投资（少数股权）评估

（1）对于非控股型股权投资评估，可以采用收益法。

1）对于合同、协议明确约定了投资报酬的长期投资，可将按规定应获得的收益折为现值，作为评估值。

2）对到期收回资产的实物投资情况，可按约定或预测出的收益折为现值，再加上到期收回资产的现值，计算评估值。

3）对于不是直接获取资金收入，而是取得某种权利或其他间接经济效益的，可通过了解分析，测算相应的经济效益，折现计值。

4）对于明显没有经济利益，也不能形成任何经济权利的投资则按零价值计算。

（2）在未来收益难以确定时，不能采用收益法。

1）采用重置价值法进行评估。

即通过对被投资企业进行评估，确定净资产数额，再根据投资方所占的份额确定评估值。

2）如果进行该项投资的期限较短，价值变化不大，被投资企业资产账实相符，可根据核实后的被投资企业资产负债表上的净资产数额，再根据投资方所占的份额确定评估值。

值得注意的是，不论采用什么方法评估非控股型股权投资，都应考虑少数股权因素可能对评估值产生的影响。

3. 控股型股权投资评估

（1）对被投资企业进行整体评估后再测算股权投资的价值。

（2）整体评估应以收益法为主，特殊情况下，可以单独采用市场法。

（3）对被投资企业整体评估，基准日与投资方的评估基准日相同。

4. 股权投资评估应注意的问题

（1）不能将被投资企业的资产和负债与投资方合并，而应单独评估股权投资的价值，并记录在长期股权投资项目之下。

（2）评估人员评估股东部分权益价值，应当在适当及切实可行的情况下考虑由控股权和少数股权等因素产生的溢价或折价。资产评估人员应当在评估报告中披露是否考虑了控股权和少数股权等因素产生的溢价或折价。

【例 6-6】某资产评估公司受托对甲公司拥有的乙公司的股权投资进行评估。采用整体评估再测算股权投资价值的方法。甲公司两年前曾与乙公司进行联营，协议约定联营期 10 年，按投资比例分配利润。甲公司投入资本 30 万元，其中现金资产 10 万元、厂房作价 20 万元，占联营公司总资本的 30%，合同约定，合营期满，以厂房返还投资。该厂房年折旧率为 5%，净残值率为 5%，评估前两年的利润分配方案是：第一年实现净利润 15 万元，甲公司分得 4.5 万元，第二年实现净利润 20 万元，甲公司分得 6 万元。目前，联营生产已经稳定，今后每年收益率（按照投入资本计算的收益率）20%是能保证的，期满后厂房折余价值 10.5 万元。经调查分析，折现率为 15%，则评估值为：

$$
\begin{aligned}
P &= 300\,000\times 20\%\times(\frac{P}{A},15\%,8)+105\,000\times(1+15\%)^{-8}\\
&=60\,000\times 4.487\,3+105\,000\times 0.326\,9\\
&=269\,238+34\,324.5\\
&=303\,562.5(\text{元})
\end{aligned}
$$

注意：这里严格来讲，应该说厂房折旧 20 年，净残值率为 5%，从而计算出折旧率为 (1−5%)/20=4.75%。从而 10 年的折旧为 20×4.75%=9.5，联营期满后折余价值为 20−9.5=10.5 万元。

如果按照题目的折旧率为 5%计算，则 10 年的折旧为 20×5%×10=10 万，联营期满后折余价值为 10 万元（20−20×5%×10）。

案例分析

从案例中分析可得，该股票是红利增长型股票，适用于以下公式：$P=R/(r-g)$。评估值=300 000×12%/[8%−30%×16%]=1 125 000 元。

任务 6-4　掌握其他长期性资产的评估方法

案例导入

HP 公司因销售货物，于 2017 年 2 月 5 日收到甲公司开出的一张带息商业汇票，面值为 120 万元，期限为 6 个月，票面利率为 8%，贴现率为 9%，2017 年 5 月 10 日，某评估公司接受委托对 HP 公司进行评估。(每月按 30 天计算)

要求：计算该商业汇票的评估值。

基础知识

一、其他长期性资产概述

1. 其他长期性资产的定义

其他长期性资产是指不包括在流动资产、长期股权投资、持有至到期投资、固定资产、无形资产等以外的资产。

2. 其他长期性资产的构成

主要包括具有长期性质的待摊费用和其他长期资产。

二、其他长期性资产的评估

(1) 其他长期性资产能否作为评估对象取决于它能否在评估基准日后带来效益。

(2) 其他长期性资产评估值要根据评估目的评估资产的占有情况和尚存情况，而且与其他评估对象没有重复计算的现象存在。按此原则，其他长期性资产的不同构成内容应采取不同的评估和处理方法。

(3) 开办费。

1) 只有在筹建期间评估，才存在开办费的评估问题。

2) 在筹建期间评估开办费的价值时，按照其账面价值计算其评估值。

(4) 其他长期待摊费用。

理论上，根据企业的收益状况、收益时间及货币时间价值，以及现行会计制度的规定等因素确定评估值。货币时间价值因素 1 年内的不予考虑，超过 1 年的根据具体内容、市场行情的变化趋势处理。

实践上，如果物价总水平波动不大，可以将其账面价值作为其评估价值，或者按其发生额的平均数计算。

案例分析

(1) 票据到期值＝120＋120×8%×6÷12＝124.8（万元）。

(2) 贴现期＝180－95＝85（天）。

贴现息＝124.8×9%÷360×85＝2.652(万元)

(3) 该商业汇票的评估值＝124.8－2.652＝122.148（万元）。

项目练习

一、单选题

1. 上市交易的债券最适合运用（　　）进行评估。

A. 成本法　　B. 市场法　　C. 收益法　　D. 价格指数法

2. 被评估债券为 2016 年发行，面值 100 元，年利率 10%，3 年期。2018 年评估时，债券市场上同种同期债券，面值 100 元的交易价为 110 元，该债券的评估值最接近于（　　）元。

A. 120　　B. 98　　C. 100　　D. 110

3. 以下债券中，风险最小的债券是（　　）。

A. 政府债券　　B. 公司债券　　C. 金融债券　　D. 上市债券

4. 被评估债券为 4 年一次性还本付息债券 100 000 元，年利率为 18%，不计复利，评估时债券的购入时间已经满 2 年，当年的国库券利率为 10%，该企业的风险报酬率为 2%，被评估债券的价值为（　　）元。

A. 137 117　　B. 172 000　　C. 118 000　　D. 153 380

5. 被评估企业以无形资产向 A 企业进行长期投资，协议规定投资期 10 年，A 企业每年以运用无形资产生产的产品的销售收入的 5%作为投资方的回报，10 年后投资方放弃无形资产产权。评估时此项投资已满 5 年，评估人员根据前 5 年 A 企业产品销售情况和未来 5 年市场预测，认为今后 5 年 A 企业产品的销售收入可保持在 200 万元的水平，折现率为 12%，该项无形资产的评估值最有可能是（　　）元。

A. 180 240　　B. 72 099 000　　C. 360 480　　D. 500 000

6. 股票的内在价值是由（　　）决定的。

A. 股票的净资产额　　B. 股票的总资产额

C. 股票未来收益折现值　　D. 股票的利润总额

7. 对长期待摊费用等其他资产的评估通常发生在（　　）。

A. 资产转让时　　B. 企业财务检查时

C. 企业整体产权变动　　D. 企业纳税时

8. 外币存款折算为人民币时，一般应按（　　）折算。

A. 月平均外汇牌价　　B. 年平均外汇牌价

C. 当日外汇牌价　　D. 当年最低外汇牌价

9. 被评估企业已经正常营业 3 年，长期待摊费用账面余额为 120 万元，其中包括固定资产大修理费 85 万元，办公室装修费 15 万元，产品销售部房租 20 万元。经查其中 20 万元的房租费为租期 5 年的租金总额，至评估基准日已经租用 1 年，企业尚未摊销，而大修理费和装修费均为按 10 年摊销的余额，则该长期待摊费用的评估值为（　　）万元。

A. 16　　B. 20　　C. 35　　D. 116

10. 某企业向甲企业邮寄材料，价款为 500 万元，商定 6 个月后收款，采取商业承兑汇票结算。该企业于 4 月 10 日开出汇票，并由甲企业承兑，汇票到期日为 10 月 10 日。现对该企业进行评估，基准日定为 6 月 10 日，由此确定贴现日期为 120 天，贴现率按月息 6‰计算，该应收票据的评估值为（　　）万元。

A. 12　　B. 500　　C. 488　　D. 450

二、多选题

1. 债券的特点包括（　　）。

A. 债券的流动性　　B. 债券的安全性　　C. 债券的盈利性　　D. 投资风险较小

2. 非上市普通股票评估的基本类型有（　　）。

A. 到期一次还本型　　B. 红利增长型　　C. 固定红利型　　D. 分段式型

3. 股票的内在价值主要取决于（　　）。

A. 公司的财务状况　　B. 公司的获利能力

C. 公司的技术开发能力　　D. 公司面临的各种风险

E. 公司的发展能力

4. 在确定风险报酬率时，需考虑被评估企业的（　　）。

A. 经营风险　　B. 财务风险

C. 倒闭风险　　D. 行业风险

E. 突发事件

5. 股票评估与股票的（　　）有关。

A. 内在价值　　B. 账面价值

C. 市场价值　　D. 清算价格

E. 票面价格

6. 长期投资评估的特点有（　　）。

A. 长期股权投资评估是对资本的评估

B. 长期债权投资评估是对被投资企业偿债能力的评估

C. 长期股权投资评估是对被投资企业获利能力的评估

D. 长期股权投资评估是对企业重置成本的评估

7. 债券评估折现率所包含的内容有（　　）。

A. 企业收益率　　B. 无风险报酬率

C. 资本化率　　D. 风险报酬率

E. 相关债券利息

8. 在红利增长模型中，股票的红利增长率 g 的计算方法主要有（　　）。

A. 重置核算法　　B. 统计分析法

C. 市场比较法　　D. 发展趋势分析法

E. 专家鉴定法

三、判断题

1. 长期债权投资评估是对投资企业偿债能力的评估。（　　）

2. 上市交易的证券可按现行市价法以其在评估基准日证券市场的收盘价确定评估值。（　　）

3. 股权投资相对于债权投资具有高风险、高收益的特点。（　　）

4. 评估控股型长期股权投资的价值，先要对被投资企业进行整体评估，再考虑对股权比例计算得出长期股权投资价值。（　　）

四、计算分析题

1. 评估机构于2017年1月对某公司进行评估，该公司拥有甲企业发行的非上市普通股票100万股，每股面值1元。经调查，由于甲企业产品老化，评估基准日以前的几年内，该股票的收益率每年都在前一年的基础上下降2%，2016年度的收益率为10%，如果甲企业没有新产品投放市场，预计该股票的收益率仍将保持每年在前一年的基础上下降2%。已知甲企业正在制发新产品，预计2年后新产品即可投放市场，并从投产当年起可使收益率提高并保持在15%左右，而且从投产后第3年起，甲企业将以净利润的75%发放股利，其余的25%用作企业的追加投资，净资产利润率将保持在20%的水平。若折现率为15%，求被评估公司所持甲企业股票2017年1月1日的评估值。

2. 被评估债券为非上市企业债券，3年期，年利率为17%，按年付息，到期还本，面值100元，共4 000张。评估时债券购入已满一年，第一年利息已经收账，评估时一年期国库券利率为7%，一年期银行储蓄利率为6.6%，经过分析确定债券发行企业的风险报酬率为3%。求该被评估债券的评估值是多少？

项目七　无形资产评估

任务7-1　了解无形资产基本知识

案例导入

通过网络、图书等途径，搜集有关确认企业无形资产寿命的有关资料，并进行归纳、总结。分析确认无形资产寿命应考虑的因素。

基础知识

一、无形资产及其分类

1. 无形资产的定义

无形资产是指特定的主体所拥有或者控制的，不具有实物形态，能持续发挥作用且能带来经济利益的资源。

把握该定义，应该了解以下几个方面内容：

（1）非实体性。

相对有形资产而言，无形资产没有物质实体形态，这就决定了无形资产只存在无形损耗，不存在有形损耗。

（2）控制性。

无形资产应当为特定主体所控制。那些尽管能产生效益，但不能给特定主体创造效益的公知技术，不能被确认为无形资产。

（3）效益性。

并非任何无形的事物都是无形资产，成为无形资产的前提是其必须能够以一定的方式，直接或间接地为其控制主体创造效益，而且必须能够在较长时期内持续产生经济效益。

2. 无形资产的功能特性

（1）共益性。

共益性是无形资产区别于有形资产很重要的一个功能特征。无形资产的共益性是指它可以同时被多个主体同时使用。

1）共益性受市场有限性和竞争性的制约。共益性越大，该无形资产价值越低。

2）有形资产通过物质实体直接界定，而无形资产则需要根据其权益界限确定。

（2）积累性。

1）无形资产的形成是基于其他无形资产的发展。

2）无形资产自身的发展是一个不断积累和演进的过程。

（3）替代性。

无形资产的替代性是指一种无形资产可能被更新的无形资产所取代。该特性对确定无形资产的使用年限有重要意义，替代速度取决于该领域内的技术进步速度，取决于无形资产带来的竞争。

3. 无形资产的分类

（1）按无形资产的取得方式划分。

1）自创的无形资产；

2）外购的无形资产。

（2）按无形资产能否独立存在划分。

1）可确指的无形资产；

2）不可确指的无形资产（商誉）。

（3）按无形资产构成内容划分。

1）单项无形资产；

2）无形资产组合。

（4）按国际评估准则委员会颁布的《国际评估准则》评估指南4划分。

1）权利型无形资产（如租赁权）；

2）关系型无形资产（如顾客关系、客户名单等）；

3）组合型无形资产（如商誉）；

4）知识产权（包括专利权、商标权、版权等）。

二、影响无形资产评估价值的因素

1. 无形资产的成本

外购无形资产较易确定成本，但是自创无形资产成本比较难计算。因为无形资产往往具有独特的特点，使其在研发过程中所耗费的劳动不具有横向比较性。同时，无形资产的研发与其研发中的阶段性成功和失败等密切结合，这部分成本很难确定。一般来说，这些成本项目包括创造发明成本、法律保护成本、发行推广成本等。

2. 机会成本

无形资产用于某一确定用途所导致的不能用于其他用途所造成的损失。

3. 使用期限

除了应考虑法律保护期限外，还应考虑其具有实际超额收益的期限。比如某项发明专利，保护期为20年，但由于无形损耗较大，拥有该项专利实际能获超额收益的期限为10年，则这10年即为评估该项专利时所应当考虑的期限。

4. 无形资产发展趋势、更新换代情况和速度

无形资产寿命期主要取决于损耗程度。而损耗程度不取决于使用损耗，而是取决于更新换代情况，更新换代越快，评估值越低。

5. 预期收益

成本是从无形资产补偿角度考虑的，但无形资产更重要的是它所能创造的收益。无形资产的价值体现了无形资产所拥有的超额获利能力。一项无形资产，在社会、环境、制度允许的条件下，获利能力越强，其评估值越高；获利能力越弱，评估值越低。有的无形资产，尽管其创造成本很高，但不为市场所需，或者收益能力低微，其评估值就很低。

6. 转让内容

从转让内容看，无形资产转让一般包括所有权转让和使用权转让。所有权转让的无形资产评估值一般高于使用权转让的无形资产评估值。

7. 技术成熟度

一般成熟度越高，价值越高。

8. 市场供需状况

对于可出售、转让的无形资产，其评估值随市场需求的变动而变动。市场需求大，则评估值就高；市场需求小，且有同类无形资产替代，则其评估值就低。同样的，无形资产的适用范围越广，适用程度越高，需求者越多，需求量越大，评估值就越高。

三、无形资产评估的程序

1. 明确评估目的

从我国目前的市场条件和人们对无形资产的认识水平来看，无形资产评估一般应以产权变动为前提。

一种情况是，当无形资产的拥有者或控制者以其拥有或控制的无形资产作为投资品或交易对象对外投资或交易时，需要对无形资产进行评估。

另一种情况是，当企业整体发生产权变动时，企业资产中所包括的无形资产随企业产权变动而产生评估的需求。

无形资产的评估的特定目的可分为：无形资产转让；以无形资产出资，用于工商注册登记；股份制改造；企业合资、合作、重组及兼并；企业改制、上市；银行质押贷款；处理无形资产纠纷和有关法律诉讼；其他目的。

2. 确认无形资产

（1）确认无形资产存在。

1）核查无形资产是否被委托者所拥有或为他人所有。

2）查询被估无形资产的内容、国家有关规定、专业人员评价情况、法律文书等，核实资料的真实性、可靠性和权威性。

3）分析鉴定无形资产使用的技术和经济条件，鉴定其应用能力。

4）分析评估对象是否形成了无形资产。

有的专利、商标等尽管受到法律保护，但是没有实际经济意义。

（2）区别无形资产种类。

主要是确定无形资产的种类、具体名称和存在形式。防止重复评估或者需要合并评估的而被人为分开进行评估。

（3）确定无形资产有效期限。

无形资产有效期限是其存在的前提，是否超过法律保护期限或者是否被撤回或者失效等是判断无形资产有效期限的重要因素。

3. 搜集相关资料

无形资产评估所需的相关资料一般通过委托人提供和评估人员调查获得，这些资料主要包括以下内容：

（1）无形资产的法律文件或其他证明材料，如专利证书、商标注册证、有关机构和专家的鉴定材料等。

（2）无形资产的研发成本和外购成本的费用和价格资料。

（3）无形资产的技术资料，如反映技术先进性、可靠性、成熟度、适用性等方面的资料。

（4）无形资产转让的内容和条件。

转让内容主要应考虑无形资产转让的是所有权或使用权以及使用权的不同方式等；转让条件包括转让方式、已转让次数、已转让地区范围、转让时的附带条件以及转让费支付方式等。

（5）无形资产盈利能力资料，包括运用无形资产的生产能力、产品的销售状况、市场占有率、价格水平、行业盈利水平及风险等。

（6）期限。主要考虑无形资产的存续期、法定期限、收益年限、合同约定期限、技术寿命期等。

（7）无形资产的市场供求状况。

主要考虑评估对象无形资产及同类无形资产的供给、需求、范围、活跃程度、变动情况等。

(8) 其他所需资料。

无形资产评估的前期基础工作还应包括与委托方签订委托合同和制订评估计划等事项，完成这些工作后，就可以选择适当的方法对无形资产进行评估。

4. 确定评估方法

应根据评估无形资产的具体类型、特点、评估目的、评估前提条件、评估原则及外部市场环境等具体情况，选用合适的评估方法。无形资产的评估方法主要包括市场法、收益法和成本法。

5. 做出评估结论，整理并撰写报告

无形资产评估报告是无形资产评估过程的总结，也是评估值履行评估义务，承担法律责任的依据。应当强调的是，无形资产评估报告中要注意评估过程的陈述，明确阐述评估结论产生的前提、假设及限定条件，各种参数的选用依据，评估方法使用的理由及逻辑推理方式。

案例分析

企业确定无形资产的使用寿命，通常应考虑以下因素：

(1) 运用该资产生产的产品通常的寿命周期、可获得的类似资产使用寿命的信息；

(2) 技术、工艺等方面的现阶段情况及对未来发展趋势的估计；

(3) 以该资产生产的产品或提供的服务的市场需求情况；

(4) 现在或潜在的竞争者预期将采取的行动；

(5) 为维持该资产带来经济利益的预期维护支出，以及企业预计支付有关支出的能力；

(6) 对该资产控制期限的相关法律规定或类似限制，如特许使用期、租赁期等；

(7) 与企业持有的其他资产使用寿命的关联性等。

任务7-2 应用收益法进行无形资产评估

案例导入

某企业进行股份制改组，根据企业过去经营情况和未来市场形势，预测其未来5年的收益额分别是13万元、14万元、11万元、12万元和15万元，并假定从第6年开始，以后各年的收益额均为14万元，根据银行利率及企业经营风险情况确定的折现率和资本化率均为10%。并且，采用单项资产评估方法，评估确定该企业各单项资产评估之和（包括有形资产和可确知无形资产）为90万元。试确定该企业的商誉评估值。

基础知识

一、收益法在无形资产评估中的应用形式

由于选取参数的渠道不同，收益法在应用上可以表示为下列两种方式：

方式一：无形资产的转让方的收益来源于无形资产使用方使用该无形资产的总收益的分成

$$P=\sum_{i=1}^{n}\frac{K\cdot R_i}{(1+r)^i}$$

式中：K——无形资产分成率；

R_i——第 i 年使用无形资产带来的总的纯收益；

i——收益期限序号；

r——折现率；

n——收益期限。

方式二：直接给出资产拥有者从无形资产中获得的收益额

$$P=\sum_{i=1}^{n}\frac{R_i}{(1+r)^i}$$

式中：R_i——被评估无形资产的第 i 年的超额收益；

i——收益期限序号；

r——折现率；

n——收益期限。

二、收益法应用中各项参数指标的确定

1. 无形资产超额收益的确定

(1) 直接评估法。

直接估算法的原理是通过未使用无形资产与使用有形资产的前后收益情况对比分析，确定无形资产带来的收益额。可以分成以下两类：

1) 收入增长型。

收入增长型无形资产是指无形资产应用于生产经营过程，能够使产品的销售收入大幅度增大。增大的原因在于：

Ⅰ. 产品能够以高出同类产品的价格销售。

在销售量不变，单位成本不变的情况下，形成的超额收益可以参考下式计算：

$$R=(P_2-P_1)Q(1-T)$$

式中：R——超额收益；

P_2——使用被评估无形资产后单位产品的价格；

P_1——未使用被评估无形资产前单位产品的价格；

Q——产品销售量；

T——所得税税率。

Ⅱ. 生产的产品采用与同类产品相同价格的情况下，销售数量大幅度增加，市场占有率扩大，从而获得超额收益。

在单位价格和单位成本不变的情况下，形成的超额收益可以参考下列公式计算：

$$R=(Q_2-Q_1)(P-C)(1-T)$$

式中：R——超额收益；

Q_2——使用被评估无形资产后产品的销售量；

Q_1——未使用被评估无形资产的产品的销售量；

P——产品价格；

C——产品的单位成本；

T——所得税税率。

2）费用节约型无形资产。

假设销售量不变，价格不变时，可以参考下列计算为投资者带来的超额收益：

$$R=(C_1-C_2)Q(1-T)$$

式中：R——超额收益；

C_1——未使用被评估无形资产的产品的单位成本；

C_2——使用被评估无形资产后产品的单位成本；

Q——产品销售量（此处假设销售量不变）；

T——所得税税率。

以上公式需要灵活运用，常用公式为：

$$R=Q_2(P_2-C_2)-Q_1(P_1-C_1)\times(1-T)$$

（2）差额法（与行业平均水平比较）。

采用无形资产和其他类型资产在经济活动中的综合收益与行业平均水平的比较来得到无形资产的超额收益。

无形资产带来的超额收益＝净利润－净资产总额×行业平均资金利润率

按照上述公式计算出的超额收益可能是多种无形资产带来的，如果需要进一步计算某种无形资产的超额收益，还需要做进一步的修改。

（3）分成率法。

无形资产收益额＝销售收入(利润)×销售收入(利润)分成率(1－所得税税率)

由于销售收入与销售利润有内在的联系，可以根据销售利润分成率推算出销售收入分成率，反之亦然。

因为：

收益额＝销售收入×销售收入分成率×(1－所得税税率)
＝销售利润×销售利润分成率×(1－所得税税率)

所以：

销售收入分成率＝销售利润分成率×销售利润率
销售利润分成率＝销售收入分成率÷销售利润率

注意：

第一，这里的利润分成的基础是利润总额，即是针对利润总额的分成额。

第二，实际操作过程中以销售收入分成率替代利润分成率，相应的分成基础也就由利润变成销售收入了。

第三，尽管销售收入分成率和利润分成率之间存在一定关系，并可以通过数学关系进行互换，但销售收入分成率合理性的基础仍然是利润分成率，这是必须明确的。

1）约当投资分成法。

约当投资分成法是根据等量资本获得等量报酬的思想，将共同发挥作用的有形资产和无形资产换算成相应的投资额（约当投资量），再按无形资产的约当投资量占总约当投资量的权重确定无形资产利润分成率。数学表达式：

$$\text{无形资产利润分成率}=\frac{\text{无形资产约当投资量}}{\text{购买方约当投资量}+\text{无形资产约当投资量}}$$

$$\text{无形资产约当投资量}=\text{无形资产重置成本}\times(1+\text{适用成本利润率})$$

$$\text{购买方约当投资量}=\text{购买方投入总资产的重置成本}\times(1+\text{适用成本利润率})$$

约当投资分成法的关键是能否准确地确定无形资产的约当投资量，由于无形资产的种类繁多，既有高技术含量的无形资产，也有普通的无形资产，无形资产的重置成本和适用的成本利润率都不易准确把握。因此，在使用约当投资分成法确定无形资产利润分成率时，应充分掌握有关数据资料。

【例 7－1】甲企业以液晶电视新技术向乙企业投资，该技术的重置成本为 150 万元，乙企业投入合营的资产重置成本为 9 000 万元，甲企业无形资产的成本利润率为 400%，乙企业拟合作的资产原利润率为 12%。试评估无形资产投资的利润分成率。

根据题意：

$$\text{无形资产的约当投资量}=150\times(1+400\%)=750(\text{万元})$$

$$\text{企业资产的约当投资量}=9\,000\times(1+12\%)=10\,080(\text{万元})$$

$$\text{无形资产的利润分成率}=\frac{750}{750+10\,080}=6.93\%$$

2）边际分析法。

边际分析法是选择无形资产受让方运用无形资产前后两种经营条件下的利润差额，即由无形资产使用所形成的增加利润，测算其占无形资产使用后的总利润的比率作为无形资产的利润分成率的一种方法。

首先，对无形资产的边际贡献因素进行分析，包括新市场的开辟，销售量的提高；消耗量的降低，成本费用节省；产品质量改进，功能增加，价格提高等。

其次，测算使用无形资产后受让方可以实现的总利润和无形资产带来的增加利润；

再次，根据无形资产的剩余经济寿命或设定年限，将各年的新增利润和利润总额分别折现累加，得到剩余经济寿命或设定年限内的新增利润现值之和和利润总额现值之和；

最后，用新增的利润现值之和与利润总额现值之和的比率作为无形资产利润分成率。数学表达式：

$$K=\sum_{i=1}^{n}\frac{R'_i}{(1+r)^n}\div\sum_{i}^{n}\frac{R_i}{(1+r)^n}$$

式中：K——利润分成率；

R'_i——第 i 年无形资产带来的新增利润；

R_i——第 i 年受让方运用无形资产后的利润总额；

N——无形资产的剩余经济寿命。

边际分析法仅仅是确定无形资产超额收益比例的一种参考方法，即在运用无形资产后增加的超额收益，不能全部划归无形资产。无形资产带来的超额收益仅仅是其中的一部分。至于无形资产应分得的部分是多少，应根据无形资产在其中发挥作用的程度来确定，因此，该方法的重点应放在对无形资产边际贡献度的分析上。

【例 7-2】甲、乙两单位于 2017 年 12 月 31 日签订组建新企业的协议，协议商定甲单位以其拥有的一项实用新型专利 A 出资，乙单位以货币资金出资，总投资额为 3 800 万元，合作期 20 年，新企业全部生产 A 专利产品，从 2018 年 1 月 1 日正式开工建设，建设期 2 年。甲单位拟投资的专利 A 于 2013 年 12 月 31 日申请，2015 年 12 月 31 日获得专利授予权及专利证书，并且按时缴纳了年费。

经充分分析论证后，预计新企业投产后第一年销售量为 12 万件，含税销售价格为每件 150 元，增值税税率为 17%，平均每件可抵扣进项税税额 6 元，生产成本、销售费用、管理费用、财务费用为每件 80 元。投产后第二年起达到设计规模，预计每年销售量为 20 万件，年利润总额可达 1 100 万元。从投产第六年起，为保证市场份额，实行降低价格销售，预计年利润总额为 470 万元。企业所得税税率为 25%。企业所在地的城市维护建设税税率为 7%，教育费附加为 3%。假设技术的净利润分成率为 25%，折现率为 10%，评估基准日为 2017 年 12 月 31 日。

分析：

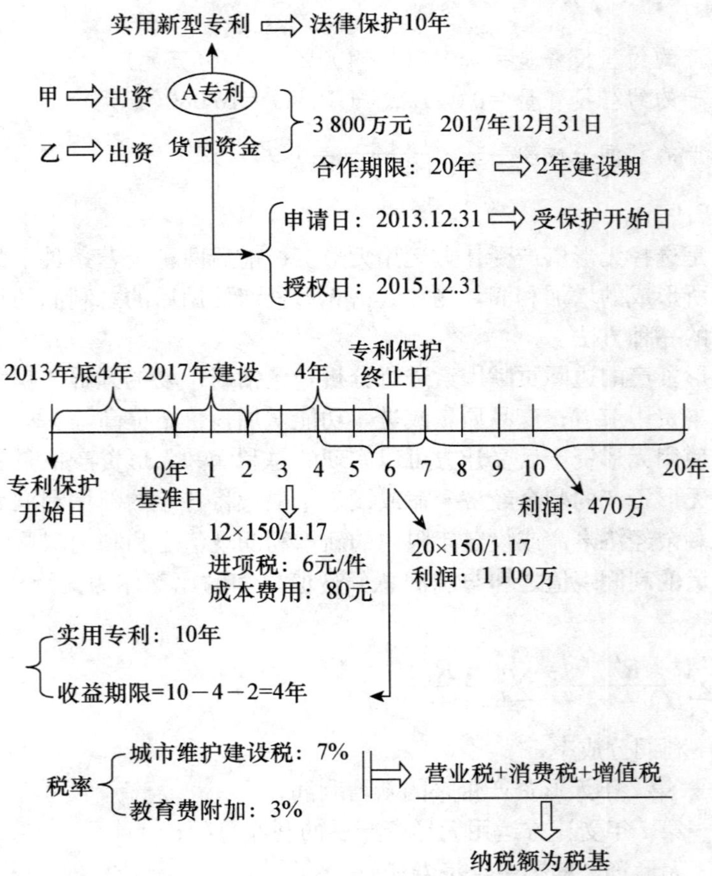

净利润分成率=25%

x=10%

解：(1) 确定收益期：4 年

(2) 专利技术投产后收益（超额收益）：

1) 收入＝150×12/1.17＝1 538.46（万元）。

2) 城市维护建设税＋教育费附加＝[(150×12/1.17)×17%－6×12]×(7%＋3%)＝18.95（万元）。

3) 利润总额＝1 538.46－80×12－18.95＝559.51（万元）。

4) 净利润＝559.51×(1－25%)＝419.63（万元）。

5) 专利技术超额收益＝419.63×25%＝104.91（万元）。

(4) 要素贡献法。

要素贡献法是指根据无形资产构成生产经营的要素在生产经营中的贡献，从正常利润中粗略估计出无形资产带来的收益的方法。

我国理论界通常采用三分法：资本、技术、管理三大要素的贡献。

该方法只能够粗略估计无形资产的收益额。

2. 无形资产评估中折现率的确定

(1) 由无风险收益率和风险报酬率构成。

关于无风险报酬率，在市场经济比较发达的国家，无风险报酬率大多选择政府债券利率，从我国目前的情况看，除了可以选择国库券利率以外，国家银行利率也可以考虑。无风险报酬率突出了投资回报的安全性和可靠性。我国的国库券利率与银行利率基本都能保证这两点。

无形资产投资风险报酬率的选择和量化主要取决于无形资产本身的状况，以及运用和实施无形资产的外部环境，如技术的先进性，技术成果是否已经在市场中得以体现，企业整体素质和管理水平，企业所处行业，市场因素和政策因素等。

因此，对于无形资产的投资风险报酬率的确定，通常要根据具体评估对象的具体情况来确定。

(2) 在一般情况下，无形资产的折现率要大于有形资产。

与有形资产相比，无形资产的收益较高，风险也较大，故无形资产的风险报酬率往往高于有形资产。

3. 无形资产收益期限的确定

(1) 确定无形资产有效期限的理论依据。

1) 无形资产收益期限或称有效期限，是指无形资产发挥作用，并具有超额获利能力的时间。无形资产具有获得超额收益能力的时间是真正的无形资产有效期限。

2) 无形资产损耗的价值量是确定无形资产有效期限的前提。

3) 无形资产没有物质实体，因为它没有有形损耗，从而没有实体性贬值。

4) 无形资产价值降低是由于无形损耗形成的，即由于社会科学技术进步而引起价值降低。

具体来说，主要是由下列三种情况引起的：

第一，一种新的、更为先进、更为经济的无形资产可以替代旧的无形资产，使采用原无形资产无利可图时，原无形资产的价值就丧失了。(被替代)

第二，因为无形资产传播面扩大，其他企业普遍掌握这种无形资产，获得这项无形资产已不需要任何成本，使拥有这种无形资产的企业不再具有获取超额收益的能力时，它的价值也就大幅度降低或丧失。(共益面太大)

第三，企业拥有的某项无形资产所决定的产品销售量骤减，需求大幅度下降时，这种无形资产价值就会减少，以至完全丧失。(依托的产品产量骤减)

5）无形损耗只影响无形资产价值，而不影响其使用价值。

(2) 在资产评估实践中，预计和确定无形资产的有效期限，可依照下列方法进行

1）法律或合同、企业申请书分别规定有法定有效期限和受益年限的，可按照法定有效期限与受益年限哪一个短的原则确定。

2）法律未规定有效期，企业合同或企业申请书规定有受益年限的，可按照受益年限确定。

3）法律和企业合同或企业申请书均未规定有效期限和受益年限的，按预计受益期限确定。预计受益期限可以采用统计分析或与同类资产比较得出。

(3) 一般而言，无形资产的有效期限要比它们的法定保护期短得多。

无形资产的有效期限受许多因素影响，如废弃不用、人们爱好的转变以及经济形势变化等。特别是科学技术发达的今天，无形资产更新周期加快，使其有效期限越来越短，评估时都应给予应有的重视。

案例分析

(1) 运用收益法确定企业整体评估值：

企业整体评估值＝13×0.909 1＋14×0.852 4＋11×0.751 3＋12×0.682 0＋15×0.620 9＋(14/10%)×0.620 9＝136.087 7(万元)

(2) 商誉的价值＝136.087 7－90＝46.087 7 (万元)。

任务7-3 应用成本法和市场法进行无形资产评估

案例导入

某企业转让制药生产全套技术，经收集和初步测算已知资料如下：一是该企业与购买企业共同享有该制药生产技术，双方设计能力分别为700万箱和300万箱；二是该企业制药生产全套技术系国外引进，账面价格400万元，已使用3年，尚可使用9年，3年来通货膨胀累计为10%；三是该项技术转让对该企业生产经营有较大影响，由于市场竞争，产品价格下降，在以后9年中减少的销售收入按折现值计算为80万元，增加开发费以保住市场的追加成本按折现值计算为20万元。

(1) 该制药生产全套技术的重置成本净值；

(2) 该无形资产转让的最低收费额评估值。

基础知识

一、成本法在无形资产评估中的应用

1. 无形资产成本的特性

无形资产成本包括研制或取得、持有期间的全部物化劳动和活劳动的费用支出。

其特性包含以下三个方面：

(1) 不完整性。

1) 与购买无形资产相对应的各项费用是否计入无形资产的成本，是以费用支出资本化为条件的。

2) 我国现行财务制度一般把科研费用从当期生产经营费用中列支，企业账簿上反映的无形资产成本是不完整的，大量的账外无形资产的存在是不可忽视的事实。

3) 即使是按相关规定进行费用支出资本化的无形资产成本核算一般也是不完整的。

因为无形资产的创立具有特殊性，有大量的前期费用，如培训、基础开发或相关试验等往往不计入该无形资产的成本，而是通过其他途径进行补偿。

(2) 弱对应性。

知识资产的创建经历基础研究、应用研究和工艺生产开发等漫长过程，成果的出现带有较大的随机性、偶然性和关联性。有时有这类情形发生：在一系列的研究失败之后偶尔出现一些成果，由其承担所有的研究费用显然不合理。而在大量的先行研究（无论是成功，还是失败）成果的积累之上，往往可能会产生一系列的知识资产，然而，后续的研究成果是否应该以及如何承担先行研究的费用也很难确定。因而，开发无形资产的费用一一对应估算是比较困难的。

(3) 虚拟性（象征性）。

既然无形资产的成本具有不完整性、弱对应性的特点，因而无形资产的成本往往是相对的。特别是一些无形资产的内涵已经远远超出了它的外在形式的含义，这种无形资产的成本只具有象征意义。

例如商标，其成本核算的是商标设计费、登记注册费、广告费等。而商标的内涵是标示商品内在质量信誉。这种无形资产实际上包括了该商品使用的特种技术、配方和多年的经验积累，而商标形式本身所花费的成本只具有象征性或称虚拟性。

2. 成本法在无形资产评估中的应用

(1) 采用成本法评估无形资产。

其基本公式为：

$$无形资产评估值=无形资产重置成本\times(1-贬值率)$$

(2) 无形资产重置成本（或称重置完全成本）的估算。

1) 自创无形资产重置成本的估算。

Ⅰ. 核算法。

核算法的基本计算公式为：

$$无形资产重置成本=成本+期间费用+合理利润$$

式中，期间费用是指创建无形资产过程中分摊到该项无形资产的费用。

$$期间费用=管理费用+销售费用+财务费用$$

Ⅱ. 倍加系数法。

对于投入智力较多的技术型无形资产，考虑到科研劳动的复杂性和风险，可以估算无形资产重置成本。

2）外购无形资产重置成本的估算。

Ⅰ. 外购无形资产的重置成本包括购买价和购置费用两部分。

Ⅱ. 一般可以采用以下两种方法。

A. 价类比法

在无形资产交易市场选择类似的参照物，再根据功能和技术先进性、适用性对其进行调整，从而确定其现行购买价格。购置费用可根据现行标准和实际情况核定。

B. 物价指数法

它是以无形资产的账面历史成本为依据，用物价指数进行调整，进而估算其重置成本。计算公式表示为：

$$无形资产重置成本=无形资产账面成本\times\frac{评估时物价指数}{购置时物价指数}$$

从无形资产价值构成来看，主要有两类费用，一类是物质消耗费用，另一类是人工消耗费用，前者与生产资料物价指数相关度较高，后者与生活资料物价指数相关度较高，可将两类费用的大致比例按结构分别适用生产资料物价指数与生活资料物价指数估算。

【例 7-3】某企业 2016 年外购一项无形资产账面值 80 万元，2018 年进行评估，试按物价指数法估算其重置完全成本。

经鉴定，该无形资产系运用现代先进的实验仪器经反复试验研制而成，物化劳动耗费的比重较大，可适用生产资料物价指数。根据资料，此项无形资产购置时物价指数和评估时物价指数分别为 120％和 150％，故该项无形资产的重置完全成本为：

$$80\times\frac{150\%}{120\%}=100(万元)$$

（3）无形资产贬值率的估算。

无形资产贬值率的确定，可以采用专家鉴定法和剩余经济寿命预测法进行。

1）专家鉴定法。

专家鉴定法是指邀请有关技术领域的专家，对被评估无形资产的先进性、适用性做出判断，从而确定其成新率的方法。

2）剩余经济寿命预测法。

剩余经济寿命预测法是指由评估人员通过对无形资产剩余经济寿命的预测和判断，从而确定其成新率的方法。计算公式表示为：

$$\frac{已使用年限}{(已使用年限+剩余使用年限)}\times100\%$$

已使用年限比较容易确定，即名义使用年限。

剩余使用年限应由评估人员根据无形资产的特征，分析判断获得。

二、市场法在无形资产评估中的应用

市场法是指通过市场调查，选择与备评估无形资产相同或类似的近期交易实例作为参照物，并通过对交易情况、交易时间、交易价格类型，以及无形资产的先进性、适用性、可靠性、使用范围、经济寿命等各方面的因素比较、量化和修正，将参照物无形资产的市场交易价格调整为评估对象价值的评估思路和技术方法。

由于无形资产的个别性、垄断性、保密性等特点决定了无形资产的市场透明度较低，加之我国无形资产市场不发达，交易不频繁，使得运用市场途径及其方法评估无形资产有诸多的困难。

因此，我国目前运用市场法评估无形资产的情况并不普遍。

1. 合理选择参照物

同有形资产一样，无形资产采用市场法评估首先也要收集资料和合理选择参照物。

根据《资产评估准则》有关“无形资产”的规定，收集资料时应注意以下几点：

(1) 具有合理比较基础的类似的无形资产；

(2) 收集类似的无形资产交易的市场信息是为横向比较提供依据，而收集被评估无形资产以往的交易信息则是为纵向比较提供依据；

(3) 作为市场法应用基础的价格信息应满足相关、合理、可靠和有效的要求；

(4) 无论是横向比较，还是纵向比较，参照物与被评估无形资产会因时间、空间和条件的变化而产生差异，应该对此做出言之有理、持之有据的调整。

在对所收集资料进行分析、整理和筛选的基础上合理选择参照物，参照物的选择要注意以下几点：

(1) 所选择的参照物应与评估对象无形资产在功能、性质、适用范围等方面相同或基本相同；

(2) 参照物的成交时间应尽可能接近评估基准日，或其价格可调整为评估基准日价格；

(3) 参照物的价格类型要与评估对象要求的价格类型相同或接近；

(4) 至少有三个以上的参照物可供比较。

2. 恰当确定可比因素

可比因素是影响被评估对象和参照物之间价格差异的因素。从大的方面来看，这些影响因素包括：

(1) 交易情况因素，包括交易类型、市场供求状况、交易双方状况、交易内容（如所有权转让或使用权转让）、交易条件、付款方式等；

(2) 交易时间因素，主要分析参照物交易时同类无形资产的价格水平与评估时点是否发生变化，变化的幅度以及对无形资产价格的影响程度；

(3) 无形资产的状况因素，主要包括无形资产的产权状况，无形资产的适用性、先进性、安全可靠性和配套性，无形资产的剩余经济寿命，无形资产受法律保护和自我保护的程度，无形资产的保密性和扩散性，无形资产的研发和宣传成本等。

评估时，应对上述因素进行全面分析，合理确定可供比较的各种因素，并通过对可比因素的量化和调整最终估测出被评估对象无形资产的价值。

案例分析

(1) 两年通货膨胀率累计为10%，对外购无形资产的重置成本可按物价指数法调整，并根据成新率确定净值，由此可得到该制药生产全套技术的重置成本净值为：

$$400\times(1+10\%)\times\left[\frac{9}{(3+9)}\right]=330(\text{万元})$$

(2) 因转让双方共同使用该项无形资产，设计能力分别为700万箱和300万箱，确定重置成本净值分摊为：

$$\frac{300}{700+300}\times 100\%=30\%$$

(3) 由于无形资产转让后加剧了市场竞争，在该无形资产的寿命期间，销售收入减少、费用增加的折现值是转让无形资产的机会成本，根据题中资料可得：

80＋20＝100(万元)

因此，该项无形资产转让的最低收费额评估值为：

330×30%＋100＝199(万元)

任务7-4 掌握常见无形资产的评估方法

案例导入

某企业为了整体资产转让，需进行评估。经预测该企业未来5年净利润分别为100万、110万、120万、150万、160万，从第6年起，每年收益处于稳定状态，即每年均为160万。该企业一直没有负债，其有形资产只有货币资金和固定资产，且其评估值分别为100万和500万，该企业的一项无形资产，即一个尚有5年剩余经济寿命的非专利技术，该技术产品每件可获超额净利润10元，目前该企业每年生产产品8万件，经综合生产能力和市场分析预测，在未来5年，每年可生产10万件，经预测折现率和本金化率均为6%。请评估该企业的商誉价值并说明评估技术思路（以万元为单位，小数点后保留两位）。

基础知识

一、专利资产和专有技术评估

1. 专利资产的资产特点及评估目的

(1) 专利资产的特点。

1) 专利资产确认复杂。

专利资产受到法律保护，但是对保护范围和时限都有规定。除了适合专利证书外，还要核查与评估基准日相近的专利登记簿副本所记载的事项、专利权利要求书、说明书及附图，以及专利年费的缴纳情况。

2) 收益能力有一定的不确定性。

3) 专利资产除具有无形资产的基本特性外，还具有自身特征。

Ⅰ. 时间性。

按照我国专利法的规定，发明专利的保护期限为20年，实用新型与外观设计的保护期限为10年，均自申请日开始计算。

Ⅱ. 地域性。

专利权仅在申请国或确定范围内有效。

Ⅲ. 排他性。

排他性是指由法律赋予专利所有人一段时间对该资产的垄断，这是专利获得超额经济收益的保证。

Ⅳ．共享性。

专利资产的共享性指专利权人可以许可多家在同一时间同时使用专利资产。

(2) 专利资产评估目的。

1) 专利权转让形式分类

专利权转让可以分为全权转让（所有权转让）和许可使用权转让。

2) 许可使用权转让中的要素。

Ⅰ．使用权限。

按专利使用权限的大小，可分为：

A. 独占使用权（只有一个使用者，价格高）

独占使用权指在许可合同所规定的时间和地域范围内卖方只把技术转让给某一特定买主，买方不得卖给第二家买主。同时卖主自己也不得在合同规定范围内使用该技术和销售该技术生产的产品。显然，这种转让的卖方索价会比较高。

B. 排他使用权（只有两个使用者）

排他使用权指卖方在合同规定的时间和地域范围内只把专利授予买方使用，同时卖方自己保留使用权和产品销售权，但不再将该技术转让给第三者。

C. 普通使用权（二个以上使用者）

普通使用权是指卖方在合同规定的时间和地域范围内可以向多家买主转让专利，同时卖方自己也保留专利使用权和产品销售权。

Ⅱ．地域范围。

专利许可证大多数都规定明确的地域范围，如某个国家或地区，买方的使用权不得超过这个地域范围。

Ⅲ．时间期限。

专利许可证合同一般都规定有效期限，时间长短因技术而异。一项专利技术的许可期限一般要和该专利的法律保护期相适应。

2. 专利资产评估程序

(1) 确认专利资产的存在。

1) 明确专利的基本情况。

A. 专利名称。

B. 专利类别。

发明专利（即新的技术方案）、实用新型专利（即有“型”的小发明）和外观设计专利。

C. 专利申请的国别或者地区。

专利权仅仅在申请国或确定范围内有效。

D. 专利申请号或专利号。

E. 专利的法律状态。

专利的法律状态包括所有权人（在申请阶段为专利申请人、授权后为专利权人）及其变更情况，专利所处的专利审批阶段、年费缴纳情况、专利权的终止、恢复、质押，是否涉及法律诉讼或处于复审、宣告无效状态。

F. 专利申请日。

专利申请日是专利保护期限的起始时间。我国实行先申请原则（即专利权将授予最先申请的人）。专利申请日指国务院专利行政部门收到专利申请的请求书、专利书和权力要求书的日期，邮寄的以寄出的邮戳日为申请日，如邮戳日不清晰，除当事人能够提出证明外，以国务院专利行政部门收到日为递交日。

G. 专利授权日。

这是专利的生效日，是经过实质性审查合格后国务院专利行政部门所指定的法定公告日期。

H. 专利权利要求书所记载的权利要求。

I. 专利使用权利。

专利使用权利包括专利权独占许可、普通许可和其他形式的许可。

2）核实专利权的有效性。

对专利技术有效性的判断包括两个层次：

A. 核实该专利是否为有效专利，著录项目是否属实。

确认专利权的法律状态是否有效，不能够仅仅凭《专利证书》进行判断，失效的专利证书国家并没有收回，而是在《专利公报》上公告作废。需要委托方提供专利管理机构出具确认证明或者通过检索，确认专利的法律状态是否有效。

对于向专利局提出申请正在受理中的专利申请权，要核实专利局发出的《受理通知书》和缴费凭证等。

B. 核实该专利是否具有专利性。

我国对实用新型专利实行“初步审查”制度，很多已经授权的实用新型专利是不符合专利法的实质性要求的，可能经过无效程序，丧失专利权。

（2）搜集相关资料，确定评估方法。

1）专利资产评估应用收益法情形较多，也可以使用成本法和市场法。

2）注意以下问题对评估方法选取的影响。

A. 不能够确认为资产的技术，不能够进行评估。

B. 尚未完成，但是预计能够完成。对未来市场参数、财务参数、投资参数不确定性较大时，不宜采用收益法评估。

C. 对于委估专利资产的发明与研制成本无关，重要的是发明思想的情形，不应该选取成本法评估。

3）评估人员应该收集的资料。

A. 专利资产的权利人及实施企业基本情况。

B. 专利证书、最近一期的专利缴费凭证。

C. 专利权利要求书、专利说明书及其附图。

D. 专利技术的研发过程、技术实验报告、专利产品检测报告。

E. 专利产品的适用范围。

F. 市场需求、市场前景及市场寿命、相关行业政策发展状况、同类产品的竞争状况等相关的信息、资料。

G. 宏观经济政策和数据。

H. 与专利产品的获利能力等相关的信息、资料。

I. 专利以往的评估和交易情况。

(3) 信息资料核查分析，评定估算。

上述资料是专利资产评估的基础资料，评估人员应进行认真的合适、分析，这些基础资料是资产清查工作的目的及成果，它将为下一步的评定估算工作做好充分的准备。

(4) 完成评估报告，并加以详尽说明。

评估报告是专利资产评估结果的最终反映，但这种结果是建立在各种分析、假设基础之上的，为了说明评估结果的有效性和适用性，评估报告中应详尽说明评估的各有关内容。

3. 专利资产的评估方法

(1) 收益法。

收益法的运用关键在于收益法的三项指标和参数的确定：收益额、折现率和收益期限。

1) 专利权收益额的确定。

A. 直接测算超额收益法。

进一步可以划分为收入增长型专利和费用节约型专利来测算。

B. 分成率法。

利润分成率反映专利技术对整个利润额的贡献程度。我国评估人员认为利润分成率25%～33%较合适。可利用综合评价法确定分成率（又称为多属性效用理论（MAUT））。其原理是专利资产价值主要受四个因素的影响，即法律因素、技术因素、经济因素及风险因素，分析评价各个因素对分成率取值的影响度，再根据多个专家确定的各个因素的权重，最终得到分成率。

2) 专利技术折现率的估测。

$$折现率=无风险报酬率+风险报酬率$$

其中，无风险报酬率的确定一般应考虑社会平均报酬率。我国一般采用当年的国债利率，换算为复利计算的年利率。风险报酬率（风险系数）的确定主要由以下四项之和构成：

A. 技术风险系数；

B. 市场风险系数；

C. 资金风险系数；

D. 管理风险系数。

【例 7-4】甲研究所拟将一项新研发的专利技术转让给乙企业，评估基准日为 2010 年 1 月 31 日。据评估人员预测与调查，该专利的剩余经济寿命为 6 年，全部的研发成本为 100 万元，由于甲研究所历年来成果转化率较高，其成本利润率在 200%左右。乙企业为一家电子产品生产企业，乙企业为使用该专利技术拟投入资产的重置成本为 2 000 万元，其成本利润率为 15%。评估人员预测，使用该专利生产的电子产品的利润总额，第一年为 700 万元，第二至四年每年利润总额将递增 5%，第五至六年每年利润总额将在上一年的基础上递减 4%。假设社会无风险报酬率为 3.5%，该专利的风险报酬率为 6.5%，企业所得税税率为 15%。

$$利润分成率=\frac{100\times(1+200\%)}{100\times(1+200\%)+2\,000\times(1+15\%)}=11.54\%$$

每年的利润总额：

第一年：700（万元）

第二年：700×(1＋5%)＝735（万元）

第三年：735×(1＋5%)＝771.75（万元）

第四年：771.75×(1＋5%)＝810.34（万元）

第五年：810.34×(1－4%)＝777.93（万元）

第六年：777.93×(1－4%)＝746.81（万元）

$$评估值=\left[\frac{700}{(1+10\%)}+\frac{735}{(1+10\%)^2}+\frac{771.75}{(1+10\%)^3}+\frac{810.34}{(1+10\%)^4}+\frac{777.93}{(1+10\%)^5}+\frac{746.81}{(1+10\%)^6}\right]\times 11.54\%\times(1-15\%)=321.90(万元)$$

(2) 成本法。

外购专利的重置成本比较容易确定，这里不再赘述。自创的专利的成本组成包括：

1）研制成本。

A. 直接成本。包括材料费、工资费、专用设备、资料费、咨询鉴定、培训、协作、差旅及其他。

B. 间接成本。包括管理费、非专用设备折旧费、应分摊的公共费用及能源费用等。

2）交易成本。

发生在交易过程中的费用支出。包括：技术服务费、交易过程中的差旅费及管理费、手续费、税金。

3）专利费。

为申请和维护专利权所发生的费用。包括：专利代理费、申请费；实质性审查请求费；维护费、证书费、年费等。

由于评估的目的不同，其成本构成内涵也不一样，评估时应该视不同情况考虑以上成本的全部或者一部分。

【例 7-5】某实业有限公司因为管理不善，经济效益不佳，亏损严重，将要被同行的利达有限公司兼并，现在需要对这个实业有限公司资产进行评估，这个公司有一项专利属于实用新型，两年前自行研制并获得专利证书，对这个要兼并的企业专利进行鉴定，分析过程如下：

(1) 确定评估对象。

这个专利确实是公司自己研制的，有专利证书。

(2) 技术功能鉴定。

这个专利证所代表的专利技术不错，该专利技术还未应用于生产当中，技术有待完善，该产品的售价成本参数难以得到，从技术的试验结果看，将会为未来带来好的效果。

(3) 评估法的选择。

鉴于该专利技术新做的鉴定结论，应用成本法能反映该项专利资产的价值，因为收益法、市场法都不能使用，所以选用成本法。

（4）各项评估参数的估算。具体资料如下：

材料费用	45 000 元
工资费用	10 000 元
专用设备费	6 000 元
资料费	1 000 元
咨询鉴定费	5 000 元
培训费	2 500 元
差旅费	3 100 元
管理费分摊	2 000 元
非专用设备折旧费分摊	9 600 元
专利费用及其他	3 600 元
合计	87 800 元

根据专利技术开发的过程分析，各类消耗仍按过去实际发生定额计算，对其价格可按现行价格计处。根据考察、分析和测算，近两年生产资料价格上涨指数分别为 5%和 8%。因生活资料物价指数资料难以获得，该专利技术开发中工资费用所占份额很少，因此，可以将全部成本按生产资料价格指数调整，即可估算出重置完全成本。

$$\begin{aligned}重置完全成本&=87\,800\times(1+5\%)\times(1+8\%)\\&=99\,565(元)\end{aligned}$$

其次，确定该项专利技术的贬值率。

该项实用新型的专利技术，法律保护期限为 10 年，尽管还有 8 年保护期限，但根据专家鉴定分析和预测，该项专利技术的剩余使用期限仅为 6 年，由此可以计算贬值率为：

$$贬值率=\frac{(8-6)}{8}\times100\%=25\%$$

（5）计算评估值，做出结论。

$$评估值=99\,565\times(1-25\%)=74\,674(元)$$

最后，确定该项专利技术的评估值为 74 674 元。

4. 专有技术的特点

（1）专有技术的特性判断。

1）实用性。

2）获利性。

3）保密性。

保密性是专有技术的最主要特性。

（2）专有技术与专利技术的区别。

1）专有技术具有保密性，而专利技术则是在专利法规定范围内公开的。

2）专有技术的内容范围很广，包括设计资料、技术规范、工艺流程、材料配方、经营诀窍和图纸等。

3）专利技术有明确的法律保护期限，专有技术没有法律保护期限。

4）专利技术受《中华人民共和国专利法》的保护，对专有技术进行保护的法律主要有《中华人民共和国合同法》《中华人民共和国反不正当竞争法》等。

5. 影响专有技术价值的因素及其评估方法

（1）影响专有技术价值的因素分析。

1）专有技术的预期获利能力。

2）专有技术的市场情况。

3）专有技术的开发成本。

4）专有技术的使用期限。

5）保密措施。

（2）专有技术的评估方法——与专利资产评估方法基本相同。

【例 7-6】某企业现有不同类型工业图纸 8 万张，需要进行评估，以确定这批图纸的价值，估算过程如下：

第一步，分析鉴定图纸的情况。

评估人员根据图纸的尺寸、所给产品的种类及产品的周期做了分析整理，将这 8 万张图纸分了四大类：

1）活跃/当前型，一共有 6.2 万张。

2）半活跃/当前型，0.9 万张，指目前不再成批生产但仍可以订货，如产品零部件、组合件的工程图纸及其他工艺文件。

3）活跃/陈旧型，0.7 万张，计划停止生产，但目前还可以销售。

4）完全停止生产，而且不再销售了，这样的零件一共有 0.2 万张。

根据分析，现在继续有效使用的图纸合计 7.1 万张。

第二步，估算图纸的重置完全成本。

根据图纸设计、制作耗费及其现行价格确定，这批图纸每张的重置成本为 120 元。由此可以计算出这批图纸的重置完全成本。

图纸的重置完全成本＝71 000×120＝8 520 000（元）。

二、商标资产评估

1. 商标资产评估对象的确认

（1）商标及其分类。

商标是商品或服务的标记，是商品生产者或经营者为了把自己的商品或服务区别于他人的同类商品或服务，在商品和服务中使用的一种特殊的标记。这种标记一般是由文字、图形、字母、数字、三维标志和颜色组合。商标的分类主要有：

1）按照商标是否具有法律保护的专用权，可以分为：注册商标和未注册商标。我们所讲的商标权的评估指的是注册商标专用权的评估。

2）按商标的构成，可以划分为：文字商标、图形商标、符号商标、文字图形组合商标、色彩商标、三维标志商标。

3）按商标的不同作用分类：商品商标、服务商标、集体商标和证明商标等。

（2）商标权中的经济权利。

1）商标权以申请注册的时间先后为审批依据，而不以使用时间先后为审批依据。

2）商标权包括排他专用权（或独占权）、转让权、许可使用权、继承权等。

2. 影响商标权价值的因素

（1）商标的法律状态。

1）商标注册情况。

只有注册商标的才具有经济价值，没有注册的商标，即使能够带来经济效益，其经济价值也得不到确认。

2）商标权的失效。

Ⅰ. 注册商标有效期为10年，10年届满没有申请续展，则商标的注册将备销，商标权失效。

Ⅱ. 以下几种情况可能导致商标权的无效：

自行改变注册商标的；自行改变注册商标的注册人姓名、地址或者其他注册事项的；自行转让注册商标的；连续3年停止使用的。

3）商标权的续展。

商标注册人按期提出续展申请，经商标局核准，商标权可以无限续展。

4）商标权的地域性。

5）商标权在特定的商品范围内有效。

商标注册申请采用“一类商品、一个商标、一份申请”，超出注册范围的商品使用商标带来的收益不应该计入商标资产的预期收益之中。

（2）评估目标。

从商标权转让方来说，评估目标可以分为商标权转让和商标权许可使用。一般来说，商标权转让的评估值高于商标许可使用的评估值。从股份制企业商标评估情况来说，通常包括以商标权投资入股、商标许可使用、商标权转让等。根据评估目的的不同，评估出商标资产的不同价值。

（3）商标的知名度。

商标的知名度，即商标的驰名度。商标的知名度越大，其价值就越高。不同的商标可为商标权人带来不同的收益，同样的商品给企业带来的收益会相差甚远。驰名商标依照《保护工业产权巴黎公约》、世界贸易组织的《知识产权协议》及多数国家的商标法，都享有受特殊保护的权利，因此，驰名商标的法律地位也会增加它的价值。

（4）商标声誉维护。

商标资产维护时间越长，价值越大。商标资产的价值与商标广告宣传费的多少有关，但商标资产的价值并不等于商标的广告宣传费。

（5）商标设计。

商标的优劣关系到企业的胜败兴衰。一个好商标的设计要求美观、内涵丰富并能展示企业风格，而商标设计的基础则在于商标名称的创意和设计。

（6）商标所依托的商品。

商标权本身不能直接产生收益，商标所带来的收益是依托相应的商品来体现的。

（7）宏观经济状况。

在评估基准日宏观经济景气高涨时，评估值相对较高，低迷时评估值较低。

（8）类似商标的交易情况。

当使用市场法进行商标价值评估时，可比实例及其交易情况对商标价值评估起决定性的作用。

(9) 其他因素。

除上述影响商标价值评估的因素外，还有其他一些情况对商标价值评估也构成影响。如：商标的注册、使用、购买成本，商标注册时间、有无许可使用等都是影响商标资产价值的重要因素。

3. 商标权的经济价值及评估程序

(1) 商标权的经济价值。

商标权的经济价值在于能够产生超额收益，而不在于其基本功能。

(2) 商标权评估的程序。

1) 接收委托，明确有关事项。

2) 向商标权人收集有关资料。

3) 市场调研和分析。

4) 确定评估方法，收集确定有关参数。

5) 计算、分析，得出结论，完成评估报告。

4. 商标权评估方法

(1) 商标资产转让的评估。

【例 7-7】W 企业现生产甲产品，为了提高甲产品的市场占有率，希望从 A 公司获得其商标的使用权。W 企业已经与 A 公司达成了商标使用权转让初步协议，现委托评估机构对 W 企业拟购买 A 公司所拥有的商标权使用权的价值进行评估，评估基准日为 2009 年 1 月 1 日。

经评估人员调查分析，A 公司是全球知名的企业，商标使用权上次获得注册（续展）的时间是 2006 年 1 月 1 日，并按时缴纳了有关商标的费用，商标有效。如果甲产品采用了 A 公司的商标，预计在评估基准日后 15 年内可具有稳定的市场，产品销售价格可由原来的每台 550 元提高到 750 元，全部成本及由增值税引起的税金及附加由原来的每台 500 元增加到 580 元，评估基准日后第一年可销售 16 000 台，第二年可销售 18 000 台，从第三年开始每年可销售 22 000 台。15 年以后企业不再使用 A 公司的商标。

购买该商标使用权的风险回报率是 8%，国库券的利率是 4%。

如果 W 企业适用所得税税率为 25%。

根据上述条件不考虑其他因素，试评估在本评估目的下 W 企业购买的 A 公司商标权的价值。

解：商标保护期：

由于 A 公司的商标是知名商标，所以 A 公司肯定会在商标保护期满时继续申请保护，所以其商标的保护期可以认为是无限年限。

超额收益：

$$\begin{aligned}\text{第一年的超额收益} &= [(750-550)-(580-500)]\times 16\,000\times(1-25\%)\\ &= 120\times 16\,000\times 0.75\\ &= 1\,440\,000(\text{元})\end{aligned}$$

$$\begin{aligned}\text{第二年的超额收益} &= [(750-550)-(580-500)]\times 18\,000\times(1-25\%)\\ &= 1\,620\,000(\text{元})\end{aligned}$$

第三年及以后各年的年收益＝[(750－550)－(580－500)]×22 000×(1－25%)
＝1 980 000(元)

折现率＝无风险利率＋风险回报率＝4%＋8%＝12%

$$评估值=\frac{1\,440\,000}{(1+12\%)}+\frac{1\,620\,000}{(1+12\%)^2}+1\,980\,000\times\left(\frac{P}{A},12\%,13\right)\times\left(\frac{P}{F},12\%,2\right)$$
$$=12\,716\,380.48(元)$$

(2) 商标许可价值评估。

【例7-8】甲自行车厂将红鸟牌自行车的注册商标使用权通过许可使用合同允许给乙厂使用，使用时间为5年。双方约定由乙厂每年按使用该商标新增利润的27%支付给甲厂，作为商标使用费，试评估该商标使用权价值。评估过程如下：

首先，预测使用期限内新增利润总额取决于每辆车的新增利润和预计产量。对于产量的预测，应根据许可合同的有关规定及市场情况进行。如果许可合同中规定有地域，在预测时必须予以考虑。否则就可能导致预测量过多，引致评估值失实。根据评估人员预测，每辆车可新增净利润5元，第一年至第五生产的自行车分别是40万辆、45万辆、55万辆、60万辆、65万辆。由此确定每年新增净利润为：

第一年：40×5＝200（万元）

第二年：45×5＝225（万元）

第三年：55×5＝275（万元）

第四年：60×5＝300（万元）

第五年：65×5＝325（万元）

其次，确定分成率。按许可合同中确定的27%作为分成率。

再次，确定折现率。假设折现率为14%。

由此，可以计算出每年新增净利润的折现值（见表7-1）。

表7-1　　每年新增净利润折现值

年份	新增净利润额（万元）	折现系数	折现值（万元）
1	200	0.877 2	175.44
2	225	0.769 5	173.14
3	275	0.675 0	185.62
4	300	0.592 1	177.63
5	325	0.519 4	168.81
合计			880.64

最后，按27%的分成率计算确定商标使用权的评估值为：

880.64×27%＝237.78(万元)

三、版权评估

1. 版权的基本概念

版权是指文学、艺术作品和科学作品的创作者依照法律规定对这些作品所享有的各项专有权利。

(1) 版权中的经济权利。

作品的版权包括精神权利和经济权利。评估要考虑的是经济权利，指的是能够给版权人带来经济利益的权利。版权的 17 种经济权利：

1) 复制权；

2) 发行权；

3) 出租权；

4) 展览权；

5) 表演权；

6) 放映权；

7) 广播权；

8) 信息网络传播权；

9) 摄制权；

10) 改编权；

11) 翻译权；

12) 汇编权；

13) 出版者对其出版的图书、期刊的版式设计的权利；

14) 表演者对其表演享有的权利；

15) 录音、录像制作者对其制作的录音、录像制品享有的权利；

16) 广播电台、电视台对其制作的广播、电视所享有的权利；

17) 应当由著作权人和与著作权有关权利人享有的其他权利。

(2) 版权的保护期。

1) 作者的署名权、修改权、保护作品完整权的保护期不受限制。

2) 公民的作品，其发表权、使用权和获得报酬权的保护期为作者终生及其死亡后 50 年；如果是合作作品，截止于最后死亡的作者死亡后 50 年；单位作品保护期为首次发表后 50 年。

3) 计算机软件的保护期限，属于自然人所有的，同上，属于法人或者其他组织所有的，保护期 50 年，截止于软件首次发表后第 50 年的 12 月 31 日，但软件自开发完成之日起 50 年内未发表的，本条例不再保护。

4) 电影、电视、录像和摄影作品的发表权、使用权和获得报酬权的保护期截止于作品首次发表后的 50 年。

2. 版权的特征

(1) 自动保护的原则。

著作权和计算机软件版权登记不是版权产生的前提，但是有一个法律的初步证据。

(2) 权利的多样性。

根据《中华人民共和国著作权法》的规定，版权人享有的权利多达十几项，其中法律明确规定版权人享有的经济权利有 12 项，而且这些权利的行使可以是彼此独立的。

(3) 法律特征。

版权是自动获取的权利，但是同时受保护期等限制。其法律特征主要体现在时间性及地域性，这点与专利权及商标权是相同的。

3. 版权的价值影响因素

(1) 著作权作品作者和著作权权利人；

(2) 著作权评估对象包含的财产权利种类、形式以及权利限制，包含时间、地域方面的限制以及存在的质押、发了诉讼等权利限制；

(3) 与著作权有关的权利和相关的专利权、专有技术和商标权；

(4) 著作权作品的类别；

(5) 著作权作品的创作形式；

(6) 著作权作品题材、题材类型等情况；

(7) 著作权的保护范围；

(8) 著作权作品创作完成时间、首次发表时间；

(9) 著作权作品创作的成本因素；

(10) 所实施的著作权保护措施、保护措施的有效性以及可能需要的成本费用等；

(11) 著作权剩余法定保护期限以及剩余经济寿命；

(12) 著作权作品发表后的社会影响、发表状况。

四、商誉评估

1. 商誉及其特点

商誉通常是指企业在一定条件下，能获取高于正常投资报酬率的收益所形成的价值。商誉的特点：

(1) 商誉不能离开企业而单独存在，不能与企业可确指的资产分开出售。

(2) 商誉是多项因素作用形成的结果，但形成商誉的个别因素，不能以任何方法单独计价。

(3) 商誉本身不是一项单独的、能产生收益的无形资产，而只是超过企业可确指的各单项资产价值之和的价值。

(4) 商誉是企业长期积累起来的一项价值。

2. 商誉评估的方法

第一，割差法。

割差法的理论依据是企业价值与企业净资产价值是两个不同的概念。如果有两个企业，净资产价值大体相当，但由于经营业绩悬殊，预期收益悬殊，其企业价值自然悬殊。构成企业价值的净资产，包括有形资产和可确指的无形资产，由于其可以独立存在和转让，其评估价值在不同企业中趋同。但它们由于不同的组合，不同的使用情况和管理，使之运行效果不同，导致其组合的企业价值不同。使各类资产组合后产生的超过各项单项可确指资产价值之和的价值，即为商誉。

基本公式是：

$$商誉的评估值=企业整体资产评估值-\begin{matrix}企业可确指的各单项资产评估值之和\\（含可确指无形资产）\end{matrix}$$

其中：

1) 企业整体资产评估值计算：通过预测企业未来预期收益并进行折现或资本化获取；

对于上市公司，也可以按股票市价总额确定。

2）企业可确指的各单项资产评估值之和（含可确指无形资产）计算可运用以前各个章节讲解的各种资产价值的评估方法。

【例 7－9】某企业为了整体资产转让，需进行评估。现收集的有关资料如下：

（1）该企业多年来经营一直很好，在同行业中具有较强的竞争优势。

（2）经预测被评估企业未来 5 年预期净利润分别为 100 万元、110 万元、120 万元、140 万元、150 万元，从第 6 年起，每年收益处于稳定状态，保持在 150 万元的水平上。

（3）该企业一直没有负债，用加和法估算的企业各项可确指资产评估值之和为 800 万元。

（4）经调查，在评估基准日时，社会的平均收益率为 9%，无风险报酬率为 4%，被评估企业 β 系数为 2，资本化率为 12%。

问题：

（1）说明评估该企业商誉的主要思路和方法。

（2）评估该企业的商誉价值。

解：

（1）说明评估该企业商誉的主要思路和方法。

1）商誉评估的方法主要有割差法。

2）割差法是根据企业整体评估价值与企业可确指的各单项资产评估值之和进行比较确定商誉评估值的方法。

3）基本公式是：

$$商誉的评估值=企业整体资产评估值-企业可确指的各单项资产评估值之和$$

企业整体资产评估值计算：通过预测企业未来预期收益并进行折现或资本化获取。

（2）评估该企业的商誉价值。

1）企业整体资产评估值计算：

$$折现率=4\%+(9\%-4\%)\times 2=14\%$$
$$资本化率=12\%$$

企业整体资产评估值：

$$\begin{aligned}评估值=&\left[100\times\left(\frac{P}{F},14\%,1\right)+110\times\left(\frac{P}{F},14\%,2\right)+120\times\left(\frac{P}{F},14\%,3\right)+140\right.\\&\left.\times\left(\frac{P}{F},14\%,4\right)+150\times\left(\frac{P}{F},14\%,5\right)\right]+(150\div 12\%)\times\left(\frac{P}{F},14\%,5\right)\\=&[100\times 0.877\,2+110\times 0.769\,5+120\times 0.675\,0+140\times 0.592\,1+150\times 0.519\,4]\\&+1\,250\times 0.519\,4\\=&414.169+649.25=1\,063.419(万元)\end{aligned}$$

2）加和法估算的企业各项可确指资产评估值之和为 800 万元。

3）商誉的价值为 263.419 万元（1 063.419－800＝263.419）。

第二，超额收益法。

商誉是企业收益与按行业平均收益率计算的收益差额（即超额收益）的本金化价格。

超额收益法可分为超额收益本金化价格法和超额收益折现法。

1）超额收益本金化价格法实质上就是收益无限年限的情况下的收益法。

超额收益本金化价格法是把被评估企业的超额收益经本金化还原来确定该企业商誉价值的一种方法。公式是：

$$商誉的价值=\frac{(企业预期年收益额-行业平均收益率\times该企业的单项资产评估值之和)}{适用本金化率}$$

或 $$=被评估企业单项资产评估价值之和\times\frac{(被评估企业预期收益率-行业平均收益率)}{适用本金化率}$$

式中：

$$被评估企业预期收益率=\frac{企业预期年收益额}{企业的单项资产评估价值之和}\times 100\%$$

这里的被评估企业预期收益率是被评估企业预期年收益与单项资产评估价值之和的比。

【例 7-10】某企业的预期年收益额为 20 万元，该企业的各单项资产的评估价值之和为 80 万元，企业所在行业的平均收益率为 20%，并以此作为适用资产收益率。

$$\begin{aligned}商誉的价值&=(200\,000-800\,000\times 20\%)\div 20\%\\&=40\,000\div 20\%=200\,000(元)\end{aligned}$$

或 $$\begin{aligned}&=800\,000\times(200\,000/800\,000-20\%)\div 20\%\\&=800\,000\times\frac{(25\%-20\%)}{20\%}=200\,000(元)\end{aligned}$$

超额收益本金化价格法主要适用于经营状况一直较好、超额收益比较稳定的企业。预测企业预期收益能够保持无限年限的企业。

2）超额收益折现法。

超额收益折现法是把企业可预测的若干年预期超额收益进行折现，把其折现值确定为企业商誉价值的一种方法。计算公式是：

$$商誉的价值=\sum_{i=1}^{n}\frac{R_i}{(1+r)^i}$$

式中：R_i——第 i 年企业预期超额收益；

r——折现率；

n——收益年限。

【例 7-11】某企业预计将在今后 5 年内保持其具有超额收益的经营态势。估计预期年超额收益额保持在 22 500 元的水平上，该企业所在行业的平均收益率为 12%，则

$$\begin{aligned}商誉的价值&=22\,500\times 0.892\,9+22\,500\times 0.797\,2+22\,500\times 0.711\,8+22\,500\times\\&\quad 0.635\,5+22\,500\times 0.567\,4\\&=81\,108(元)\end{aligned}$$

或 $$=22\,500\times 3.604\,8=81\,108(元)$$

3. 商誉评估需要注意的几个问题

(1) 不是所有企业都有商誉，商誉只存在于那些长期具有超额收益的少数企业之中。

一个企业在同类型企业中超额收益越高，商誉评估值越大。

(2) 商誉评估必须坚持预期原则。企业是否拥有超额收益是判断企业有无商誉和商誉大小的标志。

(3) 商誉价值形成既然是建立在企业预期超额收益基础之上，那么，商誉评估值高低与企业中为形成商誉投入的费用和劳务没有直接联系，因此，商誉评估不能采用投入费用累加的方法进行。

(4) 商誉是由众多因素共同作用形成，但形成商誉的个别因素不能够单独计量的特征，决定了商誉评估也不能采用市场类比的方法进行。

(5) 企业负债与否、负债规模大小与企业商誉没有直接关系。

从财务学原理分析，企业负债不影响资产收益率，而影响投资者收益率，即资本金收益率。资本金收益率与资产收益率的关系可以表述为：

$$资本金收益率=\frac{资产收益率}{(1-资产负债率)}$$

在资产收益率一定且超过负债资金成本的条件下，增大负债比率，可以增加资本金收益率，并不直接影响资产收益率。

商誉评估值取决于预期资产收益率，而非资本金收益率。当然，资产负债率应保持一定的限度，负债比例增大会增大企业风险，最终会对资产收益率产生影响。这在商誉评估时应有所考虑，但不能因此得出负债企业就没有商誉的结论。

(6) 商誉与商标是有区别的，反映两个不同的价值内涵。

1) 商标是产品的标志，而商誉则是企业整体声誉的体现。

商标与其产品相结合，它所代表的产品质量越好，市场需求越大，商标的信誉越高，据此带来的超额收益越大，其评估值也就越大。而商誉则是与企业密切相关的，企业经营机制完善并且运转效率高，企业的经济效益就高，信誉就好，其商誉评估值也就越大。可见，商标价值源于产品所具有的超额获利能力，商誉价值则源于企业所具有的超额获利能力。

2) 商誉作为不可确指的无形资产，是与企业及其超额获利能力结合在一起的，不能够脱离企业而单独存在。商标则是可确指的无形资产，可以在原组织继续存在的同时，转让给另一个组织。

3) 商标可以转让其所有权，也可以转让其使用权。而商誉只有随企业行为的发生实现其转移或转让，没有所有权与使用权之分。

案例分析

(1) 评估技术思路。

该企业商誉价值评估应采用割差法进行。首先运用收益法评估企业整体价值，然后运用加和法计算出企业各单项资产价值之和，再运用企业整体价值减掉企业单项资产评估值之和得到企业商誉价值。

(2) 计算企业整体价值。

估算出该企业整体资产评估价值为 2 524.18 万元。

（3）计算企业各单项资产价值。

单项有形资产评估值为600万。

非专利技术评估值＝100×(0.943 4＋0.890 0＋0.839 6＋0.792 1＋0.747 3)
＝421.24(万元)

（4）评出商誉价值。

商誉＝整体资产评估值－(有形资产评估值＋非专利技术评估值)

或　　＝整体资产评估值

非专利技术评估值＝2 524.18－(600＋421.24)＝1 502.94(万元)

项目练习

一、单选题

1. 下列无形资产中，不可确指的无形资产是（　　）。

A. 商标权　　B. 土地使用权　　C. 专营权　　D. 商誉

2. 某企业5年前获得一项专利，法定寿命为10年，现对其进行价值评估。经过专家估算，截止到评估基准日，其重置成本为120万元，尚可使用3年，则该项专利的评估价值为（　　）万元。

A. 45　　B. 50　　C. 60　　D. 72

3. 确定无形资产转让的最低收费额，不需要考虑的因素是（　　）。

A. 转让成本分摊率　　B. 重置成本净值

C. 成新率　　D. 转让的机会成本

4. 下列公式中能够成立的是（　　）。

A. 销售收入分成率＝销售利润分成率/销售利润率

B. 销售利润分成率＝销售收入分成率/销售利润率

C. 销售利润分成率＝销售收入分成率×销售利润率

D. 销售收入分成率＝1—销售利润分成率

5. 某企业的预期年收益额为320万元，该企业的各单项资产评估价值之和为1200万元，其中专利权价值为400万元，该企业所属行业的平均收益率为10%，适用本金化率为10%，其商誉的评估值为（　　）万元。

A. 800　　B. 400　　C. 2 000　　D. 2 400

6. 某企业的预期年收益额为15万元，给企业的各单项资产的重置价值之和为60万元，企业所在行业的平均收益率为20%，以此作为使用本金化率计算出的商誉的价值为（　　）万元。

A. 75　　B. 12　　C. 15　　D. 45

7. 我国现行财务制度一般把科研费用在当期生产经营费用中列支，因此，账簿上反映的无形资产成本是（　　）的。

A. 不完整　　B. 全面　　C. 定额　　D. 较完整

8. 对于同一专利权来讲，其价值最高许可使用形式为（　　）。

A. 普通使用许可　B. 排他使用许可　　C. 交互使用许可　D. 独占使用许可

9. 某企业两年前引进一项专有技术，重置成本为100万元，预计尚可使用5年，该技术产品设计生产能力为年产1 000件，现在准备将40%的生产能力转让出去，由于竞争对手的增加，使得该企业减少收益的现值为30万元。该技术转让的最低收费额接近（　　）万元。

A. 70　　B. 59　　C. 30　　D. 101

10. 对无形资产进行转让、投资评估的前提条件是无形资产（　　）。

A. 可以确指　　B. 附着于有形资产　　C. 技术成熟度高　　D. 可带来超额利润

11. 从资产评估的角度，驰名商标权一般能为企业带来（　　）。

A. 正常利润　　B. 超额利润　　C. 垄断利润　　D. 超额价垄断利润

12. 从本质上讲，商标权的价值主要取决于（　　）。

A. 取得成本　　B. 设计和宣传费用

C. 商标所能带来的收益　　D. 新颖性和创造性

二、多选题

1. 无形资产能存在于其载体的前提是（　　）。

A. 能带来正常利润　　B. 能带来超额利润

C. 能带来垄断利润　　D. 能带来潜在利润

2. 通过无形资产评估前的鉴定，可以解决的问题是（　　）。

A. 证明无形资产存在　　B. 确定无形资产种类

C. 确定其获利能力　　D. 确定其有效期限

3. 下面对无形资产概念理解正确的有（　　）。

A. 由一定的主体排他性地加以控制

B. 对生产经营长期持续发挥作用并能带来经济效益的经济资源

C. 不具有实物形态，但又依托于一定的实体

D. 对生产经营长期持续发挥作用并能带来经济效益的非经济资源

4. 商誉的特征包括（　　）。

A. 形成商誉的个别因素不能单独计价

B. 商誉是企业整体价值扣除全部有形资产以后的差额

C. 商誉不能与企业可确指的资产分开出售

D. 商誉是企业长期积累起来的一项价值

5. 无形资产转让时的最低收费额的决定因素包括（　　）。

A. 重置成本　　B. 历史成本　　C. 机会成本　　D. 生产产品的成本

6. 无形资产评估中，运用收益法时，无形资产收益额的确定方法有（　　）。

A. 直接估算法　　B. 分成率法

C. 约当投资分析法　　D. 要素贡献法

7. 专利权的特点有（　　）。

A. 独占性　　B. 地域性　　C. 通用性　　D. 可转让性

8. 影响无形资产边际贡献的因素有（　　）。

A. 垄断加价　　B. 替代的低廉材料

C. 成本收入率提高　　D. 功能费用降低

9. 下列说法正确的是（　　）。

A. 无形资产创造效益的能力越强，其评估价值越高。

B. 无形资产的创造成本越高，其评估价值越高。

C. 无形资产的市场需求越大，其评估价值越高。

D. 科技成果开发程度越高、技术越成熟，运用该技术成果的风险性越小，其评估价值就越低。

三、判断题

1. 无形资产单独不能创造收益，必须附着于有形资产才能产生收益。（　　）

2. 按使用权限的大小，转让专利使用权可以分为独家使用权、排他使用权、普通使用权等。其中，独家使用权是指卖方在合同规定的时间和地域范围内只把技术授予买方使用，同时卖方自己保留使用权和产品销售权，但不再将该技术转让给第三者。（　　）

3. 采用成本法评估无形资产时，不需要扣除其功能性贬值和经济性贬值。（　　）

4. 当无形资产的获利期限短于其法定保护期限时，评估应按照法定保护期限作为无形资产的剩余寿命期。（　　）

5. 由于无形资产的成本往往是相对的，特别是一些无形资产的内涵已远远超出了它的外在形式的含义。比如名牌商品的内涵是商品的质量信誉、获利能力等，其内在价值已远远超过商标成本中包括的设计费、注册费、广告费等所体现的价值。因此，无形资产的成本费用具有弱对应性的特点。（　　）

6. 商誉不能离开企业而存在，不能与企业可确指的资产分开出售。（　　）

7. 由于无形资产具有替代性的功能特性，因此在评估时必须要考虑无形资产的经济寿命，尤其是尚可使用年限。（　　）

8. 无形资产只存在无形损耗，不存在有形损耗。（　　）

9. 销售收入分成率＝销售利润分成率×销售利润率。（　　）

四、计算分析题

1. 某企业拟转让其拥有的某产品的商标使用权，该商标产品单位市场售价为 1 000 元/台，比普通商标同类产品单位售价高 100 元，拟购买商标企业年生产能力为 100 000 台，双方商定商标使用许可期为 3 年，被许可方按使用该商标的产品年销售利润的 30%作为商标特许权使用费，每年支付一次，3 年支付完价款。被许可方的正常销售利润率为 10%，收益率按 10%计算。

要求：根据上述条件计算该商标使用权的价格。

2. A 企业被 B 企业兼并，需要对 A 企业自创的一项技术进行评估。据资料可知：该技术研发时发生原材料费 10 000 元，辅助材料费 4 000 元，燃料动力费 1 100 元，有关人员工资和津贴 5 000 元，专用设备费 1 000 元，旅差费 500 元，管理费 1 200 元，占用固定资产的折旧费 3 500 元，人员培训费和资料费等 1 300 元，专利申请费 800 元。该技术的创造性劳动倍加系数为 3，科研平均风险率为 6%，无形资产的贬值率为 20%。据预测，该技术使用后，B 企业每年可新增利润 90 000 元。该专利技术剩余有效期限为 5 年。若提成率为 20%，贴现率 10%，求该专利技术的重置价值（计算结果保留两位小数）。

3. 某企业转让制药生产全套技术，经搜集和初步测算已知下列资料：

一是该企业与购买企业共同享受该制药生产技术，双方设计能力分别为 700 万箱和

300 万箱；二是该企业制药生产全套技术系国外引进，账面价格 400 万元，已使用 3 年，尚可使用 9 年，3 年来通货膨胀累计为 10%；三是该项技术转让对该企业生产经营有较大影响，由于市场竞争，产品价格下降，在以后 9 年中减少的销售收入按折现值计算为 80 万元，增加开发费以保住市场的追加成本按折现值计算为 20 万元。

根据以上资料，计算确定：

(1) 该制药生产全套技术的重置成本净值；

(2) 该无形资产转让的最低收费额评估值。

4. 某企业进行股份制改组，根据企业过去经营情况和未来市场形势，预测其未来 5 年的收益额分别是 13 万元、14 万元、11 万元、12 万元和 15 万元，并假定从第 6 年开始，以后各年的收益额均为 14 万元，根据银行利率及企业经营风险情况确定的折现率和资本化率均为 10%。并且，采用单项资产评估方法，评估确定该企业各单项资产评估之和（包括有形资产和可确知无形资产）为 90 万元。试确定该企业商誉评估值。

5. 企业转让彩电显像管技术，购买方用于改造年产 10 万只彩电显像管生产线。经对无形资产边际贡献因素的分析，测算在其寿命期间各年度可带来追加利润为 100 万元、120 万元、90 万元、70 万元，分别占当年利润总额的 40%、30%、20%、15%。试评估无形资产利润分成率。

6. 某企业为了整体资产转让，需进行评估。经预测该企业未来 5 年净利润分别为 100 万、110 万、120 万、150 万、160 万，从第六年起，每年收益处于稳定状态，即每年均为 160 万。该企业一直没有负债，其有形资产只有货币资金和固定资产，且其评估值分别为 100 万和 500 万，该企业有一项可确指无形资产，即一个尚有 5 年剩余经济寿命的非专利技术，该技术产品每件可获超额净利润 10 元，目前该企业每年生产产品 8 万件，经综合生产能力和市场分析预测，在未来 5 年，每年可生产 10 万件，经预测折现率和本金化率均为 6%。请评估该企业的商誉价值并说明评估技术思路（以万元为单位，小数点后保留两位）。

7. 某项技术为一项新产品设计及工艺技术，已使用 3 年，证明技术可靠，产品比同类产品性能优越。经了解，同类产品平均价格为 250 元/件，该产品价格为 280 元/件。目前该产品年销量为 2 万件。经分析，产品寿命还可以维持 8 年，但竞争者将会介入。由于该企业已经较稳固地占领了市场，竞争者估计将采取扩大市场范围的市场策略，预计该企业将会维持目前的市场占有，但价格将呈下降趋势。产品价格预计为：今后 1～3 年维持现价；4～5 年降为 270 元/件；6～8 年降为 260 元/件，估计成本变化不大，故不考虑其变化。若折现率为 10%，所得税率为 25%，试用超额收益法评估该项新产品设计及工艺技术的价值。（计算结果保留两位小数）

8. 甲企业将一项专利使用权转让给乙公司，拟采用利润分成的方法，该专利系三年前从外部购入，账面成本为 100 万元，三年间物价累计上升 50%，该专利法律保护期为 10 年，已过 3 年，尚可保护 7 年。经专业人士测算，该专利成本利润率为 400%，乙企业资产重置成本为 5 000 万元，成本利润率为 10%，通过对该专利的分析，技术人员认为该专利剩余使用寿命为 5 年，另外，通过对市场供求状况及有关会计资料分析得知，乙企业实际生产能力为年产某型号产品 20 万台，成本费用每年约为 400 元，未来 5 年间产量与成本费用变动不大，该产品由于采用了专利技术，性能有较大幅度提高，未来第一、第二年每台售价要达 500 元，在竞争的作用下，为维护市场占有率，第三、第四年售价将下降到每台 450 元，第五年下降到每台 420 元，折现率确定为 10%。要求根据上述资料确定该专利的评估值（不考虑流转税因素，计算结果保留两位小数）。

项目八　企业价值评估

任务 8-1　了解企业价值评估的概念及特点

案例导入

企业价值与企业各项可确指资产价值汇总的区别有哪些？

基础知识

一、企业的定义及特点

企业是由各个要素资产围绕着一个系统目标，发挥各自特定的功能，共同构成一个有机的生产经营能力和获利能力的载体及其相关权益的集合或总称。企业作为一类特殊的资产，具有自身的特点。

1. 盈利性

企业作为一类特殊的资产，其经营目的就是盈利。

2. 持续经营性

持续经营是保证正常盈利的一个重要方面。

3. 整体性

各个要素资产可以被整合为具有良好整体功能的资产综合体。整体性是企业区别于其他资产的一个重要特征。

4. 权益可分性

企业的权益可分为股东全部权益和股东部分权益。

二、企业价值评估对象的界定

1. 企业价值评估的内涵

在中国资产评估协会 2004 年 12 月 30 日颁布的《企业价值评估指导意见（试行）》第三条中明确指出：本指导意见所称企业价值评估，是指注册资产评估师对评估基准日特定目的下企业整体价值、股东全部权益价值或部分权益价值进行分析、估算并发表专业意见的行为和过程。

不论企业价值评估的是哪一种价值，它们都是企业在特定时期、地点和条件约束下所具有的持续获利能力的市场表现。

（1）企业整体价值。

企业总资产价值减去企业负债中的非付息债务价值后的余值，或用企业所有者权益价值加上企业的全部付息债务价值表示。

资产＝负债＋所有者权益＝全部付息债务＋非付息债务＋所有者权益

企业所有者权益价值+全部付息债务价值=企业整体价值

总资产价值−非付息债务价值=企业整体价值

（2）企业股东全部权益价值。

就是企业的所有者权益价值或净资产价值。

（3）股东部分权益价值。

1）其实就是企业一部分股权的价值，或股东全部权益价值的一部分。

2）由于存在控股权溢价和少数股权折价因素，股东部分权益价值并不必然等于股东全部权益价值与股权比例的乘积。

3）在资产评估实务中，股东部分权益价值的评估通常是在取得股东全部权益价值后再来评定。应当在评估报告中披露是否考虑了控股权和少数股权等因素产生的溢价或折价。

2. 企业价值评估的特点

（1）评估对象是由多个或多种单项资产组成的资产综合体；

（2）决定企业价值的高低，是企业的整体获利能力；

（3）企业价值评估是一种整体性评估。

案例分析

无论从理论还是从实践的角度出发，企业的价值都不能简单地等同于企业单项可确指资产价值的汇总，二者的区别在于：

（1）二者评估对象的内涵不同。企业价值评估的对象是按特定目的组合起来的资产综合体的获利能力；而企业单项可确指资产价值汇总的评估对象是企业各要素资产（可确指）的价值总和。

（2）二者的评估结果不同。企业价值评估值与企业单项可确指资产评估值加总之间往往存在差额。如果前者大于后者，就表明被评估企业存在不可确指的无形资产——商誉，也就是说该企业的资产收益率高于企业所在行业的平均水平；如果前者小于后者，就表明被评估企业存在经济性贬值，即该企业的资产收益率低于企业所在行业的平均水平。如果被评估企业的资产收益率与其所在行业的资产收益率相等，则企业价值评估值就应等于企业单项可确指资产评估值加总。

（3）二者的评估目的与具体的适用对象不同。以持续经营假设前提下的企业产权变动为评估目的，就需以企业的获利能力为评估的标的，评估出企业价值。如果以破产清算为假设对企业评估，就需将企业全部可确指资产作为生产要素逐一评估后加总，然后减去企业的负债。此外，对于非盈利企业的评估，也需采用单项资产评估加总而后减去负债的方法。

任务8-2 了解企业价值评估的范围界定

案例导入

对股份有限公司进行价值评估后，各股东是否按照其占股比例分配企业价值？

基础知识

一、企业价值评估的一般范围

1. 企业价值评估的范围

从产权的角度界定，企业价值评估的一般范围应该是企业产权涉及的全部资产。

(1) 企业产权主体自身拥有并投入经营的部分。

(2) 企业产权主体自身拥有未投入经营部分。

(3) 企业实际拥有但尚未办理产权的资产等。

(4) 虽不为企业产权主体自身占用及经营，但可以由企业产权主体控制的部分。

如全资子公司、控股子公司，以及非控股公司中的投资部分；企业拥有的非法人资格的派出机构、分部及第三产业。

2. 企业价值评估参考资料

在具体界定企业价值评估的一般范围时，应参考以下有关数据资料：

(1) 企业价值评估申请报告及上级主管部门批复文件所规定的评估范围。

(2) 企业有关产权转让或产权变动的协议、合同、章程中规定的企业资产变动的范围。

(3) 企业有关资产产权证明、账簿、投资协议、财务报表。

(4) 其他相关资料等。

二、企业价值评估中的有效资产和溢余资产

将企业价值评估中一般资产范围内的具体资产按照其在企业中发挥的功能，划分为有效资产和溢余资产。二者的合理区分是进行企业价值评估的重要前提。

1. 企业价值评估分类

企业价值评估中按照具体资产在企业中发挥的功效，划分为有效资产和溢余资产。

(1) 有效资产。

指企业中正在运营或虽未正在运营但企业需要的且有潜在运营经营能力，并能对企业盈利能力做出贡献、发挥作用的资产。

(2) 溢余资产。

指企业中不能参与生产经营，不能对企业盈利能力做出贡献的相对过剩及无效的资产，如多余的非经营性资产、闲置资产，以及虽然是经营性的资产，但在被评估企业已失去经营能力和获利能力的资产。

2. 划分有效资产和溢余资产的意义

(1) 有效资产是企业价值评估的基础，溢余资产虽然也可能有交换价值，但溢余资产的交换价值与有效资产价值的决定因素、形成路径是有差别的。

(2) 正确界定与区分有效资产和溢余资产，将企业的有效资产作为运用各种评估途径与方法评估企业价值的基本范围或具体操作范围，对溢余资产单独进行评估或进行其他技术处理。

在界定企业价值评估一般范围及有效资产与溢余资产时，应注意以下几点：

第一，对于在评估时点产权不清的资产，应划为“待定产权资产”，可以列入企业价值评估的一般范围，但在具体操作时，应做特殊处理和说明，并需要在评估报告中披露。

第二，在产权清晰的基础上，对企业的有效资产和溢余资产进行区分。在进行区分时应注意把握以下几点：

1）对企业有效资产的判断，应以该资产对企业盈利能力形成的贡献为基础，不能背离这一原则；

2）在有效资产的贡献下形成的企业的盈利能力，应是企业的正常盈利能力，由于偶然因素而形成的短期盈利及相关资产，不能作为判断企业盈利能力和划分有效资产的依据；

3）评估人员应对企业价值进行客观揭示，如企业的出售方拟进行企业资产重组，则应以不影响企业盈利能力为前提。

第三，在企业价值评估中，对溢余资产有两种处理方式。

1）进行“资产剥离”，在运用多种评估途径及方法进行有效资产及企业价值评估前，将企业的溢余资产单独剥离出去，溢余资产的价值不作为企业价值的组成部分，作为独立的部分进行单独处理，并在评估报告中予以披露；

2）在运用多种评估途径及方法进行有效资产及企业价值评估前，将企业的溢余资产单独剥离出去，用适合溢余资产的评估方法将其进行单独评估，并将评估值加总到企业价值评估的最终结果之中，并在评估报告中予以披露。

三、企业价值评估中的价值类型

1. 企业价值评估中的市场价值

从价值属性的角度定义，是指企业在评估基准日公开市场上正常使用状态下最有可能实现的交换价值的估计值。

2. 企业价值评估中的非市场价值

并不是一种具体的企业价值存在形式，它是一系列不符合企业价值评估中的市场价值定义条件的价值形式的总称或组合。企业价值评估中的非市场价值也是企业公允价值具体表现形式的一类概括，企业价值评估中的非市场价值主要有投资价值、持续经营价值、保险价值、清算价值等。

（1）投资价值。

指企业对于具有明确投资目标的特定投资者或某一类投资者所具有的价值。

企业的投资价值与投资性企业价值是两个不同的概念，投资性企业价值是指特定主体以投资获利为目的而持有的企业在公开市场上按其最佳用途实现的市场价值。

（2）持续经营价值。

指被评估企业按照评估基准日时的用途、经营方式、管理模式等继续经营下去所能实现的预期收益（现金流量）的折现值。企业持续经营价值可以按企业各个组成部分资产的相应贡献被分配给企业的各个组成部分资产，即构成企业各局部资产的在用价值。

（3）保险价值。

指根据企业的保险合同或协议中规定的价值定义所确定的价值。

（4）清算价值。

从性质上讲，是指企业处于清算、迫售、快速变现等非正常市场条件下所具有的价值，或设定企业处于清算、迫售、快速变现等非正常市场条件下所具有的价值。

对破产清算企业进行价值评估，实际上是对该企业的单项资产的变现价值之和进行判断和估计。

四、企业价值评估中的信息资料收集与风险估计

1. 企业价值评估中的信息资料收集

(1) 企业内部信息。

(2) 企业经营环境（外部）信息，主要指与企业经营发展密切相关的宏观经济信息以及产业经济信息。

(3) 市场信息。

2. 转型经济条件下，企业价值评估的风险估计问题

在企业价值评估中，收益法是被国内外公认的主要评估方法，我国评估界也开始从过去的加和法转向收益法评估企业价值。

收益法运用中的折现率在我国确定起来比较困难。

案例分析

股份有限公司价值评估后，各股东不一定按照其占股比例分配企业价值。因为股东部分权益价值并不必然等于股东全部权益价值与股权比例的乘积。

任务8－3　应用收益法进行企业价值评估

案例导入

A企业为了整体资产转让，需要进行评估，评估基准日为2004年12月31日。预计其未来5年的预期利润总额分别为100万元、110万元、120万元、150万元和160万元。该企业长期负债占投资资本的比重为50%，平均长期负债成本为7%，在未来5年中平均每年长期负债利息额为20万元，每年流动负债利息额为40万元。评估时市场平均收益率为8%，无风险报酬率为3%，企业所在行业的平均风险与社会平均风险的比率为1.2。A企业为正常纳税企业，且生产经营比较平稳。试运用年金法计算A企业的投资资本价值。

基础知识

一、收益法评估企业价值的核心问题

运用收益法评估企业价值关键在于解决以下三个问题：

(1) 要对企业的收益予以界定。

企业的收益能以多种形式出现，包括净利润、净现金流量（股权自由现金流量）、息前净现金流量（企业自由现金流量）等。

(2) 要对企业的收益进行合理的预测。

在企业价值评估实务中，企业收益通常采用期望收益率或期望收益额。

(3) 要选择合适的折现率。

二、收益法的具体评估技术思路

1. 企业持续经营假设前提下的收益法

(1) 年金法。

1) 年金法的基本公式：

$$P=\frac{A}{r}$$

式中：P——企业评估价值；

A——企业每年的年金收益；

r——资本化率。

2）年金法的公式变形。

用于企业价值评估的年金法，是将已处于均衡状态，其未来收益具有充分的稳定性和可预测性的企业收益进行年金化处理，然后再把已年金化的企业预期收益进行收益还原，估测企业的价值。因此公式可变为：

$$P=\sum_{i-1}^{n}[R_i\times(1+r)^{-i}]\div\sum_{i-1}^{n}[(1+r)^{-i}]\div r$$

其中，

$\sum_{i-1}^{n}[R_i\times(1+r)^{-i}]$ 是企业前 n 年预期收益折现值之和。

$\sum_{i-1}^{n}[(1+r)^{-i}]$ 是年金现值系数。

【例 8－1】待估企业预计未来 5 年的预期收益额为 100 万元、120 万元、110 万元、130 万元、120 万元，假定本金化率为 10%，试用年金法估测待估企业的价值。

解法一：

（1）先计算未来 5 年的预期收益额的现值：

$$P=100\times0.909\,1+120\times0.826\,4+110\times0.751\,3+130\times0.683\,0+120\times0.620\,9$$
$$=436$$

（2）计算五年预期收益额的等额年金值：

$$A\times\left(\frac{P}{A},10\%,5\right)=437$$

$$A=437\div3.790\,7=115.3(\text{万元})$$

（3）计算待估企业价值：

$$P=\frac{A}{10\%}=\frac{115.3}{10\%}=1\,153(\text{万元})$$

解法二：

$$P=\frac{\dfrac{(100\times0.909\,1+120\times0.826\,4+110\times0.751\,3+130\times0.683\,0+120\times0.620\,9)}{(0.909\,1+0.826\,4+0.751\,3+0.683\,0+0.620\,9)}}{10\%}$$
$$=(91+99+83+89+75)\div3.790\,7\div10\%$$
$$=437\div3.790\,7\div10\%$$
$$=1\,153(\text{万元})$$

（2）分段法。

分段法是将持续经营的企业的收益预测分为前后两段。

【例 8－2】某企业的有关资料如下：

（1）根据该企业以前 5 年的经营情况，预计其未来 5 年的收益额分别为 30 万元、28 万元、30 万元、32 万元和 32 万元，假定从第 6 年起，每年收益额保持在 32 万元的水平。

（2）根据资料确定无风险报酬率为 3%，企业所在行业的平均风险与社会平均风险的比率为 1.2，社会平均收益率为 8%，资本化率为 8%。

要求：运用分段法计算该企业整体评估价值（计算结果保留小数点后两位）。

解：（1）确定折现率：

$$折现率=3\%+(8\%-3\%)\times1.2=9\%$$

（2）计算未来 5 年收益现值：

$$\frac{30}{(1+9\%)}+\frac{28}{(1+9\%)^2}+\frac{30}{(1+9\%)^3}+\frac{32}{(1+9\%)^4}+\frac{32}{(1+9\%)^5}$$
$$=117.72(万元)$$

（3）计算未来永久性收益的资本化价值：

$$\frac{32}{8\%}=400(万元)$$

（4）确定企业整体评估价值：

$$117.72+400\times0.6499=377.68(万元)$$

2. 企业有限持续经营假设前提下的收益法

（1）一般企业都应该在持续经营前提下进行，特殊情况下，按照有限持续经营假设进行。

（2）企业有限持续经营假设是从最有利于回收企业投资的角度争取在不追加资本性投资的前提下，充分利用企业现有的资源，最大限度地获取投资收益，直至企业无法持续经营为止。

（3）对于有限持续经营假设前提下企业价值评估的收益法，其评估思路与分段法类似。

$$P=\sum_{i=1}^{n}[R_i\times(1+r)^{-i}]+P_n\times(1+r)^{-n}$$

式中，P_n是第 n 年企业资产的变现值。

三、企业收益及其预测

1. 企业收益的界定

（1）进行界定的注意事项。

1）企业创造的不归企业权益主体所有的收入不能作为企业价值评估中的企业收益。

例如税收，不论是流转税还是所得税都不能视为企业收益。

2）凡是归企业权益主体所有的企业收支净额都可视为企业的收益。

无论是营业收支、资产收支、还是投资收支，只要形成净现金流入量，就可视为企业收益。

(2) 企业收益的表现形式及选择。

1) 企业收益基本表现形式：企业净利润和企业净现金流量。

净现金流量=净利润+折旧及摊销-追加资本性支出

2) 应选择净现金流量作为企业的收益基础。

因为企业净现金流量是企业收支的差额，不容易被改变，更客观准确。

3) 企业收益的其他表现形式。

其他形式有息前净现金流量（企业自由现金流量）、息税前利润、息税前净现金流量等。

(3) 不同口径收益的选择。

1) 不同口径的收益包含：净现金流量（股权自由现金流量）、净利润、息前净现金流量（企业自由现金流量）等的选择。

2) 不同口径的收益额，其折现值的价值内涵和数量是有差别的。

3) 在假设折现率口径与收益额口径保持一致的前提下，不同口径收益额现值的内涵。

Ⅰ. 净利润或净现金流量（股权自由现金流量）折现或资本化为企业股东全部权益价值（净资产价值或所有者权益价值）；

净利润或净现金流量(股权自由现金流量)=企业股东全部权益价值

Ⅱ. 净利润或净现金流量加上扣税后的长期负债利息折现或资本化为企业投资资本价值（所有者权益+长期负债）；

净利润或净现金流量+扣税后的长期负债利息(长期负债利息×(1-所得税税率))
=投资资本价值(所有者权益+长期负债)

Ⅲ. 净利润或净现金流量加上扣税后的全部利息（企业自由现金流量）折现或资本化为企业整体价值（所有者权益价值与付息债务之和）。

净利润或净现金流量+扣税后全部利息(全部利息×(1-所得税税率))
=企业整体价值(所有者权益价值和付息债务之和)

4) 以上三者之间的关系。

企业股东全部权益价值(净资产价值或所有者权益价值)+长期负债
=企业投资资本价值(所有者权益+长期负债)

企业股东全部权益价值(净资产价值或所有者权益价值)+企业的付息债务
=企业整体价值(所有者权益价值和付息债务之和)

5) 选择什么口径的企业收益作为收益法评估企业价值的基础。

A. 应服从企业价值评估的目的和目标，即需要评估以上三种价值的哪一种。

B. 应在不影响企业价值评估目的的前提下，选择最能客观反映企业正常盈利能力的收益额作为对企业进行价值评估的收益基础。

由于以上三种收益额的现值代表的价值各不相同，且存在互相的计算关系，评估时候可以选择以上三种收益额口径中的一种计算出其中的任何一种价值，再利用三种价值之间的关系计算得出需要评估的价值。比如：

整体价值(所有者权益价值和付息债务之和)—企业的付息债务=股东全部权益价值

2．企业收益预测

（1）企业收益预测的三个阶段

1）对企业收益的历史及现状的分析与判断。

2）对企业未来可预测的若干年的预期收益的预测。

3）对企业未来持续经营条件下的长期预期收益趋势的判断。

（2）对企业收益的历史与现状进行分析和判断。

1）对企业收益的历史与现状进行分析和判断的目的。

对企业正常的盈利能力进行掌握和了解，以便为企业收益的预测创造一个工作平台。

2）通过对企业收益的历史及现状的分析判断企业的正常盈利能力。

Ⅰ．要根据企业的具体情况确定分析的重点。

Ⅱ．对财务数据并结合企业的实际生产经营情况加以综合分析。

可以作为分析判断企业盈利能力参考依据的财务指标有：企业资金利润率、投资资本利润率、净资产利润率、成本利润率、销售收入利润率、企业资金收益率、投资资本收益率、净资产收益率、成本收益率、销售收入收益率等。

利润率指标与收益率指标的区别主要在于：前者是企业的利润总额与企业资金占用额之比，而后者是企业的净利润与企业的资金占用额之比。

3）为较为客观地判断企业的正常盈利能力，还必须结合影响企业盈利能力的内部及外部因素进行分析。

Ⅰ．要对影响企业盈利能力的关键因素进行分析与判断。

Ⅱ．要对企业所处的产业及市场地位有一个客观的认识。

Ⅲ．对影响企业发展的可以预见的宏观因素，评估人员也应该加以分析和考虑。

（3）企业收益预测的基础。

1）企业价值评估的预期收益的基础，应该是在正常的经营条件下，排除影响企业盈利能力的偶然因素和不可比因素之后的企业正常收益。

2）企业预期收益的预测，应以企业的存量资产为出发点，可以考虑对存量资产的合理改进乃至合理重组，但必须以反映企业的正常盈利能力为基础，任何不正常的个人因素或新产权主体的超常行为因素对企业预期收益的影响不应予以考虑。

（4）企业收益预测的基本步骤。

1）评估基准日审计后企业收益的调整。

Ⅰ．调整剔除非正常因素。

Ⅱ．研究报表附注，揭示影响企业预期收益的非财务因素。

2）企业预期收益趋势的总体分析和判断。

3）企业预期收益预测。

Ⅰ．对企业未来前若干年的预期收益进行预测。

目前较为常用的方法有综合调整法、产品周期法、实践趋势法。

预测内容见表8-1：

表 8-1　企业 20××—20××年收益预测表　单位：万元

	20××年	20××年	20××年
一、产品的销售收入			
减：产品销售税金			
产品销售成本			
其中：折旧			
二、产品销售利润			
加：其他业务利润			
减：管理费用			
财务费用			
三、营业利润			
加：投资收益			
营业外收入			
减：营业外支出			
四、利润总额			
减：所得税			
五、净利润			
加：折旧和无形资产摊销			
减：追加资本性支出			
六、净现金流量			

不论哪种方法测算企业收益都需注意以下基本问题：

A. 收益预测时应保持企业预测收益与其资产及其盈利能力之间的对应关系。

B. 要考虑价格需求弹性的制约。

C. 分析企业所处产业及细分市场的需求、竞争情况。

D. 科学合理预测企业的销售收入及各项成本费用的变化。

E. 企业收益预测应与企业未来实行的会计政策和税收政策保持一致。

Ⅱ. 企业未来持续经营条件下的长期预期收益趋势的判断。

常用保持假设：未来保持不变或者一个递增比例。

(5) 预期收益预测完成后对预测结果进行检验。

1) 将预测结果与企业历史收益的平均趋势进行比较。

2) 对影响企业价值评估的敏感性因素进行检验。

3) 对所预测的企业收入与成本费用的变化的一致性进行检验。

4) 企业收益预测应该与评估结果的价值类型联系起来，保证收益预测相对合理。

四、折现率和资本化率及其估测

折现率和资本化率在本质上是相同，都属于投资报酬率。

投资报酬率＝无风险报酬率＋风险报酬率

折现率和资本化率并不一定是一个恒等不变的等值，它们可能不相等。

1. 企业评估中选择折现率的基本原则

(1) 折现率不低于投资的机会成本。

在同时存在正常资本市场和产权市场的条件下，任何一项投资的回报率不应低于该投资的机会成本。

(2) 行业基准收益率不宜直接作为折现率，但是行业平均收益率可作为折现率的重要参考指标。

(3) 银行票据的贴现率不宜直接作为折现率。

2. 风险报酬率的估测

(1) 评估人员在测算风险报酬率时应注意的因素。

1) 国民经济增长率及被评估企业所在行业在国民经济中的地位；

2) 被评估企业所在行业的投资风险；

3) 被评估企业所在行业的发展状况及被评估企业在行业中的地位；

4) 企业在未来的经营中可能承担的风险等。

(2) 估测风险报酬率的方法。

1) 风险累加法。

风险报酬率＝行业风险报酬率＋经营风险报酬率＋财务风险报酬率＋其他风险报酬率

行业风险主要指企业所在行业的市场特点、投资开发特点，以及国家产业政策调整等因素造成的待业发展不确定性给企业预期收益带来的影响。

经营风险是指企业在经营过程中，由于市场需求变化、生产要素供给条件变化以及同类企业间的竞争给企业的未来预期收益带来的不确定性因素影响。

财务风险是指企业在经营过程中的资金融通、资金调度、资金周转可能出现的不确定性因素影响企业的预期收益。

其他风险包括国民经济景气状况、通货膨胀等因素的变化可能对企业预期收益的影响。

2) β系数法。

该方法的基本思路是被评估企业（或企业所在行业）风险报酬率是社会平均风险报酬率与被评估企业（或者企业所在行业）风险和社会平均风险的相关系数（β系数）的乘积。从理论上讲，β系数是指某公司相对于充分风险分散的市场投资组合的风险水平的倍数。用数学公式表示为：

Ⅰ. 行业风险报酬率：

$$Rr=(Rm-R_f)\times\beta$$

式中：Rr——被评估企业所在行业的风险报酬率；

Rm——市场期望报酬率；

β——企业所在行业的β系数。

这里 $Rm-R_f$ 代表社会平均风险报酬率。

【例 8-3】社会平均收益率为 10%，无风险报酬率为 8%，被评估企业的资产的账面价值为 80 万元，长期负债为 50 万元，所有者权益为 30 万元，该企业所在行业的β系数为 1.5，借款利率为 9%，企业所得税税率为 30%。

求用于企业投资资本价值评估的资本化率。

解：

权益资本成本＝8%＋(10%－8%)×1.5＝11%

长期负债资本成本＝9％×(1－30％)＝6.3％

$$折现率=6.3\%\times\frac{50}{80}+11\%\times\frac{30}{80}$$

$$=8.06\%$$

Ⅱ．企业的风险报酬率。

如果所求β系数是被评估企业所在行业的β系数，而不是被评估企业的β系数，则需要再考虑企业的规模、经营状况及财务状况，确定企业在其所在行业中的地位系数，即企业特定风险调整系数（α），然后与企业所在行业的风险报酬率相乘，得到该企业的风险报酬率Rq。如下式表示：

$$Rq=(Rm-R_f)\times\beta\times\alpha$$

式中：Rq——企业的风险报酬率。

Ⅲ．如果β系数是被评估企业相对于社会平均风险的β系数（企业所在行业的β系数×企业特定风险调整系数α）

$$Rq=(Rm-R_f)\times\beta$$

式中：Rq——企业的风险报酬率；

β——企业相对于社会平均风险的β系数。

3．折现率的测算

(1) 累加法。

1) 累加法是采用无风险报酬率加风险报酬率的方式确定折现率或资本化率。

2) 如果风险报酬率是通过β系数法或资本资产定价模型估测出来的，此时，累加法测算的折现率或资本化率适用于股权收益的折现或资本化。

3) 累加法测算折现率的数学表达式如下：

$$R=R_f+Rr$$

式中：R——企业价值评估中的折现率；

R_f——无风险报酬率；

Rr——风险报酬率。

(2) 资本资产定价模型。

1) 资本资产定价模型是用来测算权益资本折现率的一种工具。

2) 数学表达式是：

$$R=R_{f_1}+(Rm-R_{f_2})\times\beta\times\alpha$$

式中：R——企业价值评估中的折现率；

R_{f_1}——现行无风险报酬率；

Rm——市场期望报酬率历史平均值；

R_{f_2}——历史平均无风险报酬率；

β——被评估企业所在行业权益系统风险系统；

α——企业特定风险调整系数。

(3) 加权平均资本成本模型。

加权平均资本成本模型是以企业的所有者权益和企业负债所构成的全部资本，以及全部资本所需求的回报率，经加权平均计算来获得企业评估所需折现率。

$$R=E\div(D+E)\times Ke+D\div(D+E)\times(1-t)\times K_d$$

式中：E——权益的市场价值；

D——债务的市场价值；

Ke——权益资本要求的投资回报率；

K_d——债务资本要求的回报率；

T——被评估企业适用的所得税税率。

如果债务只包含长期负债，则有：

$$\text{企业投资资本要求的折现率}=\text{长期负债占投资资本的比重}\times\text{长期负债成本}+\text{权益资本占投资资本的比重}\times\text{权益资本成本}$$

其中：

权益资本要求的回报率＝无风险报酬率＋风险报酬率

1) Kd 是指没有扣除所得税前的长期负债成本，即：

(长期)负债成本＝(长期)负债税前成本(即 K_d)(1－所得税税率)

2) 确定各种资本权数的方法一般有三种：

Ⅰ. 以企业资产负债表中（账面价值）各种资本的比重为权数。

Ⅱ. 以占企业外发证券市场价值（市场价值）的现有比重为权数。

Ⅲ. 以在企业的目标资本构成中应该保持的比重为权数。

五、收益额与折现率口径一致问题

企业价值评估中评估价值类型、收益额类型及折现率的匹配见表 8－2。

表 8－2　　评估价值类型、收益额类型及折现率的匹配

企业价值		对应的收益额	折现率	
种类	公式		折现率种类	计算方法
股东全部权益价值	净资产价值或所有者权益价值	净利润或净现金流量（股权自由现金流量）	权益资金的折现率	资本资产定价模型公式
企业投资资本价值	所有者权益＋长期负债	净利润或净现金流量＋扣税后的长期负债利息［长期负债利息×(1－所得税税率)］	权益资金和长期负债资金的综合折现率	加权平均资本成本模型公式
企业整体价值	所有者权益价值和付息债务之和	净利润或净现金流量＋扣税后全部利息［全部利息×(1－所得税税率)］	权益资金和全部带息负债综合折现率	加权平均资本成本模型公式
部分股东权益价值	先计算出股东全部权益价值，然后按照股权比例进行计算。不过如果股权比例在各个年度不同，则需要在各个年度使用相应的股权比例进行计算			

如果运用行业平均资金收益率作为折现率，就要注意计算折现率时的分子与分母的口径与收益额的口径一致的问题。

折现率既有按不同口径收益额为分子计算的折现率，也有按同一口径收益额为分子，而以不同口径资金占用额或投资额为分母计算的折现率。

1）净资产收益率→净资产价值。

2）投资资本收益率→投资资本价值。

3）总资产收益率→企业总资产价值。

案例分析

（1）计算A企业适用的折现率：

1）风险报酬率＝(8%－3%)×1.2＝6%；

2）所有者权益要求的回报率＝6%＋3%＝9%；

3）适用于企业价值评估的加权平均资本成本（折现率）为：

$$50\%\times 7\%+50\%\times 9\%=8\%$$

（2）计算企业年金。

1）计算年金现值系数：

$$\frac{P}{A},r,n=\frac{1}{r}\times\left[1-\frac{1}{(1+r)^n}\right]$$
$$=0.925\,9+0.857\,3+0.793\,8+0.735\,0+0.680\,6=3.992\,6$$

2）计算年金：

$$A=\left[\frac{(100+20)\times(1-33\%)}{(1+8\%)}+\frac{(110+20)\times(1-33\%)}{(1+8\%)^2}+\frac{(120+20)\times(1-33\%)}{(1+8\%)^3}+\frac{(150+20)\times(1-33\%)}{(1+8\%)^4}+\frac{(160+20)\times(1-33\%)}{(1+8\%)^5}\right]\div 3.992\,6$$
$$=389.38\div 3.992\,6$$
$$=97.53(\text{万元})$$

（3）计算评估值：

$$P=\frac{A}{r}=\frac{97.53}{8\%}=1\,219(\text{万元})$$

任务8-4 应用市场法和成本法进行企业价值评估

案例导入

市场上有三个相似的公司A、B、C，各公司的市场价值与销售额的比率、与账面价值的比率以及与净现金流量的比率见表8-3，这些比率即称为可比价值倍数（V/×）。

表 8-3 相似公司价值比率汇总表

	A公司	B公司	C公司	平均
市价/销售额	1.2	1.0	0.8	1.0
市价/账面价值	1.3	1.2	2.0	1.5
市价/净现金流量	20	15	25	20

假设 W 公司的年销售额为 1 亿元，账面价值为 6 000 万元，净现金流量为 500 万元，请评估 W 公司的价值。

基础知识

一、市场法在企业价值评估中的应用

1. 基本原理

企业价值评估的市场法是通过在市场上找到若干个与被评估企业相同或相似的参照企业，以参照企业的市场交易价格及其财务数据为基础测算出来的价值比率，通过分析、比较、修正被评估企业的相关财务数据，在此基础上确定被评估企业的价值比率，并且通过这些价值比率得到被评估企业的初步评估价值，最后通过恰当的评估方法确定被评估企业的评估价值。

(1) 企业价值评估的市场法是基于类似资产应该具有类似交易价格的理论推断；

(2) 运用市场法评估企业价值存在两个障碍：

1) 企业的个体差异；

2) 企业交易案例的差异。

(3) 市场法中常用的两种具体方法参考企业比较法和并购案例比较法。

2. 运用市场法评估企业价值的基本步骤

两种方法的核心问题是确定适当的价值比率。选择价值比率应该注意以下问题：

(1) 选择的价值比率应当有利于评估对象价值的判断。

(2) 用于价值比率计算的参照企业的相关数据应当恰当可靠。

(3) 用于价值比率计算的相关数据口径和计算方式应当一致。

(4) 被评估企业与参照企业相关数据的计算方式应当一致。

(5) 合理将参照企业的价值比率应用于被评估企业。

3. 参考企业比较法和并购案例比较法的运用

(1) 价值比率的测算思路可以用公式表示如下：

$$\frac{V_1}{X_1}=\frac{V_2}{X_2}$$

式中：V_1——被评估企业价值；

V_2——可比企业价值；

X_1——被评估企业与企业价值相关的可比指标；

X_2——可比企业与企业价值相关的可比指标；

$\frac{V}{X}$——通常又称为可比价值倍数。

式中 X 参数通常选用以下财务变量：

1）利息、折旧和税收前利润，即 EBIDT；

2）无负债的净现金流量，即企业自由现金流量；

3）净现金流量，即股权自由现金流量；

4）净利润；

5）销售收入；

6）净资产；

7）账面价值等。

（2）确定价值比率的关键在于两点：

1）对可比企业的选择。

判断企业的可比性存在两个标准：行业标准和财务标准。

2）对可比指标的选择。

Ⅰ．市盈率乘数指标，其基本原理可表示为公式：

$$市盈率=\frac{每股市价}{每股收益}$$

公司的市值＝市盈率×每股收益×公司的股数

市盈率乘数法基本步骤是：

首先从证券交易所中搜集与被评估企业相同或相似的可比公司，包括所在行业、生产产品、生产经营规模等方面的条件要大体接近，把上市公司的股票价格按公司不同口径的收益额计算出不同口径的市盈率，作为评估被评估企业整体价值的乘数；

其次分别按可比企业市盈率相对应口径计算被评估企业的各种收益额；

再次用相同口径市盈率乘以被评估企业的收益额得到一组被评估企业初步整体价值；

最后，对于一组整体企业初步价值分别给予权重，加权平均算出整体企业的评估值。

Ⅱ．避免单一参数的误差。在寻找参照企业的过程中，为了降低单一样本及单一参数所带来的误差，国际上通用的办法是采用多样本、多参数的综合方法。

二、成本法在企业价值评估中的应用

（1）企业评估中的成本法也称资产基础途径中的资产加和法，是指在合理评估企业各项资产价值和负债的基础上确定企业价值的评估方法。

（2）成本法具体是指将构成企业的各种要素资产的评估值加总求得企业价值的方法。

企业整体价值＝有形资产＋无形资产

股东全部权益价值＝企业整体价值－企业负债

成本法以企业要素资产的再建为出发点，有忽视企业盈利能力的可能性。

（3）成本法的理论基础也是“替代原则”。

（4）在不同的假设前提下，运用成本法评估出的企业价值是有区别的。

1）持续经营假设前提下的各个单项资产的评估，应按贡献原则评估。

2）非持续经营假设前提下的各个单项资产的评估，应按变现原则评估。

（5）一般情况下不宜单独用成本法评估一个在持续经营假设前提下的企业价值（因为成本法容易忽视商誉的价值）。

运用成本法评估持续经营的企业，应同时运用其他评估方法进行验证。

案例分析

我们使用案例中得到的三个倍数计算出 W 公司的指标价值，再将三个指示价值进行算术平均，如表 8－4 所示：

表 8－4　　**W 公司的评估价值**　　单位：万元

项目	W 公司实际数据	可比公司平均比率	W 公司指示价值
销售额	10 000	1.0	10 000
账面价值	6 000	1.5	9 000
净现金流量	500	20	10 000
W 公司的平均价值			9 667

项目练习

一、单选题

1. 企业价值评估是以企业的（　　）为前提的。

A. 超额获利能力　B. 持续经营　C. 产权明晰　D. 良好会计制度

2. 在企业价值评估中，对企业资产划分为有效资产和无效资产的主要目的是（　　）。

A. 选择评估方法　B. 界定评估价值类型

C. 界定评估具体范围　D. 明确企业盈利能力

3. 在采用直接比较法评估企业价值时，可比指标应选择与企业价值直接相关并且是可观测的变量。在评估合伙公司的价值时，最好选择（　　）作为可比指标。

A. 企业的净利润　B. 企业的现金净流量

C. 企业的销售收入　D. 企业的总利润

4. 选择何种收益形式作为收益法评估企业价值的基础，主要考虑的是（　　）。

A. 企业价值评估的原则

B. 企业价值评估的目的

C. 企业价值评估的方法

D. 最能客观反映企业正常盈利能力的收益额

5. 下列不属于企业价值评估中收益预测方法的是（　　）。

A. 产品周期法　B. 综合调整法

C. 年金本金化价格法　D. 线性回归法

6. 某公司 2010 年净利润为 3 000 万元，利息费用 100 万元，所得税税率为 25%，折旧与摊销 250 万元，则营业现金毛流量为（　　）万元。

A. 3 175　B. 2 675　C. 2 825　D. 3 325

7. 被评估企业未来三年的预期收益分别为 20 万元、22 万元和 25 万元，预计从第四年开始企业预期收益将在第三年的基础上递增 2%，并一直保持该增长率。若折现率为 10%，则该企业的评估值约为（　　）万元。

A. 373.9　B. 289.9　C. 312.5　D. 246.7

8. 甲公司上年年末的现金资产总额为100万元（其中有80%是生产经营所必需），其他经营流动资产为5 000万元，流动负债为2 000万元（其中20%需要支付利息），经营长期资产为8 000万元，经营长期负债为6 000万元，则下列说法不正确的是（　　）。

A. 经营营运资本为3 400万元　　B. 经营资产为13 080万元

C. 经营负债为7 600万元　　D. 净经营资产为5 480万元

9. 某公司今年年初投资资本5 000万元，预计今后每年可取得税前经营利润800万元，所得税税率为25%，第一年的净投资为100万元，以后每年净投资为零，加权平均资本成本为8%，则企业实体价值为（　　）万元。

A. 7 407　　B. 7 500　　C. 6 407　　D. 8 907

10. 被评估企业未来前5年收益现值之和为1 500万元，折现率及资本化率同为10%，第6年企业预期收益为400万元，并一直持续下去。按分段法估算企业的价值最有可能的是（　　）万元。

A. 5 500　　B. 3 966　　C. 3 984　　D. 4 568

二、多选题

1. 企业价值与企业各项可确指资产价值汇总的区别在于（　　）。

A. 评估对象的内涵不同　　B. 评估结果不同

C. 评估范围不同　　D. 评估方法不同

2. 一个企业的获利能力通常取决于（　　）。

A. 资金使用效率　　B. 投入产出效率

C. 资源配置效率　　D. 生产效率

3. 采用收益法评估企业价值时，需要具备的前提条件是（　　）。

A. 市场上存在可以进行参考比较的数据和资料

B. 企业未来的盈利是有规律的，是可以预测的

C. 与企业获取未来收益相联系的风险是可以预测的

D. 企业需具有一定的盈利水平

4. 在界定企业收益时，应注意（　　）。

A. 企业创造的，但不归企业产权主体所有的收入，不能作为企业价值评估中的企业收益

B. 企业创造的，归企业产权主体所有的，但不是其正常业务范围内的收入，不能作为企业收益

C. 凡是归企业产权主体所有的企业收支净额，都可以作为企业收益

D. 凡是形成现金流入量的，都可以作为企业收益

5. 一般而言，应选择净现金流量作为企业收益的收益形式是因为（　　）。

A. 这种收益形式能够相对客观地反映企业的实际经营业绩

B. 这种收益形式不会因企业折旧政策的不同而导致其缺乏可比性

C. 这种收益形式的测算相对简便

D. 这种收益形式不易被更改，更具有可靠性

6. 下列说法中正确的是（　　）。

A. 评估人员对被评估企业价值的判断，只能基于对企业存量资产运作的合理判断，

而不能基于对新产权主体行为的预测，因为新产权主体的行为对收益的影响无论是正面的还是负面的，都应归属于其自身

B. 企业价值评估的预期收益的基础是正常经营条件下的企业正常收益

C. 企业的预期收益既是企业存量资产运作的函数，又是未来新产权主体经营管理的函数

D. 若以评估基准日的实际收益作为预测企业未来收益的基础，则意味着在企业未来经营中不复存在的一些因素仍被作为影响预期收益的因素加以考虑

7. 需要设定的预测企业未来收益的前提条件包括（　　）。

A. 国家政策不发生重大变化

B. 不会发生不可抗拒的自然灾害

C. 企业的内部管理制度不发生重大变化

D. 企业的市场份额不发生重大变化

8. 评估企业价值时，资产剥离的主要对象有（　　）。

A. 非生产性资产

B. 局部功能与整体企业功能不协调的资产

C. 融资租赁资产

D. 闲置资产

9. 可以对企业进行整体资产评估的情况是（　　）。

A. 企业进行评估是为了产权交易

B. 把企业作为一个获利整体进行投资（股份制企业改造或上市）、转让、兼并

C. 把企业作为一个获利整体进行联营或参加企业集团

D. 企业把其全部资产作为一般生产要素出售、变卖或投资

10. 从产权的角度看，下列选项中属于企业价值评估范围的有（　　）。

A. 其他企业存放于待评估企业的委托加工材料

B. 全资子公司、控股子公司

C. 非控股子公司中的投资部分

D. 企业存放于其他企业的委托加工材料

三、判断题

1. 长期亏损、面临破产清算的企业属于企业价值评估的范围。对其评估时运用清偿假设，评估的是清算价格。（　　）

2. 若企业各项可确指资产评估值之和小于企业价值的评估值，就表明被评估企业存在经济性贬值，即该企业的资产收益率低于企业所在行业的平均水平。（　　）

3. 我国评估界较多采用净利润作为企业的预期收益额，主要是因为净利润能够相对客观地反映企业的实际经营业绩、更具可靠性。（　　）

4. 在对企业收益进行预测时，应遵循的原则是：以被评估企业的现实资产（存量资产）为出发点，预测企业在未来正常经营中可以产生的收益。既不是以评估基准日企业的实际收益为出发点，也不是以产权变动后的实际收益为出发点。（　　）

5. 评估中如果选用企业利润系列指标作为收益额，则折现率应选择相应的资产收益率；如果以现金净流量系列指标作为收益额，则应以投资回收率作为折现率。（　　）

6. 经营风险是指企业在经营过程中，由于市场需求变化、生产要素供给条件变化、企业所在行业投资开发变化，以及国家产业政策调整给企业的未来预期收益带来的不确定性影响。（　　）

7. 对于非盈利企业的评估，需要将企业全部可确指资产作为生产要素逐一评估后加总，然后减去企业的负债。（　　）

8. 国有企业在界定企业价值评估的范围时，若其产权变动需要报批，以上级主管部门批复文件所规定的评估范围为准。（　　）

9. 具有较高科技含量的成长型公司，由于其产品处于成长期，今后会进入成熟期，因此其收益会稳步增长，适用收益法评估其企业价值。（　　）

10. 一般在以投资、转让为目的的企业价值评估中，由于企业产权转让的是企业的所有者权益，即企业只更换业主而不更换债主，企业价值评估的是所有者权益的公允市价，因此在企业价值评估中常用净利润（现金净流量）作为收益形式。（　　）

四、简答题

1. 如何界定企业价值评估的范围。

2. 运用收益法评估企业价值时，对企业未来收益的预测应考虑哪些因素，可以采用哪些方法进行预测?

3. 企业价值评估时，确定折现率和资本化率的原则是什么?

4. 简述商誉的概念、特点以及评估商誉的目的。

五、计算题

1. 评估某企业价值时，已知其资产总额为 13 300 万元，长期负债 3 000 万元。市场平均收益率为 20%，国债利率 15%，该企业适用的年金现值系数为 1.4，长期负债利率 17%。若所得税税率为 30%，试计算加权平均资金成本（计算结果保留两位小数）。

2. 甲企业拟产权转让，需进行评估。经专家预测，其未来 5 年的净利润分别为 100 万元、120 万元、150 万元、160 万元、200 万元，从第 6 年起，每年的利润处于稳定状态，即保持在 200 万元的水平上。该企业有一笔 10 万元的短期负债，其有形资产有货币资金、存货和固定资产，且其评估值分别为 80 万元、120 万元和 660 万元。该企业还有一个尚有 5 年剩余经济寿命的非专利技术，该技术产品每件可以获得超额净利润 15 元。目前该企业每年生产产品 10 万件，经分析：未来 5 年中，每年可以生产 12 万件。若折现率和资本化率均为 10%，试计算甲企业的商誉价值并说明评估技术思路（以万元为单位，计算结果保留两位小数）。

3. A 公司是一家制造医疗设备的上市公司，每股收益是 2.6，预期增长率是 6%，当前股票价格是 54 元。为了对 A 公司当前股价是否偏离价值进行判断，投资者收集了以下 4 个可比公司的有关数据。

可比公司名称	市盈率	预期股东权益净利率
甲	20	7%
乙	18	5%
丙	16	6%
丁	19	8%

要求：

（1）使用市盈率（市价/净利比率）模型估计目标企业股票价值时，如何选择可比企业？

（2）使用修正市盈率的股价平均法计算A公司的每股价值。

（3）分析市盈率估价模型的优点和局限性。

4. 甲企业是一家生产家用电器的制造企业，其2001年的收益情况见表8-5，表中补贴收入50万元中包括了企业增值税出口退税30万元和因洪灾政府专项补贴20万元；表中营业外支出25万元为企业遭受洪灾的损失支出。经分析，预计从2002年到2005年企业的净利润将在2001年正常净利润水平上每年递增1%，从2006年到2021年企业净利润将保持在2002年至2005年各年净利润按现值计算的平均水平上。企业将在2021年底停止生产、整体变现，预计变现值约为150万元。若折现率为10%，现行税收政策保持不变，试评估2001年12月31日该企业的价值（计算结果保留两位小数）。

表8-5　　　　甲企业2001年利润表　　　　利润表单位：元

项目	行次	本年累计数
一、主营业务收入	1	9 000 000
减：主营业务成本	4	5 000 000
主营业务税金及附加	5	300 000
二、主营业务利润	10	3 700 000
加：其他业务利润	11	0
减：营业费用	14	300 000
管理费用	15	1 800 000
财务费用	16	400 000
三、营业利润	18	1 200 000
加：投资收益	19	0
补贴收入	22	500 000
营业外收入	23	0
减：营业外支出	25	250 000
四、利润总额	27	1 450 000
减：所得税（33%）	28	478 500
五、净利润	30	971 500

模块知识小结

本模块介绍了企业各单项资产及企业整体价值的评估特点、评估程序，以及具体的评估方法。在学习过程中，要重点掌握每一种评估方法的适用范围，根据各项资产的特征选择适当的评估方法进行评估。

综合练习

一、单选题

1. 采用市场法评估资产价值时，可以作为参照物的资产应该是（　　）。

A. 全新资产　　B. 旧资产

C. 与被评估资产相同或相似的资产　　D. 全新资产，也可以是旧资产

2. 折现率本质上是（　　）。

A. 期望投资报酬率　　B. 无风险报酬率　　C. 超额收益率　　D. 风险报酬率

3. 某资产年金收益额为 8 500 元，剩余使用年限为 20 年，假定折现率为 10%，其评估值最有可能为（　　）元。

A. 85 000　　B. 72 366　　C. 12 631　　D. 12 369

4. 采用收益法评估资产时，各指标存在的关系是（　　）。

A. 资本化率越高，收益现值越低　　B. 资本化率越高，收益现值越高

C. 资产未来收益期对收益现值没有影响　　D. 资本化率和收益现值无关

5. 资产评估是判断资产价值的经济活动，评估价值是资产的（　　）。

A. 时期价值　　B. 时点价值　　C. 时区价值　　D. 阶段价值

6. 资产评估交易假设设立的目的在于使被评估对象（　　）。

A. 与正在交易的情况相一致　　B. 准备交易的情况相一致

C. 与以后交易的情况相一致　　D. 人为置于“交易中”

7. 资产评估假设最基本的作用之一是（　　）。

A. 表明资产评估的作用　　B. 表明评估结果成立的条件

C. 表明资产评估的性质　　D. 表明资产评估的价值类型

8. 市盈率乘数法主要适用于（　　）的评估。

A. 不动产　　B. 无形资产　　C. 机器设备　　D. 企业价值

9. 同一资产的重置成本与其现行市价及其收益现值具有（　　）关系。

A. 独立　　B. 并列　　C. 替代　　D. 等同

10. 构成资产重置成本的耗费应当是资产的（　　）。

A. 实际成本　　B. 社会平均成本　　C. 个别成本　　D. 加权平均成本

11. 用市场法评估资产的正常变现价值时，应当参照相同或类似资产的（　　）。

A. 重置成本　　B. 市场价格　　C. 清算价格　　D. 收益现值

二、多选题

1. 运用市场法评估任何单项资产都应考虑的可比因素有（　　）。

A. 资产的功能　　B. 市场条件　　C. 交易条件

D. 资产的实体特征和质量　　E. 资产所处的地理位置

2. 运用收益法评估资产价值时，要求资产的收益额应该是资产的（　　）。

A. 历史收益额　　B. 未来预期收益额

C. 现实收益额　　D. 实际收益额　　E. 客观收益额

3. 成新率的估测方法通常有（　　）。

A. 使用年限法　　B. 修复金额法　　C. 观测法　　D. 统计分析法

E. 价格指数法

4. 重置成本的估测方法有（　　）。

A. 重置核算法　B. 价格指数法　C. 市价比较法　D. 收益折现法

E. 功能价值法

5. 按资产业务的性质来划分资产评估的价值类型，可以划分为（　　）。

A. 持续使用价值　B. 拍卖价值　C. 投资价值　D. 非市场价值

E. 保险价值

6. 构成折现率的因素包括（　　）。

A. 超额收益率　B. 无风险报酬率　C. 风险报酬率　D. 价格变动率

E. 平均收益率

7. 成本法涉及的基本要素包括（　　）。

A. 资产的重置成本　B. 资产的有形损耗

C. 资产的功能性贬值　D. 资产的经济性贬值

E. 资产的获利年限

8. 某发明专利权已使用了4年，尚可使用3年，目前该无形资产的贬值率为（　　）。

A. 25%　B. 66.7%　C. 33.3%　D. 50%

9. 企业存在不可确指的无形资产，分别按单项评估加总的方法和整体评估的方法所得到的评估结果会有一个差额，这个差额通常被称作（　　）。

A. 商标　B. 专利权　C. 专营权　D. 商誉

三、判断题

1. 评估值是指产权变动时的成交价，委托单位必须按验证确认后的评估值成交。（　　）

2. 任何一项资产的未来经济利益都可以直接计量。（　　）

3. 凡是使用收益法进行的评估都是整体资产评估。（　　）

4. 相同的资产同在持续使用假设下进行评估，评估值可能是不同的。（　　）

5. 资产的实体性贬值是由技术进步引起的。（　　）

6. 资产价值的高低主要取决于它能为其所有者或控制者带来的预期收益量的多少。（　　）

7. 预期收益原则是评估人员判断资产价值的一个最基本的原则。（　　）

8. 市场法是根据替代原则，采用比较和类比的思路及其方法来估测资产价值的评估技术规程。任何一个理性的投资者在购置某项资产时，他所支付的价格不会高于市场上具有相同用途的替代品的现行市价。（　　）

9. 收益途径是根据将利求本的思路，采用资本化和折现的思路及方法来判断和估算资产价值的评估技术规程。（　　）

10. 采用成本法进行资产评估时，其实体性贬值与会计上的折旧是一样的。（　　）

四、简答题

1. 什么是收益法？收益法适用的前提条件是什么？

2. 成本法的基本要素有哪些？

3. 资本化率与折现率的关系如何？

4. 市场法的适用前提条件有哪些？

五、综合分析题

1. 某企业将某项资产与国外企业合资，要求对资产进行评估。具体资料如下：该资产账面原值为 280 万元，净值 108 万元，按财务制度规定该资产折旧年限为 30 年，已计提折旧年限 20 年。经调查分析确定，按现在市场材料价格和工资费用水平，新建造的相同构造的资产的全部费用支出为 480 万元。经查询原始资料和企业记录，该资产截至评估基准日的法定利用时间为 57 600 小时，实际累计利用时间为 50 400 小时。经专业人员勘察估算，该资产还能使用 8 年。又知该资产由于设计不合理，耗电量大，维修费用高，与现在同类标准资产比较，每年多支出营运成本 3 万元（该企业所得税率为 25%，假定折现率为 10%，折现系数见表 8-6）。

表 8-6

	折现系数	年金现值系数
一年	0.909 1	
二年	0.826 4	
三年	0.751 3	
四年	0.683 0	
五年	0.620 9	3.790 8
六年		4.355 3
十年	0.385 5	

要求：

（1）确定该资产的重置成本。

（2）确定该资产的实体性贬值。

（3）确定该资产的功能性贬值。

（4）确定该资产的评估值。

2. 被评估企业以机器设备向 B 企业直接投资，投资额占 B 企业资本总额的 20%。双方协议联营 10 年，联营期满 B 企业将按机器设备折余价值 20 万元返还投资方。评估时双方联营已有 5 年，前 5 年 B 企业的税后利润保持在 50 万元，投资企业按其在 B 企业的投资份额分享收益，评估人员认定被评估企业未来 5 年的收益水平不会有较大的变化，折现率设定为 10%，投资企业的直接投资的评估值最有可能是多少？

3. 某被评估企业截至评估基准日，经核实后的应收账款余额为 146 万元，该企业前 5 年的应收账款累计余额 7 200 000 元，处理坏账累计额 610 000 元，按坏账估计法确定该企业应收账款的评估值最接近多少元？

4. 某企业预计未来 5 年的预期收益额为 10 万元、11 万元、12 万元、12 万元、13 万元，并从第 6 年开始，企业的年收益额将在第 5 年的水平上以 1%的增长率增长。假定资本化率为 10%，试估测该企业持续经营条件下的企业价值是多少？

模块三

资产评估报告的撰写

学习目标

1. 了解资产评估报告的内容。
2. 了解资产评估报告的相关制度。
3. 掌握资产评估报告的编制方法。
4. 掌握资产评估报告书的应用范围。

案例导入

××电梯工程有限公司拟转让××市××电梯工程服务有限公司股权涉及股东全部权益

摘　要

K 整评报字（2013）第×××号

以下内容摘自资产评估报告书，欲了解本评估项目的全面情况，应认真阅读资产评估报告书全文。

K 资产评估有限公司接受委托，根据有关法律、法规和资产评估准则、资产评估原则，采用公认的评估方法，对有关资产价值进行评估。我们履行了适当的评估程序，评估报告摘要如下：

一、委托方

××电梯工程有限公司。

二、被评估方

××电梯工程服务有限公司。

三、评估目的

根据国有资产评估项目立项表（立项编号：2013 立字第×××号），××电梯工程有限公司拟转让所持有的××市××电梯工程服务有限公司的30%的股权，涉及××电梯工程服务有限公司股东全部权益进行评估。

四、评估对象与评估范围

评估对象为××市××电梯工程服务有限公司的股东全部权益；评估范围为××市××电梯工程服务有限公司评估基准日经审计后资产负债表所列示的资产与负债，及未在账面列示的无形资产。

五、价值类型

市场价值，指自愿买方与自愿卖方在各自理性行事且未受任何强迫情况下，评估对象在评估基准日进行正常公平交易的价值估计数额。

六、评估基准日

根据评估基准日尽量贴近经济行为实施日的评估基准日选取原则，以及股权转让的时间安排，本项目评估基准日经协商确定为2013年6月30日。

七、评估方法

资产基础法、收益法。

八、评估结论

××市××电梯工程服务有限公司股东全部权益账面价值RMB188.22万元，采用收益法的评估结果为RMB270.00万元。采用资产基础法的评估结果为RMB426.23万元。

经分析，最终选用资产基础法评估结果为最终评估结果：

××市××电梯工程服务有限公司的股东全部权益于评估基准日2013年6月30日的市场价值为RMB426.23万元。

九、评估报告使用有效期

根据中国《资产评估准则——评估报告》第11条及《企业国有资产评估管理暂行办法》（国务院国有资产监督管理委员会第12号令）第21条的规定，通常评估报告使用有效期自评估基准日起一年（2013年6月30日至2014年6月29日）。

项目九　资产评估报告相关制度

任务9－1　了解资产评估报告的基本要素

基础知识

一、资产评估报告的基本概念

1. 资产评估报告

资产评估报告是指注册资产评估师根据资产评估准则的要求，在履行必要的评估程序后，对评估对象在评估基准日特定目的下的价值发表的，由其所在评估机构出具的书面专业意见。

广义的资产评估报告是一种工作制度，狭义的资产评估报告即资产评估结果报告书。《国际评估准则》和美国《专业评估职业统一准则》对资产评估报告的规定都是从报告类型和报告要素来进行规范的。

我国2007年发布的《资产评估准则——评估报告》是根据要素和内容对评估报告进行规范的重要评估准则。2008年的《企业国有资产评估报告指南》对评估报告的标题、文号、声明、摘要、正文、附件、评估明细表和评估说明等方面进行了规范。

2. 资产评估报告的作用

(1) 对委托评估的资产提供价值意见。

资产评估报告是经具有资产评估资格的机构根据委托评估资产的特点和要求，组织注册资产评估师及相应的专业人员组成的评估队伍，遵循评估准则和标准，履行必要的评估程序，运用科学的方法对被评估资产价值进行评定和估算后，提出的书面意见，该价值意见不代表任何当事人一方的利益，是一种独立的专业人士的评估意见，具有较强的公正性和客观性，因而成为被评估资产作价的重要参考。

(2) 反映和体现资产评估工作情况，明确委托方、受托方及有关方面责任的依据。

它用文字的形式，对受托资产评估业务的目的、背景、范围、依据、程序、方法等方面和评估的结果进行说明和总结，体现了评估机构的工作成果。同时，资产评估报告也反映和体现受托的资产评估机构与执业人员的权利与义务，并以此来明确委托方、受托方等有关方面的法律责任。负责评估项目的注册资产评估师也同时在报告上行使签字的权利，并提出报告使用的范围和评估结果实现的前提等具体条款。资产评估报告也是评估机构履行评估协议和向委托方或有关方面收取评估费用的依据。

(3) 对资产评估报告书进行审核，是管理部门完善资产评估管理的重要手段。

资产评估报告是反映评估机构和注册资产评估师职业道德、执业能力水平以及评估质量高低和机构内部管理机制完善程度的重要依据。

(4) 资产评估报告书是建立评估档案、归集评估档案资料的重要信息来源。

由于资产评估报告是对整个评估过程的工作总结，其内容包括了评估过程的各个具体环节和各有关资料的收集及记录，因此，不仅评估报告的底稿是评估档案归集的主要内容，撰写资产评估报告过程中采用的各种数据、各个依据、工作底稿和资产评估报告制度中形成的有关文字记录等都是资产评估档案的重要信息来源。

3. 资产评估报告书的种类

资产评估报告书分为以下几个不同的种类：

(1) 按资产评估的范围划分分为整体资产评估报告书和单项资产评估报告书。整体资产评估报告书的内容不仅包括资产，也包括负债和所有者权益。而单项资产评估报告除在建工程外，一般不考虑负债和以整体资产为依托的无形资产。

(2) 按照国际惯例，评估报告书可以分为完整型评估报告书、简明型评估报告书和限制型评估报告书，注册资产评估师应当在评估报告中明确说明评估报告的类型。

(3) 根据资产评估基准日的选择，评估报告书可以分为现实型评估报告书：评估基准日是现在时点；预测型评估报告书：评估基准日是未来时点；追溯型评估报告书：评估基准日是过去时点。评估报告的使用有效期，通常要求评估基准日与经济行为实现日相距不超过一年。

二、资产评估报告的基本要素

(1) 委托方、产权持有者和委托方以外的其他评估报告使用者；

(2) 评估目的；

(3) 评估对象和评估范围；

(4) 价值类型及其定义；

(5) 评估基准日；

(6) 评估依据；

(7) 评估方法；

(8) 评估程序实施过程和情况；

(9) 评估假设；

(10) 评估结论；

(11) 特别事项说明；

(12) 评估报告使用限制说明；

(13) 评估报告日；

(14) 评估机构和注册资产评估师签字签盖。

在评估报告中，注册资产评估师应当对被评估资产的基本情况进行说明（以企业价值评估为例）。包括：

(1) 评估对象的存在状况、权利状况和受到的限制。

(2) 注册资产评估师应对在评估报告中披露所有影响评估分析、判断和结论的评估假设和限定条件，进行必要说明。

(3) 注册资产评估师应在评估程序实施过程和情况说明中，重点披露被评估企业的财务分析、调整以及评估方法的运用实施过程。

(4) 注册资产评估师在评估报告中披露财务分析、调整情况时，通常应包括以下内容：

1) 被评估企业历史财务资料分析总结，列示能够充分满足评估目的需要和揭示被评估企业特性的若干年度的资产负债表和损益表的汇总资料；

2) 对财务报告、企业申报资料所做的重大或实质性调整；

3) 相关预测所涉及的关键性评估假设和限定条件；

4) 被评估企业与其所在行业平均经济效益状况比较。

(5) 注册资产评估师在评估报告中披露评估方法运用实施过程和情况时，通常应当包括下列内容：

1) 选择评估方法的过程和依据；

2) 评估方法的运用和逻辑推理计算过程；

3) 分成率、折现率、经济寿命期等重要参数的获取来源和形成过程；

4) 对初步评估戒律进行综合分析，形成最终评估结论的过程。

(6) 注册资产评估师应对根据评估项目的具体情况，在评估报告中对被评估企业的基本情况进行说明，一般包括：

1) 企业名称、类型与组织形式；

2) 企业历史状况；

3）企业主要产品或服务；
4）市场和客户状况；
5）企业管理状况；
6）季节或周期因素对企业运营的影响；
7）企业运营常规流程；
8）企业主要资产状况，包括有形资产、无形资产，以及主要负债；
9）企业发展前景；
10）企业、股权等以往市场交易情况；
11）相关竞争状况；
12）影响企业生产经营的宏观经济因素；
13）影响企业生产经营的行业发展前景；
14）其他需要说明的企业状况。

评估师可以根据评估业务性质、评估标的情况、委托方和其他评估报告使用者的要求，合理确定评估报告的详略程度。

任务 9-2 了解资产评估报告的相关制度及内容

基础知识

一、国有资产评估报告的基本制度

资产评估报告基本制度的产生与发展经历了以下阶段：

(1) 1991 年国务院以 91 号令颁布的《国有资产评估管理办法》规定，资产评估机构对委托单位（过于资产占有单位）被评估资产的价值进行评定和估算，要向委托单位提出资产评估结果报告书，委托单位收到资产评估机构的资产评估报告书后，应当报其主管部门审查，主管部门同意后，报同级国有资产管理行政主管部门确认资产评估结果。

(2) 1999 年财政部颁发的关于印发《资产评估报告基本内容与格式的暂行规定》的通知，对原有的资产评估报告有关制度做了进一步修改完善，使资产评估报告制度不仅适用于国有资产评估，也同样适用于非国有资产的评估。

(3) 2001 年 12 月 31 日《国务院办公厅转发财政部关于改革国有资产评估行政管理方式加强资产评估监督管理工作意见的通知》对资产评估项目管理方式进行了重大改革，取消对国有资产评估项目的立项确认审批制度，实行核准制和备案制，并加强对资产评估活动的监管。

(4) 2007 年发布的《资产评估准则——评估报告》是根据要素和内容对评估报告进行规范的重要评估准则。

(5) 2008 年 11 月 28 日，中国资产评估协会发布了《企业国有资产评估报告指南》，并定于 2009 年 7 月 1 日起实施。

二、资产评估报告书的基本内容

根据《资产评估准则——评估报告》，2008 年 11 月 28 日，中国资产评估协会发布了《企业国有资产评估报告指南》，并定于 2009 年 7 月 1 日起实施。《企业国有资产评估报告

指南》要求注册资产评估师根据企业国有资产评估管理的有关规定执行资产评估业务，编制和出具企业国有资产评估报告应当遵守该指南。金融企业（2010年颁布《金融国有资产评估报告指南》）和行政事业单位国有资产评估报告另行规范。2007年12月31日实施的《以财务报告为目的的评估指南》中第六章是“披露要求”。

《企业国有资产评估报告指南》所指企业国有资产评估报告，由标题、文号、声明、摘要、正文、附件、评估明细表和评估说明构成。其中评估报告正文应当包括：

（1）绪言；

（2）委托方、被评估单位（或者产权持有单位）和业务约定书约定的其他评估报告使用者概况；

（3）评估目的；

（4）评估对象和评估范围；

（5）价值类型及其定义；

（6）评估基准日；

（7）评估依据；

（8）评估方法；

（9）评估程序实施过程和情况；

（10）评估假设；

（11）评估结论；

（12）特别事项说明；

（13）评估报告使用限制说明；

（14）评估报告日；

（15）签字盖章。

1. 资产评估报告书正文及相关附件的基本内容

（1）资产评估报告书封面基本内容。

资产评估报告封面须载明下列内容：资产评估项目名称、资产评估机构出具评估报告的编号、资产评估机构全称和评估报告提交日期等。有服务商标的，评估机构可以在报告封面载明其图形标志。

（2）资产评估报告书摘要的基本内容。

每份资产评估报告书的正文之前应有表达该报告书关键内容的摘要，用来让各有关方面了解该评估报告书的主要信息。

该摘要与资产评估报告书正文一样具有同等法律效力，由注册资产评估师、评估机构法定代表人及评估机构等签字盖章并署明提交日期。该摘要还必须与评估报告书揭示的结果一致，不得有误导性内容，并应当采用提醒文字提醒使用者阅读全文。

（3）资产评估报告书正文的基本内容。

1）首部。评估报告书正文的首部应包括标题和报告书序号，标题应含有×××（评估）项目资产评估报告书字样。

2）序言。报告书正文的序言应写明该评估报告委托方全称、受托评估事项及评估工作整体情况。

3）委托方与资产占有方简介。报告书正文的委托方与资产占有方简介应较为详细地分别介绍委托方、资产占有方的情况，当委托方和占有方相同时，可作为资产占有方介绍，也要写明委托方和资产占有方之间的隶属关系或经济关系。无隶属关系或经济关系的，应写明发生评估的原因，当资产占有方为多家企业时，还须逐一介绍。

4）评估目的。报告书正文的评估目的应写明本次资产评估是为了满足委托方的何种需要，及其所对应的经济行为类型，并简要准确地说明该经济行为是否经过批准，若已获批准，应将批准文件的名称、批准单位、批准日期及文号写出。

5）评估范围和对象。这部分应写明纳入评估范围的资产及其类型，并列出评估前的账面金额。评估资产为多家占有，应说明各自的份额及对应资产类型。

6）评估基准日。这部分应写明评估基准日的具体日期，确定评估基准日的理由或成立条件，揭示确定基准日对评估结果的影响程度。另外，还应对采用非基准日价格标准做出说明。

评估基准日应根据经济行为的性质由委托方确定，并尽可能与评估目的实现日接近。

7）评估原则。应在这部分中写明评估工作过程中遵循的各类原则和本次评估遵循国家及行业规定的公认原则。对所遵循的特殊原则也应作适当阐述。

8）评估依据。应在这部分中列示评估依据，包括行为依据、法律法规依据、产权依据和取价依据等。对评估中采用的特殊依据应作相应的披露。

9）评估方法。应在这部分中说明评估过程所选择、使用的评估方法和选择评估方法的依据或原因。对某项资产评估采用一种以上评估方法的还应说明原因并说明该资产价值确定方法。对选择特殊评估方法的，也应介绍其原理与适用范围。

10）评估过程。这部分应反映评估机构自接受评估项目委托起至提交评估报告的全过程，包括：接受委托过程中确定评估目的、对象及范围，基准日和拟定评估方案的过程，资产清查中的指导资产占有方清查、收集准备资料、检查与验证过程；评估估算中的现场检测与鉴定、评估方法选择、市场调查与分析过程；评估汇总中的结果汇总、评估结论分析、撰写报告与说明、内部复核过程，以及提交评估报告等过程。

11）评估结论。这部分是报告正文的重要部分，应使用表述性文字完整地叙述评估机构对评估结果发表的结论，对资产、负债、净资产的账面价值、调整后账面价值、评估价值及其增减幅度进行表述；还应单独列示不纳入评估汇总表的评估结果。

12）特殊事项说明。在这部分中应说明在评估过程中已发现可能影响评估结论，但非评估人员执业水平和能力所能评定估算的有关事项，也应提示评估报告使用者注意特别事项对评估结论的影响，还应揭示评估人员认为需要说明的其他事项。

13）评估基准日期后重大事项。在这部分中，应揭示评估基准日到评估报告提出日期间发生的重要事项，以及评估基准日的期后事项对评估结论的影响，还应说明发生在评估基准日期后不能直接使用评估结论的事项。

14）评估报告法律效力、使用范围和有效期。这部分应具体写明评估报告成立的前提条件和假设条件，并写明评估报告依照法律法规的有关规定发生法律效力和评估结果的有效使用期限；还应写明评估结论仅供委托方依评估目的使用和送交主管部门审查使用，并申明评估报告书的使用权归委托方所有，未经许可不得随意向他人提供或公开。

15）评估报告提出日期。在这部分中，应写明评估报告书提交委托方的具体日期。

16）尾部。这部分应写明出具评估报告书的机构名称并加盖公章，还要由评估机构法定代表人和至少两名负责评估的注册资产评估师签名盖章。

（4）备查文件的基本内容。

1）有关经济行为文件；

2）被评估企业前3个年度包括资产负债表和利润表在内的会计报表（非企业或经济组织除外）；

3）委托方与资产占有方营业执照复印件；

4）委托方、资产占有方的承诺函；

5）产权证明文件复印件；

6）资产评估人员和评估机构的承诺函；

7）资产评估机构资格证书复印件；

8）评估机构营业执照复印件；

9）参加本项评估项目的人员名单；

10）资产评估业务约定合同；

11）重要合同和其他文件。

这部分的格式没有具体要求，但必须按统一规格装订。

2. 资产评估说明的基本内容

资产评估说明描述评估师和评估机构对其评估项目的评估程序、方法、依据、参数选取和计算过程，通过委托方、资产占有方充分揭示对资产评估行为和结果构成重大影响的事项，说明评估操作符合相关法律、行政法规和行业规范要求。

资产评估说明也是资产评估报告书的组成部分，在一定程度上决定评估结果的公允性，保护评估行为相关各方合法利益。

按有关规定，评估说明中所揭示的内容应同评估报告书正文所阐述的内容一致。评估机构、注册资产评估师及委托方、资产占有方应保证其撰写或提供的构成评估说明各组成部分的内容真实完整，未作虚假陈述，也未遗漏重大事项。

资产评估说明应按以下顺序进行撰写和制作：

（1）“评估说明封面及目录”的基本内容。

评估说明封面应载明该评估项目名称，该评估报告书的编号、评估机构名称、评估报告提出日期，若需分册装订的评估说明，应在封面上注明共几册及该册的序号。

（2）“关于评估说明使用范围的声明”的基本内容。

这部分应声明评估报告仅供资产管理部门、企业主管部门、资产评估行业协会在审查资产评估报告书和检查评估机构工作之用，除法律、行政法规规定外，材料的全部或部分内容不得提供给其他任何单位和个人，不得见之于公开媒体。

（3）“关于进行资产评估有关事项的说明”的基本内容。

这部分是由委托方与资产占有方共同撰写并由负责人签字，加盖公章，签署日期。这部分应包括以下几方面：

1）委托方与资产占有方概况；

2）关于评估目的的说明；

3）关于评估范围的说明；

4）关于评估基准日的说明；

5）可能影响评估工作的重大事项说明；

6）资产及负债清查情况的说明；

7）列示资产委托方、资产占有方提供资产评估资料清单。

（4）“资产清查核实情况说明”的基本内容。

这部分主要用来说明评估方对委托评估的企业所占有的资产和与评估相关的负债进行清查核实的有关情况及清查结论。

1）资产清查核实的内容；

2）实物资产的分布情况及特点；

3）影响资产清查的事项；

4）资产清查核实的过程与方法；

5）资产清查结论；

6）资产清查调整说明。

（5）“评估依据说明”的基本内容。

评估依据说明主要用来说明进行评估工作中所遵循的具体行为依据、法规依据、产权依据和取价依据。它具体包括：

1）主要法律法规；

2）经济行为文件；

3）重大合同协议及产权证明文件；

4）采用的取价标准；

5）参考资料及其他。

（6）“各项资产及负债的评估技术说明”的基本内容。

这部分主要用来说明对资产进行评定估算过程的解释，反映评估中选定的评估方法和采用的技术思路及实施的评估工作。

1）流动资产评估说明；

2）长期投资评估说明；

3）机器设备评估说明；

4）房屋建筑物评估说明；

5）在建工程评估说明；

6）土地使用权评估说明；

7）无形资产及其他资产评估说明；

8）负债评估说明。

（7）“整体资产评估收益现值法评估验证说明”的基本内容。

这部分主要说明运用收益法对企业整体资产进行评估来验证资产评估结果的有关情况。其主要包括以下几方面：

1）收益法的应用简介；

2）企业的生产经营业绩；

3）企业的经营优势；

4）企业的经营计划；

5）企业的各项财务指标；
6）评估依据；
7）企业营业收入、成本费用和长期投资收益预测；
8）折现率的选取和评估值的计算过程；
9）评估结论。

(8)“评估结论及其分析”的基本内容。

这部分主要概括评估结论，应包括以下内容：

1）评估结论；
2）评估结果与调整后账面值比较变动情况及原因；
3）评估结论成立的条件；
4）评估结论的瑕疵事项；
5）评估基准日的期后事项说明及对评估结论的影响；
6）评估结论的效力、使用范围与有效期。

3. 资产评估明细表的基本内容

(1) 资产评估明细表的基本内容。

资产评估明细表是反映被评估资产评估前后的资产负债明细情况的表格。

它是资产评估报告书的组成部分，也是资产评估结果得到认可、评估目的的经济行为实现后作为调整账目的主要依据之一。其基本内容应包括以下几方面：

1）资产及其负债的名称、发生日期、账面价值、评估价值等；
2）反映资产及其负债特征的项目；
3）反映评估增减值情况的栏目和备注栏目；
4）反映被评估资产会计科目名称、资产占有单位、评估基准日、表号、金额单位、页码内容的资产评估明细表表头；
5）写明清查人员、评估人员的表尾；
6）评估明细表设立逐级汇总；
7）资产评估明细表一般应按会计科目顺序排列装订。

(2) 资产评估明细表样表的层次。

资产评估明细表样表包括以下几个层次：

1）资产评估结果汇总表；
2）资产评估结果分类汇总表；
3）各项资产清查评估汇总表及各项资产清查评估明细表。

三、资产评估报告的国际比较

资产评估报告书的类型与资产评估机构向委托方或客户表达或披露评估信息的内容和繁简程度直接相关。评估机构可以根据委托方的要求，以及评估机构对评估报告披露信息的程度和规避风险的要求，选择适宜类型的评估报告表达评估师的专业意见。目前，国际上的资产评估报告类型主要的划分角度和标准如下。

1. 按评估报告披露内容的详尽程度划分

(1) 完整型（详细型）评估报告。

完整型（详细型）评估报告，是指向委托方或客户提供最详尽的信息资料的评估报告。

以美国《专业评估执业统一准则》对不动产完整型评估报告的要求为例来说明完整型评估报告披露信息的程度。

完整型（详细型）评估报告的内容必须与报告的预期用途相一致，且至少包括以下内容：

1）明确说明客户和预期使用者的身份，包括姓名和类型，评估人员在明确客户的身份时必须小心谨慎，既要清楚明确，又要遵守职业道德条款的保密性规定。

2）明确评估的预期用途。

3）明确并用充分的信息资料描述被评估的不动产，这种描述包括与评估业务有关的财产的物理和经济方面的特性。

说明评估中不动产的实体可通过以下的任何组合来完成，包括法律描述、地址、参考地图、测量或地图的复印件、财产的草图和（或）照片，以及其他类似的证据。

除了书面描述可以对与评估报告的预期用途和目的相关的不动产的物理、法律和经济特征进行说明外，财产的草图和照片也可对被评估的不动产进行一定的说明和描述。

4）明确说明被评估的不动产权益。

如果需要，对被评估的不动产权益的说明必须用对不动产具有约束力的权益的描述文件或者其他已知的文件的概述或者复制件来进行实质性的证明。

5）明确说明评估的目的，包括对被评估的价值定义和类型以及来源的说明。对被评估的价值进行定义需要采用适当的相关定义，并且就定义如何运用向评估报告阅读者进行必要的解释。

6）说明评估生效日和报告日期。评估生效日建立了评估的基础，而评估报告日表明评估人员基于评估生效日市场状况的观点是未来的、现行的还是历史的。

当评估报告日的市场状况不同于评估生效日的市场状况时，在评估报告的不同阶段多次同时强调说明评估生效日和评估报告日，对评估报告阅读者的正确理解是十分重要的。

7）明确叙述足以向评估客户和评估结果使用者说明评估的工作范畴的信息。评估客户和评估结果使用者期望得到的评估结果，会受到评估人员调查研究工作的范畴的影响。

评估师应恪尽职守，使评估客户和评估使用者了解评估人员的工作范畴，从而对其工作不产生误解。评估人员应拥有确定工作范畴和评估报告信息传递量的责任。

8）明确说明影响评估分析、意见和结论的所有假设、逆向假设和限制性条件。典型的或一般的假设和限制性条件可以一并置于评估报告的某一确定部分，美国准则要求特别假设或逆向假设应当连同对受其影响的意见和结论所进行的说明一同披露。

9）明确描述评估中所考虑的信息，所采用的程序和支持其分析、意见和结论的推理过程。评估人员应确信评估报告已提供足够的信息，以使客户和评估报告的期望使用者能够理解评估结果或者结论的合理性。

10）明确描述评估日期现存不动产的用途，以及明确描述在评估报告中反映出来的不动产的用途；当评估业务的目的是要得出市场价值时，明确描述评估人员对不动产最佳用途的分析意见的合理性和推理过程所用的论据。

此款要求评估报告需包含评估人员关于被评估不动产最佳用途的意见，除非关于最佳用途的意见是不必要的，如：保险目的的评估或“使用价值”目的的评估。如果评估的目的是要得出市场价值，那么，评估报告就必须描述评估人员对不动产最佳用途的分析意见的合理性和推理过程所用的论据。

对评估人员支持该意见的推理必须进行适当的详细描述。

另外，还需有经评估人员签署的证明文件。

(2) 简明型评估报告。

简明型评估报告，是指评估机构在保证不误导评估报告使用者的前提下，向委托方或客户提供简明扼要信息资料的评估报告。

它与完整型（详细型）评估报告的区别，主要是提供的信息资料的详略程度不同，不存在报告水准上的差别。

以美国《专业评估执业统一准则》对不动产简明型评估报告的要求为例来说明简明型评估报告披露信息的程度。

简明型评估报告的内容必须与评估的预期用途相一致，并且至少包括以下内容：

1) 明确说明客户和预期使用者的身份，包括姓名和类型。

2) 明确评估的预期用途。

3) 明确并用充分的信息资料概述被评估的不动产，这种概述包括与评估业务有关的财产的物理和经济方面的特性。

4) 明确说明被评估的不动产权益。

5) 说明评估的目的，包括对被评估的价值定义和类型以及它的来源的说明。

6) 说明评估生效日和报告日期。

7) 概述足以向评估客户和评估结果使用者说明评估的工作范畴的信息。

8) 说明影响评估分析、意见和结论的所有假设、逆向假设和限制性条件。

9) 概述评估中所考虑的信息，所采用的程序和支持其分析、意见和结论的推理过程。

10) 描述评估日期现存不动产的用途，并描述在评估报告中反映出来的不动产的用途，以及当评估业务的目的是要得出市场价值时，概略描述评估人员对不动产最佳用途的分析意见的合理性和推理过程所用的论据。

另外，还需有经评估人员签署的证明文件。

2. 按符合资产评估准则的要求的程度划分

(1) 正常型评估报告。

正常型评估报告，是指资产评估机构出具的评估报告完全符合资产评估准则的要求，对评估报告使用者并无格外的特别限制性使用要求，如完整型评估报告和简明型评估报告。

(2) 限制型评估报告。

限制型评估报告，是指评估机构对限定评估报告使用人出具的，评估过程中有低于或不同于评估准则或指南要求行为的评估报告。

限制型评估报告仅限于特定评估客户使用，其他任何使用限制型评估报告的人都被视为非期望使用者。

以美国《专业评估执业统一准则》对不动产限制型评估报告的要求为例来说明限制型评估报告披露信息的程度。

限制使用型评估报告的内容必须与评估的预期用途相一致，并且至少包括以下内容：

1）明确说明客户和预期使用者的身份，包括姓名和类型。

2）明确评估的预期用途。

3）明确并用充分的信息资料描述被评估的不动产，这种描述包括与评估业务有关的财产的物理和经济方面的特性。

4）明确说明被评估的不动产权益。

5）说明评估的目的，包括对被评估的价值定义和类型，并参考与评估目的相关的价值的定义。

6）说明评估生效日和报告日期。

7）说明数据的收集、检验和报告过程的范围，或摘引保存在评估人员的工作文档中的评估合同对评估工作范围的叙述。

8）说明影响评估分析、意见和结论的所有假设、逆向假设和限制性条件。

9）描述评估中所采用的评估程序、评估结果分析和结论，以及参考工作文档的内容。

10）描述评估日期现存不动产的用途，并描述在评估报告中反映出来的不动产的用途，以及当评估业务的目的是要得出市场价值时，描述评估人员对不动产最佳用途的分析意见的合理性和推理过程所用的论据。

另外，还需有经评估人员签署的证明文件。

3．按资产评估的性质划分

（1）一般评估报告。

一般评估报告，是指评估人员接受客户委托，为客户提供的关于资产价值的估价意见的书面报告，如完整型评估报告、简明型评估报告和限制型评估报告等。

（2）复核评估报告。

复核评估报告，是指复核评估师对一般评估报告的充分性和合理性发表意见的书面报告，是复核评估师对一般评估报告进行评估和审核的报告。

资产评估复核或复核资产评估不同于一般的资产评估，它更接近于我国的国有资产评估中的资产评估确认，只不过复核资产评估也是由执业的评估师完成，而我国的资产评估确认由政府有关部门进行。

4．按评估对象划分

按评估对象将评估报告划分：房地产评估报告、机器设备评估报告、无形资产评估报告，以及企业价值评估报告等。

从严格的意义上讲，评估报告的基本要素和基本要求不会因评估对象不同而有重大区别。就是说，从规范资产评估报告的角度，评估对象不同划分评估报告的种类的意义并不大。

但是，由于我国目前资产评估行业尚未完全统一，在资产评估、房地产估价和土地估价的执业标准和操作技术规程方面还有不同的要求。

表现在评估报告方面，三种报告书不仅具体格式不相同，而且在内容上也存在较大的差别。客观地讲，按评估对象划分评估报告类型可以说是一种权宜之计。

从规范资产评估报告的角度，一般资产评估的评估报告应采用或选择完整型评估报告、简明型评估报告和限制型评估报告三种类型为宜。

由上述内容可见，我国资产评估报告制度本身与国际惯例仍有较大差别。按我国现行资产评估报告制度的规定，资产评估报告书包括资产评估报告书正文、资产评估说明、资产评估明细表及相关附件等。

而国际资产评估准则（IVS）、美国专业评估执业统一准则（USPAP），以及其他资产评估开展较发达的国家和地区的评估准则，对资产评估报告的规定一般都是从报告类型与报告要素来进行规范的。

它们更强调评估报告的构成要素，如评估的假设，评估的价值前提、价值类型、价值定义、评估途径和方法、评估结果的适用用途和范围、评估责任等，及评估报告的类型，即完全型资产评估报告、简单型资产评估报告和限制型资产评估报告。

随着中国加入WTO后国际评估业务的增加，对我国评估界也提出了熟悉国际资产评估报告规范、按照国际惯例进行操作的要求，但要注意，在国际业务中按照国际评估报告的语言要求和类型要求进行评估结果的表述，并不是要我们盲目模仿。

关于资产评估报告，其关键是要保证有利于报告使用者对评估结果的正确使用，并避免在未来的经济行为中给评估机构与注册资产评估师带来潜在的法律责任。

项目十　资产评估报告的撰写

任务10-1　资产评估报告的编制方法

基础知识

一、资产评估报告书的制作步骤

1. 整理工作底稿和归集有关资料

资产评估现场工作结束后，有关评估人员必须着手对现场工作底稿进行整理和分类，同时对有关询证函、被评估资产背景材料、技术鉴定情况和价格取证等有关资料进行归集和登记。对现场未予确定的事项，还须进一步落实和查核。这些现场工作底稿和有关资料都是编制资产评估报告的基础。

2. 评估明细表的数字汇总

在完成现场工作底稿和有关资料的归集任务后，评估人员应着手进行评估数据的汇总，如果评估对象是整体资产评估，评估人员还应着手评估明细表的数字汇总。

明细表的数字汇总应根据明细表的不同级次先明细表汇总，然后分类汇总，再资产负债表式的汇总。不具备采用电脑软件汇总的评估机构，在数字汇总过程中应反复核对各有关表格的数字的关联性和各表格栏目之间数字的钩稽关系，防止出错。

3. 评估初步数据的分析和讨论

在完成评估数据和评估明细表的数字汇总后，应召集参与评估工作过程的有关人员，对评估报告的初步数据的结论进行分析和讨论，比较各有关评估数据，复核记录估算结果的工作底稿，对存在作价不合理的评估数据进行调整。

4. 编写评估报告书

第一步，在完成资产评估初步数据和数字的分析与讨论并对有关数据进行调整后，由具体参加评估各组负责人员草拟出各自负责评估部分资产的评估说明。

同时提交全面负责、熟悉本项目评估具体情况的人员草拟出资产评估报告书。

第二步，将评估基本情况和评估报告书初稿的初步结论与委托方交换意见，听取委托方的反馈意见后，在坚持独立、客观、公正的前提下，认真分析委托方提出的问题和建议，考虑是否应该修改评估报告书，对评估报告中存在的疏忽、遗漏和错误之处进行修正，待修改完毕即可撰写出资产评估正式报告书。

5. 资产评估报告书的签发与送交

评估机构撰写出资产评估正式报告书后，经审核无误，按以下程序进行签名盖章；先由负责该项目的注册评估师签章（两名或两名以上），再送复核人审核签章，最后送评估机构负责人审定签章并加盖机构公章。

资产评估报告书签发盖章后即可连同评估说明及评估明细表送交委托单位。

二、资产评估报告书制作的技术要点

编制资产评估报告书的基本要求，是指在编制资产评估报告过程中的各主要环节和方面的技术要求，它具体包括文字表达、格式与内容，以及复核与反馈等方面的技术要求等。

1. 文字表达方面的技能要求

资产评估报告书既是一份对被评估资产价值有咨询性和公正性作用的文书，又是一份用来明确资产评估机构和评估人员工作责任的文字依据，所以它的文字表达既要清楚、准确，又要提供充分的依据说明，还要全面地叙述整个评估的具体过程。

其文字的表达必须准确，不得使用模棱两可的措辞。其陈述既要简明扼要，又要把有关问题说明清楚，不得带有任何诱导、恭维和推荐性的陈述。当然，在文字表达上也不能带有“大包大揽”的语句，尤其是涉及承担责任条款的部分。

2. 格式和内容方面的技能要求

对资产评估报告书格式和内容方面的技术要求，目前还必须以财政部颁发的《资产评估报告基本内容与格式的暂行规定》中要求的格式和内容为标准。还应该遵循《资产评估准则——评估报告》和《企业国有资产评估报告指南》。

3. 评估报告书的复核及反馈方面的技能要求

资产评估报告书的复核与反馈是指在正式出具资产评估报告书之前，通过对工作底稿、评估说明、评估明细表和报告书正文的文字、格式及内容的复核和反馈，以检查评估报告中是否存在有关错误和遗漏等问题，并在出具正式报告书之前加以改正。

对评估人员来说，资产评估工作是一项必须由多个评估人员同时作业的中介业务，每个评估人员都有可能因能力、水平、经验、阅历及理论方法的限制而产生工作盲点和工作疏忽，所以，对资产评估报告书初稿进行复核就成为必要。

由于大多数资产委托方和占有方对委托评估资产的分布、结构、成新等具体情况总是可能会比评估机构和评估人员更熟悉，因此，在出具正式报告之前征求委托方意见、收集反馈意见有时也是很有必要的。

对资产评估报告必须建立起多级复核和交叉复核的制度，明确复核人的职责，防止流于形式的复核。收集反馈意见主要是通过委托方或占有方熟悉资产具体情况的人员。

对委托方或占有方意见的反馈信息，应谨慎对待，应本着独立、客观、公正的态度去接受其反馈意见。

4. 撰写报告书应注意的事项

(1) 实事求是，切忌出具虚假报告。

(2) 坚持一致性，切忌出现表里不一。

(3) 提交报告书要及时、齐全和保密。

(4) 评估机构应当在评估报告中明确使用者、报告使用方式、提示评估报告使用者合理使用评估报告。

(5) 评估师应该关注对评估对象的法律权属，但是不得提供保证。

(6) 评估师应该明确披露受到的限制、无法履行的评估程序和采取的替代措施。

三、企业国有资产评估报告实例

资产评估报告书（含摘要、正文及备查文件）

资产评估报告书摘要

ZF资产评估有限公司接受ABC公司的委托，根据国家关于国有资产评估的有关规定，本着独立、公正、科学、客观的原则，按照国际公允的资产评估方法，对ABC公司整体改组上市之目的而委托评估的ABC公司资产和负债进行了实地察看与核对，并做了必要的市场调查与征询，履行了公认的其他必要评估程序。

据此，我们对ABC公司的委估资产在评估基准日的公平市值分别采用成本法和收益法进行了分项及总体评估，为其整体改组上市提供价值参考依据。目前我们的资产评估工作业已结束，现谨将资产评估结果报告如下：

经评估，截至评估基准日2016年12月31日，在持续使用前提下，ABC公司的委估资产和负债表现出来的公平市场价值反映见表10-1，目前已取消清查调整值：

表10-1

资产名称	账面值	评估值	增减值	增减率%

本报告仅供委托方为本报告所列明的评估目的以及报送有关主管机关审查而作。评估报告使用权归委托方所有，未经委托方同意，不得向他人提供或公开。除依据法律需公开的情形外，报告的全部或部分内容不得发表于任何公开的媒体上。

重要提示

以上内容摘自资产评估报告书，欲了解本评估项目的全面情况，应认真阅读资产评估报告书全文。

ZF资产评估有限公司

2017年2月10日

评估机构法人代表：

注册资产评估师：

ABC 公司
资产评估报告书
ZF 评报字（2016）第 10 号

一、绪言

ZF 资产评估有限公司接受 ABC 公司的委托，根据国家有关资产评估的规定，本着独立、公正、科学、客观的原则，按照国际公允的资产评估方法，为满足 ABC 公司整体改组上市之需要，对 ABC 公司资产进行了评估工作。

本公司评估人员按照必要的评估程序对委托评估的资产和负债实施了实地查勘、市场调查，对委估资产和负债在 2016 年 12 月 31 日所表现的市场价值作出了公允反映。现将资产评估情况及评估结果报告如下。

二、委托方及资产占有方

委　托　方：ABC 公司

资产占有方：ABC 公司

（简介略）

三、评估目的

本次评估的目的是为 ABC 公司整体改组上市提供价值参考。

四、评估范围和对象

ABC 公司拟其全部经营性净资产投入拟成立的 ABC 股份有限公司中，评估范围包括流动资产、长期投资、固定资产（房屋建筑物类、机器设备类）、在建工程、无形资产、其他资产及负债。土地使用权拟由集团公司以授权经营方式取得后租给股份公司使用，土地使用权不纳入评估结果汇总表中。

评估的具体范围以公司提供的各类资产评估申报表为基础，凡列入表内并经核实的资产均在本次评估范围之内。

五、评估基准日

根据我公司与委托方的约定，本项目资产评估的基准日期确定为 2016 年 12 月 31 日。

由于资产评估是对某一时点的资产及负债状况提出价值结论，选择会计期末作为评估基准日，能够全面反映评估对象资产及负债的整体情况；同时根据 ABC 公司的改制方案对时间的计划，评估基准日与评估目的的计划实现日较接近，故选择本基准日作为评估基准日。

本次资产评估工作中，资产评估范围的界定、评估价值的确定、评估参数的选取等，均根据该日之企业内部财务报表、外部经济环境以及市场情况确定。

本报告书中一切取价标准均为评估基准日有效的价格标准。

六、评估原则

（略）

七、评估依据

在本次资产评估工作中所遵循的国家、地方政府和有关部门的法律法规，以及所参考的文件资料主要有：

（一）评估行为依据（略）

（二）评估法规依据（略）

（三）评估产权依据（略）

（四）评估取价依据（略）

八、评估方法

（略）

九、评估过程

（略）

十、评估结论

在实施了上述资产评估程序和方法后，委估的 ABC 公司资产于评估基准日 2016 年 12 月 31 日所表现的公平市值反映如下：

评估结论详细情况请见资产评估明细表（另册）。

十一、特别事项说明

委托方在 2012 年 12 月分别与王× ×、吴× ×签订转让协议，将王× ×、吴× ×存于中国银行× ×储蓄所的大额存单转让给委托方。据转让协议．承诺不得挂失、提前支取、抵押，而存款期满，委托方持存单向× ×储存所支取。× ×储蓄所以“王× ×、吴×已将存折挂失，并已提前支取”为由拒付。

至清查工作日止，经××市××区人民法院一审判决委托方胜诉，二审正在审理之中。以上款项的可收回程度及对评估结果的影响程度，无法确定，仅按清查值列示。

本评估报告使用者应注意特别事项对评估结论的影响。

十二、评估基准日期后的调整事项

在评估基准日后有效期以内，资产数量发生的变化，应根据原评估方法对资产额进行相应调整。当评估方法为成本法时，应按实际发生额进行调整；若资产价格标准发生变化，并对资产评估价格已产生了明显影响时，委托方应及时聘请评估机构重新确定评估价值。

由于评估基准日后资产数量、价格标准的变化，委托方在资产实际作价时应给予充分考虑，并进行相应调整。

十三、评估报告法律效力

1. 评估结论有效的其他条件

本次评估结论是反映评估对象在本次评估目的下，根据公开市场的原则确定的现行公允市价，没有考虑将来可能承担的抵押、担保事宜，以及特殊的交易方可能追加付出的价格等对评估价格的影响，同时，本报告也未考虑国家宏观经济政策发生变化以及遇有自然力和其他不可抗力对资产价格的影响。

当前述条件以及评估中遵循的持续经营原则等其他情况发生变化时，评估结论一般会失效。

本评估报告依照法律法规的有关规定发生法律效力。

2. 评估结论的有效使用期限

根据国家现行规定，本资产评估报告有效期为一年，自评估基准日 2016 年 12 月

31日起计算，至2017年12月30日止。

当评估目的在有效期内实现时，应以评估结论作为资产转让价值的参考。超过一年，需重新进行资产评估。

十四、评估报告提出日期

本评估报告提出日期为2017年2月10日。

ZF资产评估有限公司
2017年2月

评估机构法人代表：

注册资产评估师：

ABC公司资产评估人员名单

（略）

备查文件

有关经济行为文件；

资产评估立项批准文件；

被评估企业评估基准日会计报表；

委托方与资产占有方营业执照复印件；

产权证明文件复印件；

委托方、资产占有方承诺函；

资产评估人员和评估机构的承诺函；

资产评估机构资格证书复印件；

评估机构营业执照复印件；

资产评估业务约定合同；

其他文件。

任务10－2　资产评估报告书的应用

基础知识

从资产评估程序的角度，资产评估机构出具资产评估报告书后，资产评估工作已基本完成。资产评估报告书的使用完全是资产评估委托方、资产评估管理方和有关部门的事情，与资产评估机构和评估人员并无太大的关系。

然而，现实中由于对资产评估报告书及评估结果使用不当造成的评估纠纷有愈演愈烈之势，关于资产评估报告书的合理使用问题已经被提到了重要议事日程。

一、委托方对资产评估报告书的合理使用

委托方在收到受托评估机构送交的正式评估报告书及有关资料后，可以依据评估报告书所揭示的评估目的和评估结论，合理使用资产评估结果。

从性质上说，资产评估结果和结论是注册资产评估师的一种专业判断和专业意见，并无强制执行力。

在正常情况下，委托方完全可以在评估报告限定的条件下和范围内根据自身的需要合理使用评估报告及评估结论，并不一定完全按照评估结论一成不变地“遵照执行”。如果委托方直接使用了评估结论，那也是委托方的自主选择，并不是因为评估结论具有强制力。

评估报告及其结论虽无强制执行力，但也不得随意使用或滥用评估结论。委托方必须按照评估报告书中所揭示的评估目的、评估结果的价值类型、评估结果成立的限制条件和适用范围正确地使用评估结论。委托方在使用资产评估报告书及其结果时必须满足以下几个方面的要求：

(1) 只能按评估报告书所揭示的评估目的使用评估报告及其结论，一份评估报告书只允许按一个用途使用。

(2) 评估报告书只能由评估报告中限定的期望使用者使用，评估报告及其结论不适用于其他人使用。

(3) 只能在评估报告书的有效期内使用报告，超过评估报告书的有效期，原资产评估结果无效。

(4) 在评估报告书的有效期内，资产评估数量发生较大变化时，应由原评估机构或者该资产占有单位按原评估方法做相应调整后才能使用。

(5) 涉及国有资产产权变动的评估报告书及有关资料必须经国有资产管理部门或授权部门核准或备案后方可使用。

(6) 作为企业会计记录和调整企业账项使用的资产评估报告书及有关资料，必须由有权机关批准或认可后方能生效。

所有不按评估报告揭示的目的、期望使用者、价值类型、有效期等限制条件使用评估报告及其结论并造成损失的，应由使用者自负其责。

二、资产评估管理机构对资产评估报告书的核准、备案和检查

资产评估管理机构对资产评估报告书的核准、备案和检查也是对资产评估报告书的一种使用。

资产评估管理机构，主要是指对资产评估行政管理的主管机关和资产评估行业自律管理的行业协会。资产评估管理机构对资产评估报告书的核准、备案和检查是资产评估管理机构实现对评估机构的行政管理和行业自律管理的重要过程。

一方面，资产评估管理机构通过对评估机构出具的资产评估报告书的核准、备案和检查，能大体了解评估机构从事评估工作的业务能力和组织管理水平。

由于资产评估报告是反映资产评估工作过程的工作报告，资产评估管理机构通过对资产评估报告书进行核准、备案和检查，能够对评估机构的评估结果质量的好坏做出客观的评价，从而能够有的放矢地对评估机构的人员、技术和职业道德进行管理。

另一方面，国有资产评估报告书能为国有资产管理提供重要的数据资料。通过对国有资产评估报告书的核准、备案和检查，以及统计与分析，可及时了解国有资产占有、使用、转移状况以及增减值变动情况，进一步为加强国有资产管理服务。

当然，资产评估管理机构对评估报告书的使用也应该是全面和客观的，资产评估管理机构应结合评估项目具体条件、评估机构的总体构思、评估机构设定的评估前提，以及评估结果的价值类型和定义等全面地评价评估报告和评估结论，避免就评估结论而论评估结论。

三、其他有关部门对资产评估报告书的使用

除了资产评估管理机构可以对资产评估报告书进行核准、备案和检查外，法院、政府、证券监督管理部门、保险监督管理部门、工商行政管理部门、税务机关、金融机构等有关部门也经常使用资产评估报告书。

当然，这里也存在一个正确和合理使用评估报告和评估结果的问题。

这就很容易把评估结论的咨询性与这些机关和部门的强制权力混为一谈，把资产评估结论的专业判断性与资产定价混为一谈。因而，具有司法行政权力的机关和部门正确和合理使用评估报告及其评估结论，就显得尤为重要。

1. 政府对资产评估报告书的使用

当政府作为国有资产所有者的代表进行国有企业改制时，对国有企业改制资产评估报告及其评估结论的使用，应等同于普通的委托方使用资产评估报告书，应按照普通委托方使用评估报告书的要求去做。

政府对改制企业交易价格的最终确定，是政府作为资产所有者代表的自主选择，它既可以等同于评估机构出具的改制企业的评估结果，也可以不完全等同于评估机构的改制企业的评估结果。

资产评估结果仅仅是政府确定最终交易价格的参照和专业咨询意见，评估机构及其人员仅对评估结论的合理性负责，并不对改制企业的交易结果负责。

2. 法院对资产评估报告书的使用

法院在通过司法程序解决财产纠纷和经济纠纷时，也大量使用资产评估报告及其结论来处理以资抵债等案件。由于法院是以仲裁者的身份使用评估结论，评估结果一经法院裁决就必须依法执行。

这里必须强调，资产评估不会因使用者的不同而改变自身阶性质，评估结论也不会因法院的使用而由专业咨询变成定价，评估结论无论如何都是对资产客观价值的估计值，而并不一定是这个客观值本身。

包括法院在内的权力机关，无论是作为仲裁者还是作为执法者都应合理使用评估结论，都应以资产评估报告及其结论为基础和参照，综合经济纠纷双方的申辩和理由来裁定经济纠纷涉及的资产价值或以资抵债的数额（价格）。

3. 证券监督管理部门对资产评估报告书的使用

证券监督管理部门对资产评估报告书的使用，主要是对申请上市的公司有关申报材料招股说明书中的有关资产评估数据的审核；以及对上市公司的股东配售发行股票时申报材料配股说明书中的有关资产评估数据的审核。

根据有关规定，公开发行股票公司的信息披露至少要列示以下各项资产评估情况：按资产负债表大类划分的公司各类资产评估前账面价值及固定资产净值；公司各类资产评估净值；各类资产增减值幅度；各类资产增减值的主要原因。

公开发行股票的公司若采用非现金方式配股，其配股说明书的备查文件必须附上资产评估报告书。

证券监督管理部门对资产评估报告书和有关资料的使用，主要是为了保护公众投资者的利益和资本市场的秩序，以及加强对取得证券业务评估资格的评估机构及有关人员的业

务管理。

证券监督管理部门对资产评估报告书和有关资料的使用实际上是对资产评估机构及其人员的业务监管，相当于资产评估管理部门对资产评估报告的使用，证券监督管理部门对资产评估报告书和有关资料的使用，应参照资产评估管理部门使用评估报告的要求使用，即全面、客观地使用评估报告。

4. 保险监督管理部门、工商行政管理部门、税务、金融等其他部门对资产评估报告书的使用

保险监督管理部门、工商行政管理部门、税务、金融等部门也在大量使用资产评估报告书，这些部门在使用资产评估报告书时，也必须清楚地认识到资产评估结论只是一种专业判断和专家意见，而这些专业判断又建立在一系列假设和前提基础之上。

在许多情况下，需要这些使用资产评估报告的部门必须全面理解和认识评估结论，并在此基础上结合本部门的资产业务做出自主决策。

这并不是说因资产评估结论是一种专业判断和专家意见就可以减轻或豁免评估机构及其评估师的责任，而是说评估师应对评估结论的合理性负责，而评估报告及其结论使用者应对它们使用评估报告是否得当负责。

模块知识小结

本模块介绍了资产评估报告的基本要素、相关制度沿革、基本内容，要求掌握资产评估报告制作步骤和相关注意事项，并了解明确各单位对资产评估报告的应用。

综合练习

一、单选题

1. 广义的资产评估报告是（　　）。

A. 一种工作制度　　B. 资产评估报告书　　C. 公正性报告　　D. 法律责任文书

2. 资产评估基本制度是规定资产评估机构完成国有资产评估工作后有相关国有资产管理部门或代表单位对评估报告进行（　　）的制度。

A. 审核验证　　B. 核准备案　　C. 结果确认　　D. 立项审批

3. 按有关规定，资产评估说明中的进行资产评估有关事项的说明是由（　　）提供的。

A. 委托方　　B. 受托方

C. 资产占有方　　D. 委托方与资产占有方

4. 资产评估报告书是建立评估档案、归集评估档案资料的（　　）。

A. 重要信息来源　　B. 主要内容　　C. 一个环节　　D. 重要目的

5. 国际上将资产评估报告分为（　　）。

A. 完整型评估报告、简明型评估报告、咨询型评估报告

B. 完整型评估报告、简明型评估报告、限制型评估报告

C. 简明型评估报告、咨询型评估报告、限制型评估报告

D. 完整型评估报告、限制型评估报告、咨询型评估报告

6. 下列属于评估基准日是过去时点的评估报告书的是（　　）。

A. 现实型评估报告书
B. 预测型评估报告书
C. 追溯型评估报告书
D. 以上都不是，不存在这种评估报告书

7. 下列关于资产评估报告书制作的技术要点的说法不正确的有（　　）。
A. 对资产评估报告必须建立起多级复核和交叉复核的制度
B. 提交报告书要及时、齐全和保密
C. 评估师应该确保评估对象的法律权属属于评估报告中的资产所有者所有
D. 评估师应该明确披露受到的限制、无法履行的评估程序和采取的替代措施

二、多选题

1. 按现行规定，资产评估报告书应包括（　　）。
A. 资产评估报告书正文　B. 资产评估说明
C. 资产评估明细表及相关附件　D. 资产评估结果确认书

2. 资产评估报告书的基本要素一般包含（　　）。
A. 评估方法　B. 评估目的　C. 评估基准日
D. 委托方与资产占有方简介　E. 资产评估立项通知书

3. 对于委托方来说，资产评估报告的作用包括（　　）。
A. 根据评估目的，在相关业务中明确资产的作价
B. 作为企业进行会计记录或调整账项的依据
C. 作为履行委托协议和支付评估费用的依据
D. 作为委托方进行有关申诉的资料之一
E. 有助于了解评估机构从事评估工作的业务能力和组织管理水平

4. 资产评估报告书制作的技术要点有（　　）。
A. 文字表达方面的技能要求
B. 格式和内容方面的技能要求
C. 评估报告书的复核及反馈方面的技能要求
D. 评估报告书的验证与确认

5. 资产评估报告书的应用者一般包括（　　）。
A. 资产评估委托方　B. 资产评估管理机构
C. 资产评估受托方　D. 有关部门

三、判断题

1. 资产评估报告对资产业务定价具有强制执行的效力，评估者必须对结论本身合乎职业规范要求负责。（　　）

2. 按现行规定，对国有资产评估项目实行立项确认审批制度。（　　）

3. 资产评估报告由资产评估师、项目负责人签字盖章，评估机构加盖公章后生效。（　　）

4. 对资产评估报告要建立起多级复核和交叉复核的制度，明确复核人的职责。（　　）

5. 资产评估报告的评估结论应尽可能满足委托方的要求。（　　）

四、简答题

1. 什么是资产评估报告？广义上的、狭义上的资产评估报告是什么？
2. 简述资产评估报告书的编制步骤。
3. 委托方使用资产评估报告书及有关资料时应注意哪些方面？
4. 美国专业评估执业统一标准中的不动产评估报告有几种类型？

五、综合题

下面是某评估事务所完成的国有资产评估业务出具的评估报告的正文，找出评估报告书中的错误。

评估报告书

神州诚信评字【2010】第99号

海生精密仪器有限责任公司：

神州诚信资产评估有限责任公司（以下简称“本公司”）接受贵单位的委托，根据有关法律、法规和资产评估准则、资产评估原则，采用收益法，按照必要的评估程序，对贵公司拟股权收购事宜所涉及的永生有限公司的股东全部权益在评估基准日2010年11月30日所表现的市场价值进行了评估。评估结果有效期为一年。通过评估我们认为，永生有限公司是一家信誉良好，资产质量优良，具有良好发展前景和良好的社会责任感的公司。现将资产评估结果揭示如下：

1. 委托方、被评估单位（或者产权持有单位）和业务约定书约定的其他评估报告使用者概况。

2. 评估目的：海生精密仪器有限责任公司股权收购事宜所涉及的永生有限公司的股东全部权益在评估基准日市场价值进行了评估。

3. 评估原则：根据国家国有资产管理及评估的有关法规，我所遵循独立性、科学性和客观性的评估工作原则，并以贡献原则、替代原则和预期原则为基础进行评估。

4. 评估对象和评估范围：根据本次评估目的，评估对象是永生有限公司的股东全部权益价值。评估范围是永生有限公司经审计后账面上列示的全部资产及相关负债（具体数据略）。

5. 价值类型及其定义：根据评估目的和委估资产的特点，考虑市场条件及评估对象的使用等并无特别限制和要求，因此确定本次评估结论的价值类型为市场价值。市场价值是指自愿买方和自愿卖方在各自理性行事且未受任何强迫的情况下，评估对象在评估基准日进行正常公平交易的价值估计数额。

6. 评估基准日：本次评估的评估基准日2010年11月30日。

7. 评估依据：

（1）委托方提供的资产清单及其他资料；

（2）有关资产的产权证明及相关资料；

（3）委托方提供的有关会计凭证、会计报表及其他会计资料；

（4）与委托方资产取得、销售业务相关的各项合同及其他资料。

8. 评估方法：根据委托方评估目的和评估对象，此次评估方法为成本法和市场法，成本法价格标准为重置成本标准。最后取两种评估方法下评估结果的加权平均值为评估结果。

9. 评估程序实施过程和情况。

货币资金账面价值 421 588 元，其中现金 21 325 元，银行存款 400 263 元，考虑到货币资金即为现值不需折现，经总账明细账与日记账核实一致并对现金盘点无误后，按账面值确认（其他内容略）。

10. 评估假设。

11. 评估结论：在实施了上述评估程序和评估方法后，贵公司截至评估基准日的资产、负债和所有者权益价值为：资产总额 41 504 342 元；负债总额 22 722 000 元，净资产价值 18 782 342 元。

12. 特别事项说明。

13. 评估报告使用限制说明：

（1）评估报告只能用于评估报告载明的评估目的和用途。

（2）评估报告只能由评估报告载明的评估报告使用者使用。

（3）未征得出具评估报告的评估机构同意，评估报告的内容不得被摘抄、引用或披露于公开媒体，法律、法规规定以及相关当事方另有约定的除外。

（4）当政策调整对评估结论产生重大影响时，应当重新确定评估基准日进行评估。

（5）本评估报告自评估基准日 2010 年 11 月 30 日起一年内使用有效，超过一年，需要酌情使用本报告；

14. 评估报告日：本评估报告于 2011 年 12 月 8 日出具。

15. 签字盖章：中国注册资产评估师：李伟（签字盖章）。

神州诚信资产评估有限责任公司（盖章）

2011 年 12 月 8 日

附录

附录一

复利终值系数表

期数	1%	2%	3%	4%	5%	6%	7%	8%	9%	10%	11%	12%	13%	14%	15%
1	1.010 0	1.020 0	1.030 0	1.040 0	1.050 0	1.060 0	1.070 0	1.080 0	1.090 0	1.100 0	1.110 0	1.120 0	1.130 0	1.140 0	1.150 0
2	1.020 1	1.040 4	1.060 9	1.081 6	1.102 5	1.123 6	1.144 9	1.166 4	1.188 1	1.210 0	1.232 1	1.254 4	1.276 9	1.299 6	1.322 5
3	1.030 3	1.061 2	1.092 7	1.124 9	1.157 6	1.191 0	1.225 0	1.259 7	1.295 0	1.331 0	1.367 6	1.404 9	1.442 9	1.481 5	1.520 9
4	1.040 6	1.082 4	1.125 5	1.169 9	1.215 5	1.262 5	1.310 8	1.360 5	1.411 6	1.464 1	1.518 1	1.573 5	1.630 5	1.689 0	1.749 0
5	1.051 0	1.104 1	1.159 3	1.216 7	1.276 3	1.338 2	1.402 6	1.469 3	1.538 6	1.610 5	1.685 1	1.762 3	1.842 4	1.925 4	2.011 4
6	1.061 5	1.126 2	1.194 1	1.265 3	1.340 1	1.418 5	1.500 7	1.586 9	1.677 1	1.771 6	1.870 4	1.973 8	2.082 0	2.195 0	2.313 1
7	1.072 1	1.148 7	1.229 9	1.315 9	1.407 1	1.503 6	1.605 8	1.713 8	1.828 0	1.948 7	2.076 2	2.210 7	2.352 6	2.502 3	2.660 0
8	1.082 9	1.171 7	1.266 8	1.368 6	1.477 5	1.593 8	1.718 2	1.850 9	1.992 6	2.143 6	2.304 5	2.476 0	2.658 4	2.852 6	3.059 0
9	1.093 7	1.195 1	1.304 8	1.423 3	1.551 3	1.689 5	1.838 5	1.999 0	2.171 9	2.357 9	2.558 0	2.773 1	3.004 0	3.251 9	3.517 9
10	1.104 6	1.219 0	1.343 9	1.480 2	1.628 9	1.790 8	1.967 2	2.158 9	2.367 4	2.593 7	2.839 4	3.105 8	3.394 6	3.707 2	4.045 6
11	1.115 7	1.243 4	1.384 2	1.539 5	1.710 3	1.898 3	2.104 9	2.331 6	2.580 4	2.853 1	3.151 8	3.478 6	3.835 9	4.226 2	4.652 4
12	1.126 8	1.268 2	1.425 8	1.601 0	1.795 9	2.012 2	2.252 2	2.518 2	2.812 7	3.138 4	3.498 5	3.896 0	4.334 5	4.817 9	5.350 3
13	1.138 1	1.293 6	1.468 5	1.665 1	1.885 6	2.132 9	2.409 8	2.719 6	3.065 8	3.452 3	3.883 3	4.363 5	4.898 0	5.492 4	6.152 8
14	1.149 5	1.319 5	1.512 6	1.731 7	1.979 9	2.260 9	2.578 5	2.937 2	3.341 7	3.797 5	4.310 4	4.887 1	5.534 8	6.261 3	7.075 7
15	1.161 0	1.345 9	1.558 0	1.800 9	2.078 9	2.396 6	2.759 0	3.172 2	3.642 5	4.177 2	4.784 6	5.473 6	6.254 3	7.137 9	8.137 1
16	1.172 6	1.372 8	1.604 7	1.873 0	2.182 9	2.540 4	2.952 2	3.425 9	3.970 3	4.595 0	5.310 9	6.130 4	7.067 3	8.137 2	9.357 6
17	1.184 3	1.400 2	1.652 8	1.947 9	2.292 0	2.692 8	3.158 8	3.700 0	4.327 6	5.054 5	5.895 1	6.866 0	7.986 1	9.276 5	10.761 3
18	1.196 1	1.428 2	1.702 4	2.025 8	2.406 6	2.854 3	3.379 9	3.996 0	4.717 1	5.559 9	6.543 6	7.690 0	9.024 3	10.575 2	12.375 5
19	1.208 1	1.456 8	1.753 5	2.106 8	2.527 0	3.025 6	3.616 5	4.315 7	5.141 7	6.115 9	7.263 3	8.612 8	10.197 4	12.055 7	14.231 8
20	1.220 2	1.485 9	1.806 1	2.191 1	2.653 3	3.207 1	3.869 7	4.661 0	5.604 4	6.727 5	8.062 3	9.646 3	11.523 1	13.743 5	16.366 5
21	1.232 4	1.515 7	1.860 3	2.278 8	2.786 0	3.399 6	4.140 6	5.033 8	6.108 8	7.400 2	8.949 2	10.803 8	13.021 1	15.667 6	18.821 5

续前表

期数	1%	2%	3%	4%	5%	6%	7%	8%	9%	10%	11%	12%	13%	14%	15%
22	1.244 7	1.546 0	1.916 1	2.369 9	2.925 3	3.603 5	4.430 4	5.436 5	6.658 6	8.140 3	9.933 6	12.100 3	14.713 8	17.861 0	21.644 7
23	1.257 2	1.576 9	1.973 6	2.464 7	3.071 5	3.819 7	4.740 5	5.871 5	7.257 9	8.954 3	11.026 3	13.552 3	16.626 6	20.361 6	24.891 5
24	1.269 7	1.608 4	2.032 8	2.563 3	3.225 1	4.048 9	5.072 4	6.341 2	7.911 1	9.849 7	12.239 2	15.178 6	18.788 1	23.212 2	28.625 2
25	1.282 4	1.640 6	2.093 8	2.665 8	3.386 4	4.291 9	5.427 4	6.848 5	8.623 1	10.834 7	13.585 5	17.000 1	21.230 5	26.461 9	32.919 0
26	1.295 3	1.673 4	2.156 6	2.772 5	3.555 7	4.549 4	5.807 4	7.396 4	9.399 2	11.918 2	15.079 9	19.040 1	23.990 5	30.166 6	37.856 8
27	1.308 2	1.706 9	2.221 3	2.883 4	3.733 5	4.822 3	6.213 9	7.988 1	10.245 1	13.110 0	16.738 7	21.324 9	27.109 3	34.389 9	43.535 3
28	1.321 3	1.741 0	2.287 9	2.998 7	3.920 1	5.111 7	6.648 8	8.627 1	11.167 1	14.421 0	18.579 9	23.883 9	30.633 5	39.204 5	50.065 6
29	1.334 5	1.775 8	2.356 6	3.118 7	4.116 1	5.418 4	7.114 3	9.317 3	12.172 2	15.863 1	20.623 7	26.749 9	34.615 8	44.693 1	57.575 5
30	1.347 8	1.811 4	2.427 3	3.243 4	4.321 9	5.743 5	7.612 3	10.062 7	13.267 7	17.449 4	22.892 3	29.959 9	39.115 9	50.950 2	66.211 8
期数	16%	17%	18%	19%	20%	21%	22%	23%	24%	25%	26%	27%	28%	29%	30%
1	1.160 0	1.170 0	1.180 0	1.190 0	1.200 0	1.210 0	1.220 0	1.230 0	1.240 0	1.250 0	1.260 0	1.270 0	1.280 0	1.290 0	1.300 0
2	1.345 6	1.368 9	1.392 4	1.416 1	1.440 0	1.464 1	1.488 4	1.512 9	1.537 6	1.562 5	1.587 6	1.612 9	1.638 4	1.664 1	1.690 0
3	1.560 9	1.601 6	1.643 0	1.685 2	1.728 0	1.771 6	1.815 8	1.860 9	1.906 6	1.953 1	2.000 4	2.048 4	2.097 2	2.146 7	2.197 0
4	1.810 6	1.873 9	1.938 8	2.005 3	2.073 6	2.143 6	2.215 3	2.288 9	2.364 2	2.441 4	2.520 5	2.601 4	2.684 4	2.769 2	2.856 1
5	2.100 3	2.192 4	2.287 8	2.386 4	2.488 3	2.593 7	2.702 7	2.815 3	2.931 6	3.051 8	3.175 8	3.303 8	3.436 0	3.572 3	3.712 9
6	2.436 4	2.565 2	2.699 6	2.839 8	2.986 0	3.138 4	3.297 3	3.462 8	3.635 2	3.814 7	4.001 5	4.195 9	4.398 0	4.608 3	4.826 8
7	2.826 2	3.001 2	3.185 5	3.379 3	3.583 2	3.797 5	4.022 7	4.259 3	4.507 7	4.768 4	5.041 9	5.328 8	5.629 5	5.944 7	6.274 9
8	3.278 4	3.511 5	3.758 9	4.021 4	4.299 8	4.595 0	4.907 7	5.238 9	5.589 5	5.960 5	6.352 8	6.767 5	7.205 8	7.668 6	8.157 3
9	3.803 0	4.108 4	4.435 5	4.785 4	5.159 8	5.559 9	5.987 4	6.443 9	6.931 0	7.450 6	8.004 5	8.594 8	9.223 4	9.892 5	10.604 5
10	4.411 4	4.806 8	5.233 8	5.694 7	6.191 7	6.727 5	7.304 6	7.925 9	8.594 4	9.313 2	10.085 7	10.915 3	11.805 9	12.761 4	13.785 8
11	5.117 3	5.624 0	6.175 9	6.776 7	7.430 1	8.140 3	8.911 7	9.748 9	10.657 1	11.641 5	12.708 0	13.862 5	15.111 6	16.462 2	17.921 6
12	5.936 0	6.580 1	7.287 6	8.064 2	8.916 1	9.849 7	10.872 2	11.991 2	13.214 8	14.551 9	16.012 0	17.605 3	19.342 8	21.236 2	23.298 1
13	6.885 8	7.698 7	8.599 4	9.596 4	10.699 3	11.918 2	13.264 1	14.749 1	16.386 3	18.189 9	20.175 2	22.358 8	24.758 8	27.394 7	30.287 5
14	7.987 5	9.007 5	10.147 2	11.419 8	12.839 2	14.421 0	16.182 2	18.141 4	20.319 1	22.737 4	25.420 7	28.395 7	31.691 3	35.339 1	39.373 8
15	9.265 5	10.538 7	11.973 7	13.589 5	15.407 0	17.449 4	19.742 3	22.314 0	25.195 6	28.421 7	32.030 1	36.062 5	40.564 8	45.587 5	51.185 9
16	10.748 0	12.330 3	14.129 0	16.171 5	18.488 4	21.113 8	24.085 6	27.446 2	31.242 6	35.527 1	40.357 9	45.799 4	51.923 0	58.807 9	66.541 7
17	12.467 7	14.426 5	16.672 2	19.244 1	22.186 1	25.547 7	29.384 4	33.758 8	38.740 8	44.408 9	50.851 0	58.165 2	66.461 4	75.862 1	86.504 2
18	14.462 5	16.879 0	19.673 3	22.900 5	26.623 3	30.912 7	35.849 0	41.523 3	48.038 6	55.511 2	64.072 2	73.869 8	85.070 6	97.862 2	112.455 4

续前表

期数	16%	17%	18%	19%	20%	21%	22%	23%	24%	25%	26%	27%	28%	29%	30%
19	16.776 5	19.748 4	23.214 4	27.251 6	31.948 0	37.404 3	43.735 8	51.073 7	59.567 9	69.388 9	80.731 0	93.814 7	108.890 4	126.242 2	146.192 0
20	19.460 8	23.105 6	27.393 0	32.429 4	38.337 6	45.259 3	53.357 6	62.820 6	73.864 1	86.736 2	101.721 1	119.144 6	139.379 7	162.852 4	190.049 6
21	22.574 5	27.033 6	32.323 8	38.591 0	46.005 1	54.763 7	65.096 3	77.269 4	91.591 5	108.420 2	128.168 5	151.313 7	178.406 0	210.079 6	247.064 5
22	26.186 4	31.629 3	38.142 1	45.923 3	55.206 1	66.264 1	79.417 5	95.041 3	113.573 5	135.525 3	161.492 4	192.168 3	228.359 6	271.002 7	321.183 9
23	30.376 2	37.006 2	45.007 6	54.648 7	66.247 4	80.179 5	96.889 4	116.900 8	140.831 2	169.406 6	203.480 4	244.053 8	292.300 3	349.593 5	417.539 1
24	35.236 4	43.297 3	53.109 0	65.032 0	79.496 8	97.017 2	118.205 0	143.788 0	174.630 6	211.758 2	256.385 3	309.948 3	374.144 4	450.975 6	542.800 8
25	40.874 2	50.657 8	62.668 6	77.388 1	95.396 2	117.390 9	144.210 1	176.859 3	216.542 0	264.697 8	323.045 4	393.634 4	478.904 9	581.758 5	705.641 0
26	47.414 1	59.269 7	73.949 0	92.091 8	114.475 5	142.042 9	175.936 4	217.536 9	268.512 1	330.872 2	407.037 3	499.915 7	612.998 2	750.468 5	917.333 3
27	55.000 4	69.345 5	87.259 8	109.589 3	137.370 6	171.871 9	214.642 4	267.570 4	332.955 0	413.590 3	512.867 0	634.892 9	784.637 7	968.104 4	1 192.533 3
28	63.800 4	81.134 2	102.966 6	130.411 2	164.844 7	207.965 1	261.863 7	329.111 5	412.864 2	516.987 9	646.212 4	806.314 0	1 004.336 3	1 248.854 6	1 550.293 3
29	74.008 5	94.927 1	121.500 5	155.189 3	197.813 6	251.637 7	319.473 7	404.807 2	511.951 6	646.234 9	814.227 6	1 024.018 7	1 285.550 4	1 611.022 5	2 015.381 3
30	85.849 9	111.064 7	143.370 6	184.675 3	237.376 3	304.481 6	389.757 9	497.912 9	634.819 9	807.793 6	1 025.926 7	1 300.503 8	1 645.504 6	2 078.219 0	2 619.995 6

附录二

复利现值系数表

期数	1%	2%	3%	4%	5%	6%	7%	8%	9%	10%	11%	12%	13%	14%	15%
1	0.990 1	0.980 4	0.970 9	0.961 5	0.952 4	0.943 4	0.934 6	0.925 9	0.917 4	0.909 1	0.900 9	0.892 9	0.885	0.877 2	0.869 6
2	0.980 3	0.961 2	0.942 6	0.924 6	0.907	0.89	0.873 4	0.857 3	0.841 7	0.826 4	0.811 6	0.797 2	0.783 1	0.769 5	0.756 1
3	0.970 6	0.942 3	0.915 1	0.889	0.863 8	0.839 6	0.816 3	0.793 8	0.772 2	0.751 3	0.731 2	0.711 8	0.693 1	0.675	0.657 5
4	0.961	0.923 8	0.888 5	0.854 8	0.822 7	0.792 1	0.762 9	0.735	0.708 4	0.683	0.658 7	0.635 5	0.613 3	0.592 1	0.571 8
5	0.951 5	0.905 7	0.862 6	0.821 9	0.783 5	0.747 3	0.713	0.680 6	0.649 9	0.620 9	0.593 5	0.567 4	0.542 8	0.519 4	0.497 2
6	0.942	0.888	0.837 5	0.790 3	0.746 2	0.705	0.666 3	0.630 2	0.596 3	0.564 5	0.534 6	0.506 6	0.480 3	0.455 6	0.432 3
8	0.923 5	0.853 5	0.789 4	0.730 7	0.676 8	0.627 4	0.582	0.540 3	0.501 9	0.466 5	0.433 9	0.403 9	0.376 2	0.350 6	0.326 9
9	0.914 3	0.836 8	0.766 4	0.702 6	0.644 6	0.591 9	0.543 9	0.500 2	0.460 4	0.424 1	0.390 9	0.360 6	0.332 9	0.307 5	0.284 3
10	0.905 3	0.820 3	0.744 1	0.675 6	0.613 9	0.558 4	0.508 3	0.463 2	0.422 4	0.385 5	0.352 2	0.322	0.294 6	0.269 7	0.247 2
11	0.896 3	0.804 3	0.722 4	0.649 6	0.584 7	0.526 8	0.475 1	0.428 9	0.387 5	0.350 5	0.317 3	0.287 5	0.260 7	0.236 6	0.214 9
12	0.887 4	0.788 5	0.701 4	0.624 6	0.556 8	0.497	0.444	0.397 1	0.355 5	0.318 6	0.285 8	0.256 7	0.230 7	0.207 6	0.186 9
13	0.878 7	0.773	0.681	0.600 6	0.530 3	0.468 8	0.415	0.367 7	0.326 2	0.289 7	0.257 5	0.229 2	0.204 2	0.182 1	0.162 5
14	0.87	0.757 9	0.661 1	0.577 5	0.505 1	0.442 3	0.387 8	0.340 5	0.299 2	0.263 3	0.232	0.204 6	0.180 7	0.159 7	0.141 3
15	0.861 3	0.743	0.641 9	0.555 3	0.481	0.417 3	0.362 4	0.315 2	0.274 5	0.239 4	0.209	0.182 7	0.159 9	0.140 1	0.122 9

续前表

期数	1%	2%	3%	4%	5%	6%	7%	8%	9%	10%	11%	12%	13%	14%	15%
16	0.852 8	0.728 4	0.623 2	0.533 9	0.458 1	0.393 6	0.338 7	0.291 9	0.251 9	0.217 6	0.188 3	0.163 1	0.141 5	0.122 9	0.106 9
17	0.844 4	0.714 2	0.605	0.513 4	0.436 3	0.371 4	0.316 6	0.270 3	0.231 1	0.197 8	0.169 6	0.145 6	0.125 2	0.107 8	0.092 9
18	0.836	0.700 2	0.587 4	0.493 6	0.415 5	0.350 3	0.295 9	0.250 2	0.212	0.179 9	0.152 8	0.13	0.110 8	0.094 6	0.080 8
19	0.827 7	0.686 4	0.570 3	0.474 6	0.395 7	0.330 5	0.276 5	0.231 7	0.194 5	0.163 5	0.137 7	0.116 1	0.098 1	0.082 9	0.070 3
20	0.819 5	0.673	0.553 7	0.456 4	0.376 9	0.311 8	0.258 4	0.214 5	0.178 4	0.148 6	0.124	0.103 7	0.086 8	0.072 8	0.061 1
21	0.811 4	0.659 8	0.537 5	0.438 8	0.358 9	0.294 2	0.241 5	0.198 7	0.163 7	0.135 1	0.111 7	0.092 6	0.076 8	0.063 8	0.053 1
22	0.803 4	0.646 8	0.521 9	0.422	0.341 8	0.277 5	0.225 7	0.183 9	0.150 2	0.122 8	0.100 7	0.082 6	0.068	0.056	0.046 2
23	0.795 4	0.634 2	0.506 7	0.405 7	0.325 6	0.261 8	0.210 9	0.170 3	0.137 8	0.111 7	0.090 7	0.073 8	0.060 1	0.049 1	0.040 2
24	0.787 6	0.621 7	0.491 9	0.390 1	0.310 1	0.247	0.197 1	0.157 7	0.126 4	0.101 5	0.081 7	0.065 9	0.053 2	0.043 1	0.034 9
25	0.779 8	0.609 5	0.477 6	0.375 1	0.295 3	0.233	0.184 2	0.146	0.116	0.092 3	0.073 6	0.058 8	0.047 1	0.037 8	0.030 4
26	0.772	0.597 6	0.463 7	0.360 7	0.281 2	0.219 8	0.172 2	0.135 2	0.106 4	0.083 9	0.066 3	0.052 5	0.041 7	0.033 1	0.026 4
27	0.764 4	0.585 9	0.450 2	0.346 8	0.267 8	0.207 4	0.160 9	0.125 2	0.097 6	0.076 3	0.059 7	0.046 9	0.036 9	0.029 1	0.023
28	0.75 68	0.57 44	0.43 71	0.33 35	0.255 1	0.195 6	0.150 4	0.115 9	0.089 5	0.069 3	0.053 8	0.041 9	0.032 6	0.025 5	0.02
29	0.749 3	0.563 1	0.424 3	0.320 7	0.242 9	0.184 6	0.140 6	0.107 3	0.082 2	0.063	0.048 5	0.037 4	0.028 9	0.022 4	0.017 4
30	0.741 9	0.552 1	0.412	0.308 3	0.231 4	0.174 1	0.131 4	0.099 4	0.075 4	0.057 3	0.043 7	0.033 4	0.025 6	0.019 6	0.015 1

期数	16%	17%	18%	19%	20%	21%	22%	23%	24%	25%	26%	27%	28%	29%	30%
1	0.862 1	0.854 7	0.847 5	0.840 3	0.833 3	0.826 4	0.819 7	0.813	0.806 5	0.8	0.793 7	0.787 4	0.781 3	0.775 2	0.769 2
2	0.743 2	0.730 5	0.718 2	0.706 2	0.694 4	0.683	0.671 9	0.661	0.650 4	0.64	0.629 9	0.62	0.610 4	0.600 9	0.591 7
1	0.862 1	0.854 7	0.847 5	0.840 3	0.833 3	0.826 4	0.819 7	0.813	0.806 5	0.8	0.793 7	0.787 4	0.781 3	0.775 2	0.769 2
2	0.743 2	0.730 5	0.718 2	0.706 2	0.694 4	0.683	0.671 9	0.661	0.650 4	0.64	0.629 9	0.62	0.610 4	0.600 9	0.591 7
3	0.640 7	0.624 4	0.608 6	0.593 4	0.578 7	0.564 5	0.550 7	0.537 4	0.524 5	0.512	0.499 9	0.488 2	0.476 8	0.465 8	0.455 2
4	0.552 3	0.533 7	0.515 8	0.498 7	0.482 3	0.466 5	0.451 4	0.436 9	0.423	0.409 6	0.396 8	0.384 4	0.372 5	0.361 1	0.350 1
5	0.476 1	0.456 1	0.437 1	0.419	0.401 9	0.385 5	0.37	0.355 2	0.341 1	0.327 7	0.314 9	0.302 7	0.291	0.279 9	0.269 3
6	0.410 4	0.389 8	0.370 4	0.352 1	0.334 9	0.318 6	0.303 3	0.288 8	0.275 1	0.262 1	0.249 9	0.238 3	0.227 4	0.217	0.207 2
7	0.353 8	0.333 2	0.313 9	0.295 9	0.279 1	0.263 3	0.248 6	0.234 8	0.221 8	0.209 7	0.198 3	0.187 7	0.177 6	0.168 2	0.159 4
8	0.305	0.284 8	0.266	0.248 7	0.232 6	0.217 6	0.203 8	0.190 9	0.178 9	0.167 8	0.157 4	0.147 8	0.138 8	0.130 4	0.122 6
9	0.263	0.243 4	0.225 5	0.209	0.193 8	0.179 9	0.167	0.155 2	0.144 3	0.134 2	0.124 9	0.116 4	0.108 4	0.101 1	0.094 3
10	0.226 7	0.208	0.191 1	0.175 6	0.161 5	0.148 6	0.136 9	0.126 2	0.116 4	0.107 4	0.099 2	0.091 6	0.084 7	0.078 4	0.072 5

续前表

期数	16%	17%	18%	19%	20%	21%	22%	23%	24%	25%	26%	27%	28%	29%	30%
11	0.195 4	0.177 8	0.161 9	0.147 6	0.134 6	0.122 8	0.112 2	0.102 6	0.093 8	0.085 9	0.078 7	0.072 1	0.066 2	0.060 7	0.055 8
12	0.168 5	0.152	0.137 2	0.124	0.112 2	0.101 5	0.092	0.083 4	0.075 7	0.068 7	0.062 5	0.056 8	0.051 7	0.047 1	0.042 9
13	0.145 2	0.129 9	0.116 3	0.104 2	0.093 5	0.083 9	0.075 4	0.067 8	0.061	0.055	0.049 6	0.044 7	0.040 4	0.036 5	0.033
14	0.125 2	0.111	0.098 5	0.087 6	0.077 9	0.069 3	0.061 8	0.055 1	0.049 2	0.044	0.039 3	0.035 2	0.031 6	0.028 3	0.025 4
15	0.107 9	0.094 9	0.083 5	0.073 6	0.064 9	0.057 3	0.050 7	0.044 8	0.039 7	0.035 2	0.031 2	0.027 7	0.024 7	0.021 9	0.019 5
16	0.093	0.081 1	0.070 8	0.061 8	0.054 1	0.047 4	0.041 5	0.036 4	0.032	0.028 1	0.024 8	0.021 8	0.019 3	0.017	0.015
17	0.080 2	0.069 3	0.06	0.052	0.045 1	0.039 1	0.034	0.029 6	0.025 8	0.022 5	0.019 7	0.017 2	0.015	0.013 2	0.011 6
18	0.069 1	0.059 2	0.050 8	0.043 7	0.037 6	0.032 3	0.027 9	0.024 1	0.020 8	0.018	0.015 6	0.013 5	0.011 8	0.010 2	0.008 9
19	0.059 6	0.050 6	0.043 1	0.036 7	0.031 3	0.026 7	0.022 9	0.019 6	0.016 8	0.014 4	0.012 4	0.010 7	0.009 2	0.007 9	0.006 8
20	0.051 4	0.043 3	0.036 5	0.030 8	0.026 1	0.022 1	0.018 7	0.015 9	0.013 5	0.011 5	0.009 8	0.008 4	0.007 2	0.006 1	0.005 3
21	0.044 3	0.037	0.030 9	0.025 9	0.021 7	0.018 3	0.015 4	0.012 9	0.010 9	0.009 2	0.007 8	0.006 6	0.005 6	0.004 8	0.004
22	0.038 2	0.031 6	0.026 2	0.021 8	0.018 1	0.015 1	0.012 6	0.010 5	0.008 8	0.007 4	0.006 2	0.005 2	0.004 4	0.003 7	0.003 1
23	0.032 9	0.027	0.022 2	0.018 3	0.015 1	0.012 5	0.010 3	0.008 6	0.007 1	0.005 9	0.004 9	0.004 1	0.003 4	0.002 9	0.002 4
24	0.028 4	0.023 1	0.018 8	0.015 4	0.012 6	0.010 3	0.008 5	0.007	0.005 7	0.004 7	0.003 9	0.003 2	0.002 7	0.002 2	0.001 8
25	0.024 5	0.019 7	0.016	0.012 9	0.010 5	0.008 5	0.006 9	0.005 7	0.004 6	0.003 8	0.003 1	0.002 5	0.002 1	0.001 7	0.001 4
26	0.021 1	0.016 9	0.013 5	0.010 9	0.008 7	0.007	0.005 7	0.004 6	0.003 7	0.003	0.002 5	0.002	0.001 6	0.001 3	0.001 1
27	0.018 2	0.014 4	0.011 5	0.009 1	0.007 3	0.005 8	0.004 7	0.003 7	0.003	0.002 4	0.001 9	0.001 6	0.001 3	0.001	0.000 8
28	0.015 7	0.012 3	0.009 7	0.007 7	0.006 1	0.004 8	0.003 8	0.003	0.002 4	0.001 9	0.001 5	0.001 2	0.001	0.000 8	0.000 6
29	0.013 5	0.010 5	0.008 2	0.006 4	0.005 1	0.004	0.003 1	0.002 5	0.002	0.001 5	0.001 2	0.001	0.000 8	0.000 6	0.000 5
30	0.011 6	0.009	0.007	0.005 4	0.004 2	0.003 3	0.002 6	0.002	0.001 6	0.001 2	0.001	0.000 8	0.000 6	0.000 5	0.000 4

附录三 年金终值系数表

期数	1%	2%	3%	4%	5%	6%	7%	8%	9%	10%	11%	12%	13%	14%	15%
1	1.000 0	1.000 0	1.000 0	1.000 0	1.000 0	1.000 0	1.000 0	1.000 0	1.000 0	1.000 0	1.000 0	1.000 0	1.000 0	1.000 0	1.000 0
2	2.010 0	2.020 0	2.030 0	2.040 0	2.050 0	2.060 0	2.070 0	2.080 0	2.090 0	2.100 0	2.110 0	2.120 0	2.130 0	2.140 0	2.150 0
3	3.030 1	3.060 4	3.090 9	3.121 6	3.152 5	3.183 6	3.214 9	3.246 4	3.278 1	3.310 0	3.342 1	3.374 4	3.406 9	3.439 6	3.472 5
4	4.060 4	4.121 6	4.183 6	4.246 5	4.310 1	4.374 6	4.439 9	4.506 1	4.573 1	4.641 0	4.709 7	4.779 3	4.849 8	4.921 1	4.993 4

续前表

期数	1%	2%	3%	4%	5%	6%	7%	8%	9%	10%	11%	12%	13%	14%	15%
5	5.101 0	5.204 0	5.309 1	5.416 3	5.525 6	5.637 1	5.750 7	5.866 6	5.984 7	6.105 1	6.227 8	6.352 8	6.480 3	6.610 1	6.742 4
6	6.152 0	6.308 1	6.468 4	6.633 0	6.801 9	6.975 3	7.153 3	7.335 9	7.523 3	7.715 6	7.912 9	8.115 2	8.322 7	8.535 5	8.753 7
7	7.213 5	7.434 3	7.662 5	7.898 3	8.142 0	8.393 8	8.654 0	8.922 8	9.200 4	9.487 2	9.783 3	10.089 0	10.404 7	10.730 5	11.066 8
8	8.285 7	8.583 0	8.892 3	9.214 2	9.549 1	9.897 5	10.259 8	10.636 6	11.028 5	11.435 9	11.859 4	12.299 7	12.757 3	13.232 8	13.726 8
9	9.368 5	9.754 6	10.159 1	10.582 8	11.026 6	11.491 3	11.978 0	12.487 6	13.021 0	13.579 5	14.164 0	14.775 7	15.415 7	16.085 3	16.785 8
10	10.462 2	10.949 7	11.463 9	12.006 1	12.577 9	13.180 8	13.816 4	14.486 6	15.192 9	15.937 4	16.722 0	17.548 7	18.419 7	19.337 3	20.303 7
11	11.566 8	12.168 7	12.807 8	13.486 4	14.206 8	14.971 6	15.783 6	16.645 5	17.560 3	18.531 2	19.561 4	20.654 6	21.814 3	23.044 5	24.349 3
12	12.682 5	13.412 1	14.192 0	15.025 8	15.917 1	16.869 9	17.888 5	18.977 1	20.140 7	21.384 3	22.713 2	24.133 1	25.650 2	27.270 7	29.001 7
13	13.809 3	14.680 3	15.617 8	16.626 8	17.713 0	18.882 1	20.140 6	21.495 3	22.953 4	24.522 7	26.211 6	28.029 1	29.984 7	32.088 7	34.351 9
14	14.947 4	15.973 9	17.086 3	18.291 9	19.598 6	21.015 1	22.550 5	24.214 9	26.019 2	27.975 0	30.094 9	32.392 6	34.882 7	37.581 1	40.504 7
15	16.096 9	17.293 4	18.598 9	20.023 6	21.578 6	23.276 0	25.129 0	27.152 1	29.360 9	31.772 5	34.405 4	37.279 7	40.417 5	43.842 4	47.580 4
16	17.257 9	18.639 3	20.156 9	21.824 5	23.657 5	25.672 5	27.888 1	30.324 3	33.003 4	35.949 7	39.189 9	42.753 3	46.671 7	50.980 4	55.717 5
17	18.430 4	20.012 1	21.761 6	23.697 5	25.840 4	28.212 9	30.840 2	33.750 2	36.973 7	40.544 7	44.500 8	48.883 7	53.739 1	59.117 6	65.075 1
18	19.614 7	21.412 3	23.414 4	25.645 4	28.132 4	30.905 7	33.999 0	37.450 2	41.301 3	45.599 2	50.395 9	55.749 7	61.725 1	68.394 1	75.836 4
19	20.810 9	22.840 6	25.116 9	27.671 2	30.539 0	33.760 0	37.379 0	41.446 3	46.018 5	51.159 1	56.939 5	63.439 7	70.749 4	78.969 2	88.211 8
20	22.019 0	24.297 4	26.870 4	29.778 1	33.066 0	36.785 6	40.995 5	45.762 0	51.160 1	57.275 0	64.202 8	72.052 4	80.946 8	91.024 9	102.443 6
21	23.239 2	25.783 3	28.676 5	31.969 2	35.719 3	39.992 7	44.865 2	50.422 9	56.764 5	64.002 5	72.265 1	81.698 7	92.469 9	104.768 4	118.810 1
22	24.471 6	27.299 0	30.536 8	34.248 0	38.505 2	43.392 3	49.005 7	55.456 8	62.873 3	71.402 7	81.214 3	92.502 6	105.491 0	120.436 0	137.631 6
23	25.716 3	28.845 0	32.452 9	36.617 9	41.430 5	46.995 8	53.436 1	60.893 3	69.531 9	79.543 0	91.147 9	104.602 9	120.204 8	138.297 0	159.276 4
24	26.973 5	30.421 9	34.426 5	39.082 6	44.502 0	50.815 6	58.176 7	66.764 8	76.789 8	88.497 3	102.174 2	118.155 2	136.831 5	158.658 6	184.167 8
25	28.243 2	32.030 3	36.459 3	41.645 9	47.727 1	54.864 5	63.249 0	73.105 9	84.700 9	98.347 1	114.413 3	133.333 9	155.619 6	181.870 8	212.793 0
26	29.525 6	33.670 9	38.553 0	44.311 7	51.113 5	59.156 4	68.676 5	79.954 4	93.324 0	109.181 8	127.998 8	150.333 9	176.850 1	208.332 7	245.712 0
27	30.820 9	35.344 3	40.709 6	47.084 2	54.669 1	63.705 8	74.483 8	87.350 8	102.723 1	121.099 9	143.078 6	169.374 0	200.840 6	238.499 3	283.568 8
28	32.129 1	37.051 2	42.930 9	49.967 6	58.402 6	68.528 1	80.697 7	95.338 8	112.968 2	134.209 9	159.817 3	190.698 9	227.949 9	272.889 2	327.104 1
29	33.450 4	38.792 2	45.218 9	52.966 3	62.322 7	73.639 8	87.346 5	103.965 9	124.135 4	148.630 9	178.397 2	214.582 8	258.583 4	312.093 7	377.169 7
30	34.784 9	40.568 1	47.575 4	56.084 9	66.438 8	79.058 2	94.460 8	113.283 2	136.307 5	164.494 0	199.020 9	241.332 7	293.199 2	356.786 8	434.745 1

续前表

期数	16%	17%	18%	19%	20%	21%	22%	23%	24%	25%	26%	27%	28%	29%	30%
1	1.000 0	1.000 0	1.000 0	1.000 0	1.000 0	1.000 0	1.000 0	1.000 0	1.000 0	1.000 0	1.000 0	1.000 0	1.000 0	1.000 0	1.000 0
2	2.160 0	2.170 0	2.180 0	2.190 0	2.200 0	2.210 0	2.220 0	2.230 0	2.240 0	2.250 0	2.260 0	2.270 0	2.280 0	2.290 0	2.300 0
3	3.505 6	3.538 9	3.572 4	3.606 1	3.640 0	3.674 1	3.708 4	3.742 9	3.777 6	3.812 5	3.847 6	3.882 9	3.918 4	3.954 1	3.990 0
4	5.066 5	5.140 5	5.215 4	5.291 3	5.368 0	5.445 7	5.524 2	5.603 8	5.684 2	5.765 6	5.848 0	5.931 3	6.015 6	6.100 8	6.187 0
5	6.877 1	7.014 4	7.154 2	7.296 6	7.441 6	7.589 2	7.739 6	7.892 6	8.048 4	8.207 0	8.368 4	8.532 7	8.699 9	8.870 0	9.043 1
6	8.977 5	9.206 8	9.442 0	9.683 0	9.929 9	10.183 0	10.442 3	10.707 9	10.980 1	11.258 8	11.544 2	11.836 6	12.135 9	12.442 3	12.756 0
7	11.413 9	11.772 0	12.141 5	12.522 7	12.915 9	13.321 4	13.739 6	14.170 8	14.615 3	15.073 5	15.545 8	16.032 4	16.533 9	17.050 6	17.582 8
8	14.240 1	14.773 3	15.327 0	15.902 0	16.499 1	17.118 9	17.762 3	18.430 0	19.122 9	19.841 9	20.587 6	21.361 2	22.163 4	22.995 3	23.857 7
9	17.518 5	18.284 7	19.085 9	19.923 4	20.798 9	21.713 9	22.670 0	23.669 0	24.712 5	25.802 3	26.940 4	28.128 7	29.369 2	30.663 9	32.015 0
10	21.321 5	22.393 1	23.521 3	24.708 9	25.958 7	27.273 8	28.657 4	30.112 8	31.643 4	33.252 9	34.944 9	36.723 5	38.592 6	40.556 4	42.619 5
11	25.732 9	27.199 9	28.755 1	30.403 5	32.150 4	34.001 3	35.962 0	38.038 8	40.237 9	42.566 1	45.030 6	47.638 8	50.398 5	53.317 8	56.405 3
12	30.850 2	32.823 9	34.931 1	37.180 2	39.580 5	42.141 6	44.873 7	47.787 7	50.895 0	54.207 7	57.738 6	61.501 3	65.510 0	69.780 0	74.327 0
13	36.786 2	39.404 0	42.218 7	45.244 5	48.496 6	51.991 3	55.745 9	59.778 8	64.109 7	68.759 6	73.750 6	79.106 6	84.852 9	91.016 1	97.625 0
14	43.672 0	47.102 7	50.818 0	54.840 9	59.195 9	63.909 5	69.010 0	74.528 0	80.496 1	86.949 5	93.925 8	101.465 4	109.611 7	118.410 8	127.912 5
15	51.659 5	56.110 1	60.965 3	66.260 7	72.035 1	78.330 5	85.192 2	92.669 4	100.815 1	109.686 8	119.346 5	129.861 1	141.302 9	153.750 0	167.286 3
16	60.925 0	66.648 8	72.939 0	79.850 2	87.442 1	95.779 9	104.934 5	114.983 4	126.010 8	138.108 5	151.376 6	165.923 6	181.867 7	199.337 4	218.472 2
17	71.673 0	78.979 2	87.068 0	96.021 8	105.930 6	116.893 7	129.020 1	142.429 5	157.253 4	173.635 7	191.734 5	211.723 0	233.790 7	258.145 3	285.013 9
18	84.140 7	93.405 6	103.740 3	115.265 9	128.116 7	142.441 3	158.404 5	176.188 3	195.994 2	218.044 6	242.585 5	269.888 2	300.252 1	334.007 4	371.518 0
19	98.603 2	110.284 6	123.413 5	138.166 4	154.740 0	173.354 0	194.253 5	217.711 6	244.032 8	273.555 8	306.657 7	343.758 0	385.322 7	431.869 6	483.973 4
20	115.379 7	130.032 9	146.628 0	165.418 0	186.688 0	210.758 4	237.989 3	268.785 3	303.600 6	342.944 7	387.388 7	437.572 6	494.213 1	558.111 8	630.165 5
21	134.840 5	153.138 5	174.021 0	197.847 4	225.025 6	256.017 6	291.346 9	331.605 9	377.464 8	429.680 9	489.109 8	556.717 3	633.592 7	720.964 2	820.215 1
22	157.415 0	180.172 1	206.344 8	236.438 5	271.030 7	310.781 3	356.443 2	408.875 3	469.056 3	538.101 1	617.278 3	708.030 9	811.998 7	931.043 8	1 067.279 6
23	183.601 4	211.801 3	244.486 8	282.361 8	326.236 9	377.045 4	435.860 7	503.916 6	582.629 8	673.626 4	778.770 7	900.199 3	1 040.358 3	1 202.046 5	1 388.463 5
24	213.977 6	248.807 6	289.494 5	337.010 5	392.484 2	457.224 9	532.750 1	620.817 4	723.461 0	843.032 9	982.251 1	1 144.253 1	1 332.658 6	1 551.640 0	1 806.002 6
25	249.214 0	292.104 9	342.603 5	402.042 5	471.981 1	554.242 2	650.955 1	764.605 4	898.091 6	1 054.791 2	1 238.636 3	1 454.201 4	1 706.803 1	2 002.615 6	2 348.803 3
26	290.088 3	342.762 7	405.272 1	479.430 6	567.377 3	671.633 0	795.165 3	941.464 7	1 114.633 6	1 319.489 0	1 561.681 8	1 847.835 8	2 185.707 9	2 584.374 1	3 054.444 3
27	337.502 4	402.032 3	479.221 1	571.522 4	681.852 8	813.675 9	971.101 6	1 159.001 6	1 383.145 7	1 650.361 2	1 968.719 1	2 347.751 5	2 798.706 1	3 334.842 6	3 971.777 6

续前表

期数	16%	17%	18%	19%	20%	21%	22%	23%	24%	25%	26%	27%	28%	29%	30%
28	392.502 8	471.377 8	566.480 9	681.111 6	819.223 3	985.547 9	1 185.744 0	1 426.571 9	1 716.100 7	2 063.951 5	2 481.586 0	2 982.644 4	3 583.343 8	4 302.947 0	5 164.310 9
29	456.303 2	552.512 1	669.447 5	811.522 8	984.068 0	1 193.512 9	1 447.607 7	1 755.683 5	2 128.964 8	2 580.939 4	3 127.798 4	3 788.958 3	4 587.680 1	5 551.801 6	6 714.604 2
30	530.311 7	647.439 1	790.948 0	966.712 2	1 181.881 6	1 445.150 7	1 767.081 3	2 160.490 7	2 640.916 4	3 227.174 3	3 942.026 0	4 812.977 1	5 873.230 6	7 162.824 1	8 729.985 5

附录四

年金现值系数表

期数	1%	2%	3%	4%	5%	6%	7%	8%	9%	10%	11%	12%	13%	14%	15%
1	0.990 1	0.980 4	0.970 9	0.961 5	0.952 4	0.943 4	0.934 6	0.925 9	0.917 4	0.909 1	0.900 9	0.892 9	0.885	0.877 2	0.869 6
2	1.970 4	1.941 6	1.913 5	1.886 1	1.859 4	1.833 4	1.808	1.783 3	1.759 1	1.735 5	1.712 5	1.690 1	1.668 1	1.646 7	1.625 7
3	2.941	2.883 9	2.828 6	2.775 1	2.723 2	2.673	2.624 3	2.577 1	2.531 3	2.486 9	2.443 7	2.401 8	2.361 2	2.321 6	2.283 2
4	3.902	3.807 7	3.717 1	3.629 9	3.546	3.465 1	3.387 2	3.312 1	3.239 7	3.169 9	3.102 4	3.037 3	2.974 5	2.913 7	2.855
5	4.853 4	4.713 5	4.579 7	4.451 8	4.329 5	4.212 4	4.100 2	3.992 7	3.889 7	3.790 8	3.695 9	3.604 8	3.517 2	3.433 1	3.352 2
6	5.795 5	5.601 4	5.417 2	5.242 1	5.075 7	4.917 3	4.766 5	4.622 9	4.485 9	4.355 3	4.230 5	4.111 4	3.997 5	3.888 7	3.784 5
7	6.728 2	6.472	6.230 3	6.002 1	5.786 4	5.582 4	5.389 3	5.206 4	5.033	4.868 4	4.712 2	4.563 8	4.422 6	4.288 3	4.160 4
8	7.651 7	7.325 5	7.019 7	6.732 7	6.463 2	6.209 8	5.971 3	5.746 6	5.534 8	5.334 9	5.146 1	4.967 6	4.798 8	4.638 9	4.487 3
9	8.566	8.162 2	7.786 1	7.435 3	7.107 8	6.801 7	6.515 2	6.246 9	5.995 2	5.759	5.537	5.328 2	5.131 7	4.946 4	4.771 6
10	9.471 3	8.982 6	8.530 2	8.110 9	7.721 7	7.360 1	7.023 6	6.710 1	6.417 7	6.144 6	5.889 2	5.650 2	5.426 2	5.216 1	5.018 8
11	10.367 6	9.786 8	9.252 6	8.760 5	8.306 4	7.886 9	7.498 7	7.139	6.805 2	6.495 1	6.206 5	5.937 7	5.686 9	5.452 7	5.233 7
12	11.255 1	10.575 3	9.954	9.385 1	8.863 3	8.383 8	7.942 7	7.536 1	7.160 7	6.813 7	6.492 4	6.194 4	5.917 6	5.660 3	5.420 6
13	12.133 7	11.348 4	10.635	9.985 6	9.393 6	8.852 7	8.357 7	7.903 8	7.486 9	7.103 4	6.749 9	6.423 5	6.121 8	5.842 4	5.583 1
14	13.003 7	12.106 2	11.296 1	10.563 1	9.898 6	9.295	8.745 5	8.244 2	7.786 2	7.366 7	6.981 9	6.628 2	6.302 5	6.002 1	5.724 5
15	13.865 1	12.849 3	11.937 9	11.118 4	10.379 7	9.712 2	9.107 9	8.559 5	8.060 7	7.606 1	7.190 9	6.810 9	6.462 4	6.142 2	5.847 4
16	14.717 9	13.577 7	12.561 1	11.652 3	10.837 8	10.105 9	9.446 6	8.851 4	8.312 6	7.823 7	7.379 2	6.974	6.603 9	6.265 1	5.954 2
17	15.562 3	14.291 9	13.166 1	12.165 7	11.274 1	10.477 3	9.763 2	9.121 6	8.543 6	8.021 6	7.548 8	7.119 6	6.729 1	6.372 9	6.047 2
18	16.398 3	14.992	13.753 5	12.659 3	11.689 6	10.827 6	10.059 1	9.371 9	8.755 6	8.201 4	7.701 6	7.249 7	6.839 9	6.467 4	6.128
19	17.226	15.678 5	14.323 8	13.133 9	12.085 3	11.158 1	10.335 6	9.603 6	8.950 1	8.364 9	7.839 3	7.365 8	6.938	6.550 4	6.198 2
20	18.045 6	16.351 4	14.877 5	13.590 3	12.462 2	11.469 9	10.594	9.818 1	9.128 5	8.513 6	7.963 3	7.469 4	7.024 8	6.623 1	6.259 3
21	18.857	17.011 2	15.415	14.029 2	12.821 2	11.764 1	10.835 5	10.016 8	9.292 2	8.648 7	8.075 1	7.562	7.101 6	6.687	6.312 5

续前表

期数	1%	2%	3%	4%	5%	6%	7%	8%	9%	10%	11%	12%	13%	14%	15%
22	19.660 4	17.658	15.936 9	14.451 1	13.163	12.041 6	11.061 2	10.200 7	9.442 4	8.771 5	8.175 7	7.644 6	7.169 5	6.742 9	6.358 7
23	20.455 8	18.292 2	16.443 6	14.856 8	13.488 6	12.303 4	11.272 2	10.371 1	9.580 2	8.883 2	8.266 4	7.718 4	7.229 7	6.792 1	6.398 8
24	21.243 4	18.913 9	16.935 5	15.247	13.798 6	12.550 4	11.469 3	10.528 8	9.706 6	8.984 7	8.348 1	7.784 3	7.282 9	6.835 1	6.433 8
25	22.023 2	19.523 5	17.413 1	15.622 1	14.093 9	12.783 4	11.653 6	10.674 8	9.822 6	9.077	8.421 7	7.843 1	7.33	6.872 9	6.464 1
26	22.795 2	20.121	17.876 8	15.982 8	14.375 2	13.003 2	11.825 8	10.81	9.929	9.160 9	8.488 1	7.895 7	7.371 7	6.906 1	6.490 6
27	23.559 6	20.706 9	18.327	16.329 6	14.643	13.210 5	11.986 7	10.935 2	10.026 6	9.237 2	8.547 8	7.942 6	7.408 6	6.935 2	6.513 5
28	24.316 4	21.281 3	18.764 1	16.663 1	14.898 1	13.406 2	12.137 1	11.051 1	10.116 1	9.306 6	8.601 6	7.984 4	7.441 2	6.960 7	6.533 5
29	25.065 8	21.844 4	19.188 5	16.983 7	15.141 1	13.590 7	12.277 7	11.158 4	10.198 3	9.369 6	8.650 1	8.021 8	7.470 1	6.983	6.550 9
30	25.807 7	22.396 5	19.600 4	17.292	15.372 5	13.764 8	12.409	11.257 8	10.273 7	9.426 9	8.693 8	8.055 2	7.495 7	7.002 7	6.566
期数	16%	17%	18%	19%	20%	21%	22%	23%	24%	25%	26%	27%	28%	29%	30%
1	0.862 1	0.854 7	0.847 5	0.840 3	0.833 3	0.826 4	0.819 7	0.813	0.806 5	0.8	0.793 7	0.787 4	0.781 3	0.775 2	0.769 2
2	1.605 2	1.585 2	1.565 6	1.546 5	1.527 8	1.509 5	1.491 5	1.474	1.456 8	1.44	1.423 5	1.407 4	1.391 6	1.376 1	1.360 9
3	2.245 9	2.209 6	2.174 3	2.139 9	2.106 5	2.073 9	2.042 2	2.011 4	1.981 3	1.952	1.923 4	1.895 6	1.868 4	1.842	1.816 1
4	2.798 2	2.743 2	2.690 1	2.638 6	2.588 7	2.540 4	2.493 6	2.448 3	2.404 3	2.361 6	2.320 2	2.28	2.241	2.203 1	2.166 2
5	3.274 3	3.199 3	3.127 2	3.057 6	2.990 6	2.926	2.863 6	2.803 5	2.745 4	2.689 3	2.635 1	2.582 7	2.532	2.483	2.435 6
6	3.684 7	3.589 2	3.497 6	3.409 8	3.325 5	3.244 6	3.166 9	3.092 3	3.020 5	2.951 4	2.885	2.821	2.759 4	2.7	2.642 7
7	4.038 6	3.922 4	3.811 5	3.705 7	3.604 6	3.507 9	3.415 5	3.327	3.242 3	3.161 1	3.083 3	3.008 7	2.937	2.868 2	2.802 1
8	4.343 6	4.207 2	4.077 6	3.954 4	3.837 2	3.725 6	3.619 3	3.517 9	3.421 2	3.328 9	3.240 7	3.156 4	3.075 8	2.998 6	2.924 7
9	4.606 5	4.450 6	4.303	4.163 3	4.031	3.905 4	3.786 3	3.673 1	3.565 5	3.463 1	3.365 7	3.272 8	3.184 2	3.099 7	3.019
10	4.833 2	4.658 6	4.494 1	4.338 9	4.192 5	4.054 1	3.923 2	3.799 3	3.681 9	3.570 5	3.464 8	3.364 4	3.268 9	3.178 1	3.091 5
11	5.028 6	4.836 4	4.656	4.486 5	4.327 1	4.176 9	4.035 4	3.901 8	3.775 7	3.656 4	3.543 5	3.436 5	3.335 1	3.238 8	3.147 3
12	5.197 1	4.988 4	4.793 2	4.610 5	4.439 2	4.278 4	4.127 4	3.985 2	3.851 4	3.725 1	3.605 9	3.493 3	3.386 8	3.285 9	3.190 3
13	5.342 3	5.118 3	4.909 5	4.714 7	4.532 7	4.362 4	4.202 8	4.053	3.912 4	3.780 1	3.655 5	3.538 1	3.427 2	3.322 4	3.223 3
14	5.467 5	5.229 3	5.008 1	4.802 3	4.610 6	4.431 7	4.264 6	4.108 2	3.961 6	3.824 1	3.694 9	3.573 3	3.458 7	3.350 7	3.248 7
15	5.575 5	5.324 2	5.091 6	4.875 9	4.675 5	4.489	4.315 2	4.153	4.001 3	3.859 3	3.726 1	3.601	3.483 4	3.372 6	3.268 2
16	5.668 5	5.405 3	5.162 4	4.937 7	4.729 6	4.536 4	4.356 7	4.189 4	4.033 3	3.887 4	3.750 9	3.622 8	3.502 6	3.389 6	3.283 2
17	5.748 7	5.474 6	5.222 3	4.989 7	4.774 6	4.575 5	4.390 8	4.219	4.059 1	3.909 9	3.770 5	3.64	3.517 7	3.402 8	3.294 8
18	5.817 8	5.533 9	5.273 2	5.033 3	4.812 2	4.607 9	4.418 7	4.243 1	4.079 9	3.927 9	3.786 1	3.653 6	3.529 4	3.413	3.303 7

续前表

期数	16%	17%	18%	19%	20%	21%	22%	23%	24%	25%	26%	27%	28%	29%	30%
19	5.877 5	5.584 5	5.316 2	5.07	4.843 5	4.634 6	4.441 5	4.262 7	4.096 7	3.942 4	3.798 5	3.664 2	3.538 6	3.421	3.310 5
20	5.928 8	5.627 8	5.352 7	5.100 9	4.869 6	4.656 7	4.460 3	4.278 6	4.110 3	3.953 9	3.808 3	3.672 6	3.545 8	3.427 1	3.315 8
21	5.973 1	5.664 8	5.383 7	5.126 8	4.891 3	4.675	4.475 6	4.291 6	4.121 2	3.963 1	3.816 1	3.679 2	3.551 4	3.431 9	3.319 8
22	6.011 3	5.696 4	5.409 9	5.148 6	4.909 4	4.69	4.488 2	4.302 1	4.13	3.970 5	3.822 3	3.684 4	3.555 8	3.435 6	3.323
23	6.044 2	5.723 4	5.432 1	5.166 8	4.924 5	4.702 5	4.498 5	4.310 6	4.137 1	3.976 4	3.827 3	3.688 5	3.559 2	3.438 4	3.325 4
24	6.072 6	5.746 5	5.450 9	5.182 2	4.937 1	4.712 8	4.507	4.317 6	4.142 8	3.981 1	3.831 2	3.691 8	3.561 9	3.440 6	3.327 2
25	6.097 1	5.766 2	5.466 9	5.195 1	4.947 6	4.721 3	4.513 9	4.323 2	4.147 4	3.984 9	3.834 2	3.694 3	3.564	3.442 3	3.328 6
26	6.118 2	5.783 1	5.480 4	5.206	4.956 3	4.728 4	4.519 6	4.327 8	4.151 1	3.987 9	3.836 7	3.696 3	3.565 6	3.443 7	3.329 7
27	6.136 4	5.797 5	5.491 9	5.215 1	4.963 6	4.734 2	4.524 3	4.331 6	4.154 2	3.990 3	3.838 7	3.697 9	3.566 9	3.444 7	3.330 5
28	6.152	5.809 9	5.501 6	5.222 8	4.969 7	4.739	4.528 1	4.334 6	4.156 6	3.992 3	3.840 2	3.699 1	3.567 9	3.445 5	3.331 2
29	6.165 6	5.820 4	5.509 8	5.229 2	4.974 7	4.743	4.531 2	4.337 1	4.158 5	3.993 8	3.841 4	3.700 1	3.568 7	3.446 1	3.331 7
30	6.177 2	5.829 4	5.516 8	5.234 7	4.978 9	4.746 3	4.533 8	4.339 1	4.160 1	3.995	3.842 4	3.700 9	3.569 3	3.446 6	3.332 1

参考文献

1. 中国资产评估协会. 资产评估. 北京：经济科学出版社，2011.
2. 姜楠. 资产评估. 大连：东北财经大学出版社，2007.
3. 朱柯. 资产评估. 大连：东北财经大学出版社，2008.
4. 方兆康. 简明资产评估. 广州：华南理工大学出版社，2006.
5. 王伟. 资产评估. 成都：西南财经大学出版社，2003.
6. 高青雅，李三喜. 资产评估案例分析. 北京：中国时代经济出版社，2003.
7. 路君平. 资产评估理论与案例. 北京：经济科学出版社，2008.
8. 王炳华，吕献荣. 资产评估. 北京：中国人民大学出版社，2009.

图书在版编目（CIP）数据

资产评估/陈海雯主编．—北京：中国人民大学出版社，2018.3
21世纪高职高专精品教材．经贸类通用系列
ISBN 978-7-300-25280-3

Ⅰ.①资… Ⅱ.①陈… Ⅲ.①资产评估-高等职业教育-教材 Ⅳ.①F20

中国版本图书馆CIP数据核字（2017）第313621号

普通高等职业教育“十三五”规划教材
“教—学—做一体化”校企合作重点科研成果推荐教材
21世纪高职高专精品教材·经贸类通用系列
资产评估
主　编　陈海雯
副主编　郑伟俊　黄道平　王雪艳　查　娟
Zichan Pinggu

出版发行	中国人民大学出版社		
社　　址	北京中关村大街31号	**邮政编码**	100080
电　　话	010－62511242（总编室）		010－62511770（质管部）
	010－82501766（邮购部）		010－62514148（门市部）
	010－62515195（发行公司）		010－62515275（盗版举报）
网　　址	http://www.crup.com.cn		
	http://www.ttrnet.com(人大教研网)		
经　　销	新华书店		
印　　刷	山东百润本色印刷有限公司		
规　　格	185 mm×260 mm　16开本	**版　　次**	2018年3月第1版
印　　张	15.75	**印　　次**	2018年3月第1次印刷
字　　数	375 000	**定　　价**	39.00元